谷文昌

林定泗　黄石麟◎著

中国言实出版社

图书在版编目（CIP）数据

谷文昌 / 林定泗，黄石麟著. —— 北京：中国言实出版社，
2023.3
ISBN 978-7-5171-4386-4

Ⅰ.①谷… Ⅱ.①林… ②黄… Ⅲ.①谷文昌（1915-1981）—生平
事迹 Ⅳ.①K827=7

中国国家版本馆CIP数据核字（2023）第030033号

谷文昌

责任编辑：宫媛媛　张国旗
责任校对：郭江妮

出版发行：中国言实出版社
　　　　　地　址：北京市朝阳区北苑路180号加利大厦5号楼105室
　　　　　邮　编：100101
　　　　　编辑部：北京市海淀区花园路6号院B座6层
　　　　　邮　编：100088
　　　　　电　话：010-64924853（总编室）　010-64924716（发行部）
　　　　　网　址：www.zgyscbs.cn　电子邮箱：zgyscbs@263.net

经　销：新华书店
印　刷：北京温林源印刷有限公司
版　次：2024年1月第1版　2024年1月第1次印刷
规　格：710毫米×1000毫米　1/16　19.75印张
字　数：280千字

定　价：89.00元
书　号：ISBN 978-7-5171-4386-4

"四有"书记谷文昌（谷文昌蹲在成活的木麻黄前，眼前升腾着绿色希望）

　　谷文昌留下的工作笔记上写有这样一句话："不带私心搞革命，一心一意为人民。"

前　言

　　闻鼙鼓而思良将。我们这个时代，是民族复兴的伟大时代。民族复兴的战鼓已经擂响，它需要千百个像谷文昌一样的良将来冲锋陷阵，践行初心使命。

　　谷文昌究竟是怎样一个人？

　　从福建到浙江，到中南海，习近平同志曾多次点赞过谷文昌。他是共产党的"四有干部"，心中有党、心中有民、心中有责、心中有戒。穿越时空，在中国特色社会主义进入新时代的今天，学习谷文昌具有重大的现实意义和永恒的教育意义。

　　谷文昌于 1915 年 10 月 15 日出生在河南省林县（今林州市）石板岩镇郭家庄南湾村一个贫苦农民家庭。青年时期的谷文昌种地也打石，为谋生计前往山西省长治、榆次一带打工。苦难的童年和青少年时期，谷文昌养成了坚韧不拔、吃苦耐劳的奋斗性格。

　　1942 年，谷文昌开始同共产党地下组织接触，受到先进思想的教育。1944 年，他加入中国共产党，从此走上了革命道路，也牢记了一个共产党人的初心和使命。在家乡的这些年，他先后担任闾长、农会主席、副区长、区长、区委书记等职，为根据地人民的生产和生活，为抗日和解放事业做出贡献。1949 年 1 月，谷文昌参加长江支队南下。

谷文昌

1950 年 5 月，他随军解放东山岛。历任东山县城关区工委书记、组织部副部长、县长、县委书记等职。他不求"显绩"，"默默无闻地奉献"。在东山的 14 年间，他"不带私心搞革命，一心一意为人民"。他治沙，以"不制服风沙，就让风沙把我埋掉"的铮铮誓言，带领县委领导班子，与东山人民苦干实干，遍植木麻黄，硬是制服了"神仙都难治"的风沙，使东山成为东海绿洲。他治水，针对海岛缺淡水，他带领人民修红旗水库、挖湖尾地下水，解决了岛上十万人民的生活和生产用水困难。他修八尺门海堤，使天堑变通途；他建南门海堤，使古城万民得到保护；他实事求是地把"敌伪家属"变更为"兵灾家属"，一项德政赢得十万民心。他到哪里就造福一方，建渔港、办学校、兴文化、促发展，让海岛换了天地，让百姓换了人间，在人民心中树起一座不朽的丰碑。

1964 年 4 月，谷文昌荣调福建省林业厅任副厅长，他把在东山的植树造林经验推向全省。1969 年底，谷文昌到宁化县禾口公社红旗大队当普通社员，与党支部一班人大搞科学种田，使农业大获丰收，被誉为"谷满仓"。他担任总指挥，带领民工修建闽西北第一座大水库隆陂水库。1972 年返回漳州后，他又干出一番事业：分管林业，为龙溪地区的林业发展做出重大贡献；分管侨务工作，想方设法安置越南归侨，成了归侨的保护神，联合国难民署驻华代表马歇先生，来龙溪地区实地察看安置归侨情况后盛赞道："……中国安置难侨工作堪称典范！"

谷文昌于 1981 年 1 月 30 日逝世。

2009 年，谷文昌被誉为"东山岛上的愚公"，并被评为"100 位新中国成立以来感动中国人物"；2019 年被授予"最美奋斗者"称号。谷文昌的先进事迹感动着全国党员领导干部和人民群众，在中华民族伟大复兴的新时代，需要千千万万个谷文昌！

林定泗　黄石麟

2023 年 3 月

目录

一、在家乡

（1915.10—1949.1）

引　子

谷文昌是河南省林县（今林州市）人。林县位于河南省最北部的太行山东麓，地处豫、晋、冀三省交界处。

林县地灵。这里高山耸立，层峦叠嶂，到处是陡崖峭壁，著名的太行山大峡谷（今国家 AAAAA 级旅游风景区、国家重点风景名胜区、国家地质公园）就从谷文昌的老家石板岩乡开始，然后向西蜿蜒 50 多公里，到山西长治一带。距离谷文昌出生地南湾村南边不远的王相岩，东临溪水，西傍悬崖，两侧峭壁环绕，风景极佳。距离王相岩不远的桃花谷，泉潭叠瀑，是一个神秘的世外桃源，有三九严冬桃花开的桃花洞，有三伏盛夏水结冰的冰冰背，还有豫北 346 米的高瀑，潭瀑相连的飞龙峡美不胜收。

林县人杰。距离南湾村不远的王相岩，这"王"和"相"，说的是在3300 多年前，商王武丁和奴隶出身的宰相傅说，就曾在此居住过。武丁是盘庚以后最具远见卓识和雄才大略的君王。在他统治时期，商朝政治、经济、文化都得到空前发展，国力鼎盛，史称"武丁中兴"。春秋时期，林县先属卫后属晋；战国时期先属韩后属赵。西汉高帝二年（前205年）置县。东汉林县人郭巨以孝闻名于世，被人广为传颂。北宋理学家、数学家、诗人邵雍就是林县人。桃花谷也一样多有人杰，相传北齐王朝奠基人高欢（496—547年）兵败此处，演绎了一连串故事。

在近现代史上，林县更是英雄辈出。抗战期间，刘伯承、邓小平率领八路军一二九师在这里开辟敌后抗日根据地；随之，一二九师三八六旅旅长陈赓以及赵基梅、谭甫仁支队，都曾进驻林县。林县人民与之并肩战斗，"抗日的烽火，燃烧在太行山上"，直至抗战胜利。解放战争期间，林县人民与敌人英勇战斗，由县委书记马兴元率领的114名（一说160名）林县干部随长江支队第五大队南下福建，为建设新政权做出重大贡献。在社会主义建设时期，为解决全县缺水的问题，林县人民在太行山悬崖峭壁上修成了全长1500公里、人称"人工天河"的红旗渠……

但是，这人杰地灵之地，古代人民生活却极为困苦。这里山地丘陵占86%，仅有的耕地也大多非常贫瘠。民众世代处于贫困之中。林县至今尚存的一通石碑中有如此文字："光绪三年（1877年），春雨连天。浸地三尺，苗长齐全。以后大旱，秋景可怜。谷不见籽，豆苗旱干。麦子未种，抢劫多端。四年春夏，粮长（涨）价钱。小米一斗，价长（涨）千二。小麦一斗，长（涨）一千。豆子一斗，长（涨）到九百。番麦（玉米）一斗，七百多钱。庄产田地，并无买主。柿叶甘土，俱当饭餐。幼儿出卖，一两串钱。人吃人肉，遍地不安。"到了民国，情况并没有改变，林县当地流传的歌谣如此描述："农民头上三把刀，租子重，利钱高，苛捐杂税如牛毛。穷人面前路三条，逃荒，要饭，坐监牢。"

逃荒到哪里？西面的山西，人口少田地却多，因此自古以来，林县人西迁山西，借逃荒以求活口成为习俗。而林县石板岩乡，地处林县西北22公里的南太行深山峡谷之中，东与姚村镇、城郊乡毗邻，东南与城郊乡相接，西与山西省平顺县交界，北与任村镇相连。这里两山夹一沟，到处是石头。因为"岩石成板"，所以有"石板岩乡"之名。民众的房子都是就地取材，形成独具特色的石楼、石屋、石板房、石墙、石瓦、石砖、石凳、石阶、石洞、石桥，故名。

在石板岩乡北部，露水河在这里转弯，在河的南岸山洼里，一处河水常年淤积的丘陵地带，有一个依山傍水的自然村，因其独特的地理位置而取名"南湾"。

清嘉庆十七年（1812 年），一个名叫谷旺田的农人，带儿子谷安顺从苍溪河下游的任村杨耳庄逃荒进山，来到这大峡谷内的露水河旁落居。自此，世上有了一个名叫南湾的村子。200 多年后，谷家已繁衍到第十代500 余人。到谷文昌的父亲谷玘和（又名谷纪活，生于 1884 年 6 月）这代，已是第五代了。

因为南湾村到处是岩石，很多南湾人因此靠打石维持生计。因为水土流失严重，土地必然贫瘠，生活于此的人必然贫穷困苦，但也必然顽强勤劳。

1. 太行山下诞凡子　贫困孩儿要读书

1915 年 10 月 15 日（农历乙卯年九月初七），谷文昌（又名谷程栓、谷成栓、谷成全）出生于河南省林县石板岩乡郭家庄南湾村。父亲谷玘和家境贫困，老实巴交不识字，以垦荒种地、打柴、采药为生。母亲桑翠则，1887 年 9 月出生于贫苦农家。

谷玘和有三个儿子，分别是长子谷程顺（又名谷秀祯、谷成顺，生于 1912 年 3 月，一个老实巴交的石匠、农民）；次子谷文昌；三子谷文德（又名谷文达、谷来仔，生于 1918 年 7 月，后加入中国共产党）。谷玘和与桑翠则还有一个长女，生于 1907 年，但不幸早夭。

谷文昌一家六口，分别是奶奶、父母和兄弟三人。

谷文昌和兄长谷程顺的名字中都有一个"程"，是因为父亲上有年迈的母亲，下有当时年幼的三个儿子，家中贫困，人口又多，常靠借钱借粮度日。幸得一程姓人家看他老实又贫穷，心生怜悯，常接济他们。谷玘和感激不尽，真心诚意要将两个儿子"认义"给程家，以示感恩。所谓"认义"，就是认作义子。程家人受不了这份"大礼"，不敢接受。但是谷玘和不敢忘恩，就在两个儿子的名字中加上个"程"字，作为报答。

谷文昌出生这年，正值民国初年，中原一带狼烟四起，民不聊生。谷家就靠耕种自家的一亩二分山地，收获无几。谷玘和只得靠种地兼以打柴、采药维持生计。

谷文昌的母亲是一位小有历史知识的女性。在她的三个儿子中，尤其疼爱谷文昌。从童年起，谷文昌就喜欢拥在母亲怀里听她讲古，讲《三国演义》《水浒传》《西游记》等，尤其爱听《说岳全传》。母亲借助讲古向他传授历史知识和做人道理。因此，故事中的人物，像关公、刘备、张飞、诸葛亮，像宋江、林冲、鲁智深、武松，像孙悟空、猪八戒、沙和尚、玄奘，尤其是岳飞、岳云、牛皋、陆文龙和岳母等，都是谷文昌心中的英雄。他尤其喜欢看描绘这些传统故事的小人书。这些故事，让他懂得了关公忠义勇敢的品行、孙悟空不畏强敌战斗到底的决心、梁山好汉见义勇为的豪爽侠气、岳飞精忠报国的壮怀激烈。总之，中华民族的优秀传统文化在年轻的谷文昌心中早就扎下了根。

谷文昌7岁的时候，瘦得皮包骨，到了上学年龄仍然无法入学。但是因为他机灵懂事，看到家里贫穷就主动帮做家务，扫地打水，甚至跟着父亲上山砍柴、采药。谷文昌在家中虽然深得母爱，但他还是从7岁起就开始放牛。

1923年1月，8岁的谷文昌向父母提出让他到私塾读书的请求。父母为了满足他的愿望，双双点下沉重的头。年幼的谷文昌珍惜这个难得机会，开始上私塾读书。才读了两个月，父母发现让谷文昌上学超过了他们家的经济承受能力。为此忍痛让儿子停学，谷文昌哭着回家帮做家务、放牛，继续跟着大人们到山上砍柴、采药，聊补生活不足。

谷文昌9岁了，父亲给富户做长工，自己继续放牛。可是这年秋天，林县遭遇干旱。南湾村农作物收成锐减，本是收获之季却成躲债逃荒之秋。谷文昌幻想着等丰收了再读书的愿望彻底破灭了，只好重新手执牛绳。

他和村里的孩子们处得很熟。有一次因为天太热，一个小伙伴中暑了。谷文昌看着小伙伴肚子一鼓一瘪地在难受地呼吸，口中哼着"水，水"的声音，心里着急。他忽然想起邻村有个名叫赵九川的富户，他家后院有棵黄梨树，树上长着好多果子，便想：我何不像小人书中劫富济贫的豪杰，弄些果子给同伴吃？便自告奋勇前往。小文昌来到这户有钱人家后院墙根，然后攀上围墙，再爬到果树上。不想赵九川刚好走到后院。谷文昌见状，赶紧伏在树干上的密叶中，学乌鸦"哇哇"的嘶哑叫声。当地认为乌鸦是一种丧气不祥之鸟，那刺耳的声音让人听了起鸡皮疙瘩。赵九川听了"乌鸦"的叫声很是害怕，赶紧关起门躲进里屋。谷文昌趁机在树上摘了不少黄梨，给同伴消暑治病。

日月如梭，1927 年，12 岁的谷文昌身体略微长高了一点，也有了些许的力气，开始学习包括耕地在内的各种农活。因为他机灵，各种农活很快学会，很受大人们赞赏。也是在这一年，谷文昌和大他 3 岁的兄长谷程顺，开始到富户家做长工，为期一年。

之后，谷文昌离开富户人家。可是到了 1929 年 7 月，林县因为干旱缺雨又遭遇蝗灾，田里歉收，谷家靠仅存的几斗米养家糊口，难以度日。无奈，谷文昌再次踏进富户家做工抵债。此后的两三年间，都是因为旧债未还清又添新债，度日越发艰难。

也是在这一年，谷文昌开始学重要农活。他很快学会了耙地、田间除草、收割以及其他农活，完全成了一名种地的好把式。可是他的心里始终不忘读书，渴想着有朝一日能再走进私塾里，读书识字学本领，来日为家里帮更大的忙。

1930 年初，15 岁的谷文昌家境有所好转，这让谷文昌又有了读书的奢念。但考虑家中的艰辛，他还是难以开口，最后终于壮起胆向父亲提出再去上学的请求。父亲说，都这么大了，可以为家里帮农活了，还读书？谷文昌力争，与他年龄相仿的人，不少都读书了，甚至都读几年书了，他为啥就不能读？父亲终于点头。这样，谷文昌走进西洋坪私塾。在私塾里，他成了"孩子王"，同学们戏谑地称他为"大学生"。谷文昌不管这些，他珍惜这再次读书的机会勤奋读书。可是父亲很快就发现田里的农活少了谷文昌不行。因此，父亲改变初衷，坚决要谷文昌回来种地。

这样，谷文昌此次念书只有一个月。

2. 只为生存谋打石　离乡背井奔山西

1931 年，谷文昌家运多舛，家中借债已达 280 块现洋。谷家最大的生存希望仅仅是最基本的温饱而已，可是这么低的要求根本就做不到。到了1932 年，为了生存，父亲把家中积攒自抽的好烟叶送给本家一位堂叔公，求他教自己的两个儿子打石的本领。本家堂叔公答应了，收下他们，让兄弟俩跟着他整整学了一年。

堂叔公不仅是一位灵巧的石匠，也是一位心灵的导师。老人非常喜欢谷文昌，告诉他：打石虽然是一种重体力活，但仍需要技术，需要智慧，否则不但费力，且效率低下。堂叔公尤其强调：石头是有灵气的，自古以来造屋人家，必请石匠在一块长方形石头上镌刻"泰山石敢当"，将它镶嵌于墙上，或立于房屋对路的地方，用于挡住凶煞。凶煞是啥？就是妖魔鬼怪。有了这"泰山石敢当"，就能镇住它们，辟邪保平安。因此，做人就得像"泰山石敢当"那样不怕邪，敢镇邪，能镇邪，善镇邪。谷文昌很快把握各种技术要领，更把做人的道理铭记于心。

一天，堂叔公告诉兄弟俩：在咱石板岩这地方，打石是粗活，真正要学到精巧的打石手艺，得到山西太原、榆次，那里有钱人多，对打石工艺要求甚高，因此多有打石高手。要想学到更高的本领，得到那里学。再者，那里有他的一个朋友，打石功夫了得，你们到那里向他学吧。为了帮助艰辛的父亲，也为了身体羸弱的母亲和年纪尚小的弟弟，18 岁的谷文昌便与 21 岁兄长谷程顺一起，决定西行山西，按堂叔公的指点，到榆次学精湛的打石手艺。

可是到山西并非易事。首先得有盘缠，于是谷家又向富户借债。兄弟俩临行之时，一左一右紧靠在母亲身边，离别之痛使母子三人相拥而泣。母亲把养家责任寄托于谷文昌兄弟俩。辞别之际，谷文昌含泪为裹着小脚的母亲桑氏洗脚。从此每逢远离家乡或久别重逢，他便以这种特殊方式为母亲尽孝。兄弟俩由南湾村西行，他们先到与林县毗邻的山西平顺县，由这里再继续西行到长治县北郊黄碾村的牛铺自然村歇息，改天又往北行走，大几天后到达太原，再东向榆次。兄弟俩就这样走了600多里的路。

1933年，谷文昌兄弟俩终于在榆次找到了堂叔公介绍的那位老石匠。老人正受雇于一富户人家，兄弟俩跟着老师傅学打石整一年。因为是学徒阶段，东家所给的工钱极少，等他们回到南湾村时，债主以为谷家兄弟"淘金"回来，都来讨债了。可是兄弟俩带回来的一点钱还不够还利息。

过了两年，谷文昌再次和哥哥上山西讨生活。兄弟俩再次来到山西的榆次、太谷、徐沟等县做工，上铁路，受苦半年，却没钱赚。

无奈，兄弟俩再次于八月间失望回家。一回到家，债主们又寻上门来讨债。然而更大的不幸接着也来了：谷文昌的祖母去世了，谷家为此又花160块大洋办了丧事。结果，父亲谷玘和变卖家产也不够还债。

1935年正月，因为富户逼债，扬言还不了债就得继续变卖家产，谷家万般无奈准备变卖剩下的家产。消息一出，五个债主立马上门前来催讨债务。最后谷家卖了家产，只剩下三间破房子和一亩二分的贫瘠山地。面对绝境，父亲愁得整个夜晚睡不着觉。谷文昌在《自传》中说："二十岁那年正月，我父亲整天愁着睡不也（着）觉。"由此可见谷家这个时候家境窘迫到什么程度。

为此，兄弟俩第三次西行山西谋生。这次，兄弟俩去的地方比较近，是到邻县平顺，即山西东南比邻林县的东裕沟林祖山坡地，受雇于人开荒种地。在这里谷文昌给人家做工，哥哥谷程顺开荒地，也挑八股绳。何谓挑八股绳？是旧时挑担替人运输货物的挑夫代称。旧时扁担两端各有四股绳子用于捆绑货物，合计八股绳子；而靠扁担为生的挑夫就被人们称为"挑八股绳的"。

一段时间以后，兄弟俩又西行，客居于长治县北面黄碾村的牛铺自然村，继续靠打石谋生。兄弟俩在黄碾村一带，走村串户，到这家做碾子，到那家做磙子；在这家盖房做石料，在那家牲口圈里添加驴槽马槽，多少赚了点钱。不到一年他们在这一带已有些许名声。人们尊称他们为"师傅"，这让谷文昌很有成就感。

暑往寒来，风餐露宿，他和兄长谷程顺卖力干活。可是，他们除了养活自身外，还是所剩无几，无法摆脱自家穷困的境地。

在外打工，谷文昌人缘很好。他给条件好些的人家做活，从不因为人家条件好就多收人家的工钱；而给条件差的人家做活，却尽量少收，有时看到一些困难家庭的房屋缺角少棱或缺砖少瓦，就免费给人家安上补上。为何如此？因为他从童年之时起便深深同情穷苦人，知道穷人添置一件家具不容易。因此大家都喜欢找他干活。在这里，只要有空闲时间，他就看小人书，主顾们知道谷师傅的爱好，总会把小人书借给他看。

1935年10月，谷文昌听到家乡人传来话，说家乡林县遇到春旱，到秋天，庄稼长得正旺时又突然遭遇蝗灾，还地租的事眼看又没有着落。可祸不单行，恰在此时，谷家人在烧火做饭时不慎失火，结果两间房屋被大火烧毁了。富户人家看着谷家已陷入绝境，怕谷家租用的田地付息还本无望，除了强行收回租地外，还把谷家烧毁的两间房屋也估价收去抵债。即便这样，还不够还债，谷家只得卖了六分田。一家人挤在一间小屋里，靠着仅剩的六分贫瘠山地维持生计。谷文昌又从山西的长治返回平顺县，继续在异乡为人打石挣钱糊口。

这一年，日本侵略者在华北制造了一系列事端，企图使华北五省（河北、山东、山西、察哈尔、绥远）脱离国民政府管辖。侵略者以"防共自治"为借口，扶植傀儡政权。与河北省相邻的河南省，紧靠着"防共自治区"，也危在旦夕，尤其是紧靠河北的林县人，更感岌岌可危。

国运连着家运，谷文昌预感到家国的危机。1936年，谷家碰到了一个巨大的不幸。就是父亲谷玘和上山砍柴，为了砍下悬崖上的一棵枯树，他在攀爬中不慎坠落山崖，受了重伤，被人发现后背回家中，在卧榻上呻吟了三个月后不幸去世。父亲是家中顶梁柱，面对如此不幸，母亲桑氏在极度悲痛中，把这不幸的消息告知在外的谷文昌兄弟。

谷文昌兄弟在山西得到这样的噩耗，相拥大号。谷家早在去年没了田地，一家人挤在一间破旧的小房里；今年又碰上这灾难，实在是走投无路啊！这时候谷文昌明白：要为逝去的父亲尽孝，就是撑起这个家，承担养家的责任。

不久，"七七事变"发生，全国燃起抗日的烽火。8月至10月，由中国工农红军改编的八路军一二九师，在师长刘伯承、政委邓小平率领下挥师东进，开赴山西，对日作战。不久八路军一二九师以太行山为依托的晋冀豫根据地，提出"坚持华北抗战，八路军与华北人民共存亡"的口号。谷文昌渴望着八路军早日到石板岩乡，到自己的老家南湾村。为此他决定返乡，可是还没到年底，工钱无法结算。

3. 种地经商双并举　成家育女事村差

1938年1月底，即农历腊月底，谷文昌肩挑百多斤谷物，从山西平顺县返回河南林县老家过年。这谷物是雇主分发给他的劳动报酬。在经过大峡谷的山路上，谷文昌碰到几个小贩，用驴或骡子驮着一些土特产，或往山西或往河南。小贩们善意地提醒谷文昌，肩挑重物之举并非谋生良策。

谷文昌受小贩们启发，觉得自己今后往返于林县和山西时，也可以像他们那样贩卖两地的土特产，以此挣钱改善生活。想到这里，他向小商贩们讨教长途贩运土特产的秘诀。小商贩相视狡黠而笑，不愿授之，其中一个坦诚相告：靠自己揣摩！这是闷声发财之道，要是告知于你，俺这碗饭不也丢了？

谷文昌有所领悟，爽朗而笑。

春节过后，谷文昌开始过半农半商的生计。他把石板岩乡一带的山货买来，租用驴或骡子驮到山西，卖给那边的生意人；又把山西的特产买来，驮回家乡销售，从中赚些小钱。谷文昌把家乡特产，诸如核桃、花椒、柿饼之类，尤其是把石板岩乡的土布，贩卖到山西；在山西市场上购买林县没有的粮食，如当地特产黄小米，以及中药党参等，贩卖到林县。在经商中，他发现石板岩乡一带农妇们所织的土布结实耐用、美观质朴，就突发奇想：把这种土布带到山西卖。他尝试了，也成功了。石板岩乡织土布的农妇们都非常欢迎他，因为他讲信用，从不欺骗损人。

谷文昌这种偶尔为之的生意，前后持续了大约三年。这样，从1938年到1940年这段时间，由于做点小买卖的需要，谷文昌经常往返于山西的平顺、长治和林县之间，家中的生活也略有改善。更重要的是，谷文昌这几年生意往来，不断听到中国共产党和八路军的抗日消息，甚至亲眼看到八路军的纪律严明，使他对中国共产党、八路军有一种天生的、强烈的亲切感。同时他还常把各地关于中国共产党、八路军的见闻告诉石板岩乡的人们，和他们一起享受这种精神上的快乐。

1938年2月，八路军一二九师太行第四游击支队奉命由涉县（在河北省西南部）进驻林县地区。支队长纪德贵率领四支队到林县创建敌后抗日根据地。这样，石板岩乡一带也随之建立了民主政权。新政权急需人才。令谷文昌没有想到的是，在这三年中，由于他在石板岩乡一带公平买卖、做事公道、为人诚实厚道，又极讲信用，成了新政权领导关注的对象。当地刚刚建立不久的民主政权的领导们让他参加农会工作，给了他锻炼的机会。由此可知，谷文昌走上从政的道路，竟然和他的从商经历有极大的关系！真如人言："是金子，放在哪里都能闪光。"

1938年6月，为进一步打开抗日新局面，建立和发展地方抗日武装，一二九师师长刘伯承、政委邓小平率领八路军队伍从平汉铁路再东进，进驻林县。很快，中国共产党组织在林县农村发展党员50多人。知情人在悄悄议论：共产党是咱穷人的组织，专为穷人说话做事，专治欺负百姓的富户；更有人悄悄说，共产党在林县发展的党员，都是为人正派、很有能耐的人。谷文昌了解到这一切，心中极为羡慕，渴望早日融入这个穷人的组织。

1939年，谷文昌继续不时到山西平顺、长治一带，或做杂工，或打石，或做点买卖。到秋天，谷文昌从平顺县回到老家南湾村。当地民主政权很快让他担任闾长（闾长之称，在民国时期便设置，五户为一闾，即一闾之长）。闾长也是"长"，谷文昌从未想过自己会当"长"。他想，尽管这是只管几户的差事，但一定要做好，才对得起抗日民主政权。

这年，晋冀鲁豫根据地由原林县分置林北县。谷文昌的老家石板岩乡被划为林北县。1940 年，25 岁的谷文昌经人介绍，与距离南湾村十多里地的漏子头村（该村也在石板岩乡）女子申毛妞结为夫妇。申毛妞也是穷苦农家的女儿，裹脚，文盲。结婚之后，谷文昌主要生活于林县十区，他一边种地维持家庭生活，一边参加本村农会的工作。结婚第二年的 7 月 15 日（农历六月廿一），他们生下女儿，取小名梅枝，后取大名谷哲慧。

谷文昌当了父亲，但是他没有忘记为抗日民主政权工作。1942 年，中共林北县委派遣共产党员郭勖到石板岩乡的西乡坪村开展建党工作，同时宣传抗日救国的道理，发动群众参加革命队伍，发展党员，建立基层党组织。石板岩同乡、共产党员岳文英、靳延禄听到人们反映，说谷文昌对中国共产党、八路军十分倾慕，对山西八路军各种赞扬，很是感动，便主动接近谷文昌。在对谷文昌做全面了解后，岳、靳向党组织汇报了谷文昌的情况。在他们的推荐介绍下，谷文昌开始与郭勖、刘星、张峰等地下党员接触，并开始接受党的秘密任务。

1943 年 6 月，中共西乡坪村党支部成立，靳延禄为党支部书记，有党员 12 人。谷文昌把自己的全部积蓄捐给党支部。这年 8 月，中共林北县第七区委在西乡坪村建立。后来西乡坪农会、民兵、妇救会、儿童团等群众组织也相继成立。谷文昌也参加了村农民抗日救国会。在党组织的领导下，他成为南湾村一带的革命积极分子，参与各种活动：发动群众、开展反奸清算、破除迷信、动员参军参战等。

按照党组织的要求，谷文昌团结群众，开展减租减息等活动，工作成绩显著。有鉴于此，党组织认为谷文昌的革命意识强烈，工作积极主动，工作能力强而且卓有成效，在群众中享有很高的威信。在选择南湾村农会主席人选的时候，谷文昌成为最合适的人选，被委任为南湾村农会主席。任上，谷文昌动员本村农民参加农会组织，壮大抗日力量；开展减租减息，要求富户根据党的政策为贫苦农民减租减息；教育年轻妇女放脚；指导儿童站岗放哨。当然谷文昌也有工作不顺的时候，就是他动员妻子放脚，可是无论怎么说，她都不愿意，如此固执让他很是苦恼。

不久，谷文昌被推选为郭家庄村农民抗日救国会主席。谷文昌凭着良好的群众基础，动员群众捐粮、捐款、捐物，支援前线，积极参与对不法富户和恶霸的斗争。

这年冬天，为培养革命骨干，林北县第七区委分别在西乡坪、车佛沟两个村举办冬学（即民校），在宣传革命道理的同时，普及初小文化课程。靳延禄首先把这个好消息告诉了谷文昌，让他赶紧抓住这个机会多学些文化。谷文昌刚开始有些犹豫，毕竟冬学课堂上都是十七八岁的青年人，他这个年龄比冬学里的教员还要大，怕人家笑话。在靳延禄的鼓励下，谷文昌回想读书曾是自己的夙愿，便下决心参加冬学并第一个报名。可是有不少人对办民校不以为意，认为种田人祖祖辈辈没文化，不都这样过来了？他们提出疑问：文化能当饭吃吗？还有人认为当下要紧的是干革命，把日本鬼子、汉奸、不法富户、恶霸打倒，就会有太平日子。这样的话，花这么长时间来读冬学还有用吗？因此冬学开班的第一天，前来学习的人寥寥无几，冬学的教室，即古老的寺庙里，除了谷文昌，还有几个农会干部。

谷文昌见状，第二天开始，便挨家挨户开导乡亲：俺们要是识字了，富户老财就骗不了大家；大家要是会算，该交多少地租早知道。不然，富户老财写张条子要把俺卖了，俺看不懂，还拿着条子去找买主。要读书识字，才能走遍天下；当睁眼瞎，天南地北寸步难行！大家都觉得谷文昌主席说得对，表示要上冬学。谷文昌乘势总结，只有读书识字，才能更好地革命，才能改变自己的生活，过上好日子。

第二天夜晚，古老的寺庙热闹了起来。教室里人都快坐满了。第三天夜晚，教室里挤满了人。南湾村的男女老少都来读书识字了。谷文昌自己则由于用心学习，到冬学班结业，学习成绩排在前头。

4. 光荣入党打倭寇　　自救度荒谋养蚕

1944 年 3 月，党组织根据谷文昌的工作表现，以及他对加入党组织的强烈愿望，经岳文英、靳延禄介绍，批准谷文昌加入中国共产党，成为中共林北县第七区早期 18 名党员之一。这年 6 月，谷文昌被选为郭家庄村农会主席，即在中共林北县第七区公所农会担任干事的同时，兼任郭家庄村农会主席，任期至翌年 6 月。

这个时候，谷家的生活和其他贫苦农民一样，有了新变化：他家原有地 1.2 亩、房 6 间、人 7 口。现有地 9.5 亩、房 7 间、人 7 口，牛大小 2 头，谷文昌在《自传》中如是说：他家的生活已达到"新中农水平"。可以说是中国共产党来了，才使谷文昌的家从贫雇农变成了新中农。可是好日子刚过不久，在这一带又发生了灾荒，谷文昌一家成了变卖家产的农户，哪里也筹措不出粮食来，只好置担挑贩卖米，赚一斤吃一斤，来度过灾年。

天灾来了，人祸跟着也来了。1944 年 9 月中旬末，日伪军向敌后抗日根据地发动秋季大"扫荡"。日军十五旅团和伪军 5000 余人，由安阳（在河南省最北部）出发，分两路向林县和辉县等地发动"扫荡"，企图向敌后抗日根据地发起突袭。同月 20 日上午，日伪军数百人分三路进犯林北、合涧等地。其中，百余人从姚村白草坡一带，偷偷摸摸翻山越岭，欲对七区来个措手不及的攻击。这时，西乡坪区委正召开肃清伪匪，迎接林北县全县解放的会议，区领导岳文英正在布置工作。

突然，东山头刘家梯山崖方向"轰"的一声，传来手榴弹的爆炸声。谷文昌随即判断：有敌情！一定是我们在刘家梯路上放哨的民兵发现敌情，发出的紧急信号！为此，我们应当立即组织群众转移！区委书记认为谷文昌的判断正确，随即罢会。让共产党员立刻回到各自分管的村子，组织群众迅速撤离，同时尽可能把粮食藏起来。

谷文昌认为西乡坪是区公所所在地，敌人肯定把它作为进攻的重点。

他请区委书记、区长带领西乡坪干部群众转移，由他负责带领民兵断后阻击敌人。

这样，谷文昌带领十几个民兵，迅速占据西乡坪村南的有利地形，准备战斗。正在这时，在刘家梯马鞍垴站岗的民兵王天然和王天熬气喘吁吁，跑到西乡坪村南，碰到谷文昌，便向他报告敌情。果然不出谷文昌所料，来犯之敌知道自己的行动已经被我抗日武装发现，偷袭已不可能，遂扑向西乡坪。谷文昌带领民兵，凭着对地形的熟悉，在敌人的背后不时打一两枪，巧妙地与敌人周旋。经过两个多小时的战斗，敌人毫无所获，又担心被我八路军围剿，只好丢下部分军用品，灰溜溜地"轻装"撤走。

这是谷文昌第一次参加和指挥的一场战斗。结果以我方毫发无损，还缴获一批战利品胜利结束。这场战斗，使谷文昌得到军事斗争的锻炼。领导们也发现谷文昌是一个临危不惧、献策对路、敢于担当的军事人才。

这年10月，谷文昌经民政助理员伍一一介绍入伍。12月，谷文昌被提拔为第七区副区长。其间，他继续组织青年民兵参军参战，壮大抗日武装力量；开展与不法富户的斗争；开展破除封建迷信的活动，教育引导群众跟党走，教育妇女放开脚步从家里走出来。积极有效的工作，使他在群众中的威信越发提高。

也是在这一年，由于灾荒在继续，更由于日寇和伪军的多次"扫荡"，敌后抗日根据地经济极端困难。百姓常靠粗糠、野菜甚至树叶充饥。部队战士缺乏鞋袜，冬天里没被子。中共林北县委因此发动群众，开展生产自救。人们发现，养山蚕收蚕丝是解决经济困境的捷径。有人告诉谷文昌，北湾村有个叫魏二姐的农妇，家有蚕种，但也听说她绝对不会把其中秘密告诉他人。谷文昌听了高兴，第二天一大早，他怀着希望，扛上锄头到魏二姐家。邻居告诉他，魏二姐已到地里干活去了。

谷文昌先打听她家的地在哪儿，然后到魏二姐做农活的地方，帮她干活，顺便聊家常。魏二姐深受感动，笑说："你是大忙人，大老远跑到这儿来，不会只为了帮俺干活吧？"谷文昌笑着点头承认："确实有点事需要大嫂你的帮忙，俺怕耽误了你的农活，所以带工具帮一下，才不会让你吃亏。"

这一说，让魏二妞更为感动。谷文昌和她聊养蚕的事。魏二妞从没见过这么真诚的人，本不愿把秘密告诉任何人的她，知道谷文昌是为了这一带人的生活才求她。她思虑再三终于松口，把秘密和盘托出："俺家在 6 年前从山坡上的一棵柞树上，发现三条山蚕，两条公的，一条母的，把它们带回家用心饲养。第二年春天，蚕种繁殖了，蚕丝就产 60 斤；到了秋天，蚕种繁殖得更多了，蚕丝又增加到 500 多斤；第三年因为蜂虫侵害，减产200 多斤，秋天增加到 700 斤；第四年春天增加到 1300 斤；第四年、第五年与竹岑村的陈阳则合伙，共培育发展到 4100 斤。到秋天又与桃花洞村养蚕能手申九华合伙饲养，当年就得到 6 万多斤蚕茧。"

谷文昌听了非常兴奋，告诉她说："大嫂，俺掏心窝跟你商量的事，是为了大伙儿的生计——你知道当前群众的生活相当困难，政府得想法子帮助群众解决生活困难。但是苦于没有好门路。近阶段咱政府想通过发动大家养蚕，可苦于没有本地蚕种。你能不能做个好事，把蚕种卖给咱乡亲们？"魏二妞听后爽快答应："中！政府是为了解决群众生活困难才这么费心，这样的好政府，俺说什么都得答应！"

之后，谷文昌又趁热打铁，到 30 多里外的桃花洞村找申九华。老人感激抗日新政府，感激谷文昌事事想着老百姓，激动地赞扬："真是好政府，好政府！"然后，他爽快地答应为养山蚕当技术员，传授经验。更令谷文昌高兴的是，老人还无偿捐献他的蚕种。

之后，谷文昌组织群众积极开展生产自救，根据山区条件，在区里办起养山蚕培训班，聘请申九华当老师，传授养山蚕整个过程的知识，即从暖蚕帘，到放蚕，到一眠、二眠、大眠的喂养，再到作茧、收摘、选种等技术要求，都传授给群众。

这年的 12 月 7 日，《新华日报》报道了一篇题名为《养蚕能手申九华老先生》的文章。主要内容是：养山蚕能手申九华参加太行区第一届群英大会；大会请他讲述养山蚕经验；八路军一二九师邓小平政委、太行区党委书记兼太行军区政委李雪峰、晋冀鲁豫边区政府副主席戎伍胜亲临会议。文章特别强调推广养山蚕获利,解决群众生活困难。

于是养山蚕在林北县第七区得到迅速推广,并迅速扩大到林北全县,进而扩大到整个边区。这样,群众通过养蚕缫丝来兑换粮食物资,解决生活困难,使边区政府渡过一次次难关,还得以有能力支援前线。

谷文昌在林北县乃至边区发展养山蚕,立了大功,但是他毫不张扬。在这件事情中他也得到执政经验,就是:调查研究,做好群众工作,工作方法十分重要。他多次强调:"要把工作搞熟,把群众情况搞透,就要开动脑子。"

5. 身为区长扬民主 土改求真据实行

1945 年 6 月,谷文昌升任第七区区长。一区之长,责任加重,需要考虑的事情更多、更复杂,难度更大。谷文昌奔走于全区 300 多个行政村、自然村,与贫雇农一起吃住,鼓励他们要敢于和命运抗争,为改变自己的命运与骑在他们头上的富户做斗争。西乡坪村是第七区最富有的村子,10个大户把控着村里的财富。这些大户人家,在减租减息、支持抗战方面,表面上对政府顺从,可是暗中却互相串通,抵制政府。谷文昌又了解到富户们其实并非亲密无间团结一致,也常因为经营利益问题而产生冲突。

于是谷文昌先从平常与自己有交往,又相对倾向政府、支持抗战的富户入手,把他们减息减租、支持抗战的表现记录在册,给予表扬,还帮他们找退路、谋出路,使他们积极主动向中国共产党靠拢。其他大户看到自己的同盟转了风向,只好放弃对抗。这样,谷文昌把控了主动权,工作障碍随之清除。之后,区委、区公所以西乡坪村为例,迅速在全区推广"减租减息、支持抗战"的工作经验。

1945 年 8 月 15 日,日本正式宣布无条件投降,抗战胜利。至此,坚苦卓绝的中国反法西斯抗日战争胜利结束。不想短暂的欢庆胜利后,国共双方军事摩擦不断。这年 10 月,晋冀鲁豫军区部队主力在平汉铁路邯郸以南地区,对国民党军进行了自卫反击作战。

为了战役的胜利，晋冀鲁豫边区政府组织民兵配合主力军作战。由于战事紧迫，谷文昌整天工作在区上，调配上级所需要的担架民夫。他带领第七区 260 名民兵参加邯郸战役。他在《自传》中说："这次参战，对自己有很大帮助，前方战士和咱比起来，自己吃苦还不够。"

当然，区领导之间偶尔也会产生一些矛盾。七区的郭家庄与西乡坪籍的领导之间向来不协调，1946 年 2 月这阶段更闹对立。区领导有的偏向郭家庄，有的偏向西乡坪；两边人又互相指责对方并包庇各自一方。领导经验尚不足的谷文昌，劝说这方也劝说那方，但是效果欠佳。

谷文昌觉得他这个"消防员"不好当，曾想干脆不管算了。经过一段时间的冷静思考，谷文昌首先解剖自己，认为问题出在自己身上：自己没有当领导的思想准备，一旦被委任了就匆匆上阵，自然干不好工作；不善于总结成功的经验和失败的教训；未能在双方矛盾处于萌芽状态时，及时予以消除，才导致矛盾的加深。

发现了自己的不足，谷文昌寻找解决问题的办法：当困难向你进攻的时候，自己不能挂起"免战牌"，而是应该迎着困难上，好好分析症结所在，寻找解开症结的办法。再者，今后更要不断学习，提高自己的文化水平和工作能力。经过谷文昌真诚地引导，双方终于消除了误解，言归于好，他的工作也逐渐得心应手起来。

1946 年 5 月 4 日，中共中央发布《关于清算减租及土地问题的指示》。这是将减租减息政策改为没收地主土地分配给农民政策的先期文件，它拉开了解放区土地立法的序幕，为实现耕者有其田的土地革命指明了方向。

由于革命形势发展的需要，6 月 9 日，林北县与林县合并为林县，原林北县第七区、第十区与姚村区合并成林县第十区，一个叫付勇的人被任命为区长，而谷文昌被任命为第十区副区长。听到这样的任命，谷文昌心中顿时松懈起来，认为从此不负大责任了。但他马上意识到这是自己逃避困难矛盾的思想，要不得。因此，谷文昌像往日一样工作积极负责，并得到上级的普遍肯定。

一个多月后，谷文昌由十区副区长升任为区长。这个时候的谷文昌比以前更成熟了。他心里想的是怎么做才能更好地领导全区，使本区的各项工作走在各区的前头。因为十区是个大区，人多思想杂，谷文昌发现区领导们来自不同的小区，各自的性格、经历、志趣、见解互不了解，要使大家拧成一股绳，不是短时间内能够做到的事情。他又发现，往往谁提出一个意见，就有很多人不接受。所以相当多区干部觉得不必得罪人，干脆就不提了。谷文昌知道，当时有区委书记黄玲在的时候，还无法把全区的干部思想统一起来，现在自己还能领导好吗？可是心中的另一个谷文昌马上犟了起来：俺一定要想法子把十区的工作做好。可是，改用什么法子呢？想来想去，谷文昌想起一个办法：召开民主生活会，让大家开诚布公摆问题，最后统一思想。

于是，在谷文昌主持下，十区召开民主生活会，区干部们看到了谷区长的真诚。所以在民主生活会上踊跃发言，其中包括给谷文昌提意见。在民主生活会上，同事们认为谷文昌工作能力很全面，敢于斗争，但是帮助干部不够。

谷文昌以最诚恳的态度接受了同志们的批评。

也是在民主生活会上，区干部们发现原先的不团结，主要是因为思想认识水平参差不齐，就产生了不同的认识。谷文昌也感到自己应该更积极地帮助同志们，解决同志间不正确的认识。只有这样，才能在提高思想认识的基础上，达到团结，搞好工作。就这样，借助民主生活会这种形式，提高和统一同志们的思想，成了他一辈子受用无穷的工作法宝。

这年，土地改革运动在林县进行。运动的一个主要工作就是划分阶级成分。根据上级要求，划分成分应按各村的人口比例划定地主、富农。谷文昌认为，这种按比例划分成分的做法在第十区不适用。因为第十区所在的姚村一带属于林县最富裕的地方，富户土地多且肥沃；而周边很多村却土地少且贫瘠，连生产自给都困难，如在原七区所在的石板岩乡，因为地处高山峡谷，耕地少且土地贫瘠，农作物产量低。在第十区这样的平原地区，如果被划为地主或富农，那么这户人家的土地则至少拥有几十亩，甚至几百亩才较为合理。原七区的农民土地最多的也就拥有山地十来亩。在第十区套用原七区的标准把这样的家庭划为地主富农，既不符合上级划分地主、富农的政策，也会让当地人很不理解。

可是有的干部却一定要在这个贫穷的地方找出冒头的"富户"，从中划出若干地主富农。其中有一户叫李会章的农户，一些干部就认为他应该划为富农。面对这种按比例划分成分的做法，谷文昌根据他在上年调查300多个行政村和自然村的情况，提出全新的划分阶级成分的意见，认为各村尤其是平原和山村的粮食产量高低差别太大，应该根据当地的实际情况，即根据农业收成产量来划分阶级成分。

谷文昌把这事拿到区委会上讨论研究，区委、区政府统一了认识，同意了谷文昌的看法。例如在对李会章"大户"进行阶级成分划分时，一算产量，确实不够富农标准。最终这个李姓"大户"划为上中农。李家对区政府的实事求是做法感激不尽，老百姓也觉得这件事处理得很得体。

根据各村的实际情况，划分出来的成分，全区只有十几户划为富农，地主一户也没划上。对此，谷文昌说："我们要实实在在地工作，执行党的政策要讲原则。我们在地方工作，既是贯彻执行党的政策方针的人，又是依据地方实际制定符合党的政策的人。不能'右'也不能'左'。不够地主的不能划为地主，不够富农的不能划为富农。能不能掌握好土地改革中党的政策方针，我们就是关键，一定要把好这一关。"

此后，十区的土地改革划分，坚持实事求是，工作扎实稳妥，党的方针政策得到很好的贯彻执行，群众对土改成分划分都很满意。

这年，谷文昌一家土改后有10口人（包括母亲、三兄弟的三个小家）、土地7亩8分、2头牛、6间房子，生活比以往更好。

1946年5月4日，中共中央发布《中央关于土地问题的指示》（又称《关于清算减租及土地问题的指示》，即五四指示），这是中国共产党改变土地政策的重要指示。中共林县县委也向全县各区布置"深入发动群众，彻底消灭封建制度，实行耕者有其田"的工作任务。在反奸清算和减租减息斗争中，广大农民迫切要求消除封建剥削，解决土地问题。党中央的这个指示，标志着党将彻底消灭封建制度，实行"耕者有其田"的政策。为掌握好基层情况，谷文昌再次背着行李在姚村区走村串户，与村干部、群众"聊天"，了解掌握他们对中央这个重要指示的看法，引导他们紧跟中央部署，继续新形势下的革命。

姚村区地面广经济发达，当然人际关系也复杂。如何搞好姚村区工作，对谷文昌是一次考验。恰在这时，上级下达新任务，要求县区组织民兵参加辉县、汲县、汤阴等地的战斗。这样，区里既要组织民兵支前参战，又要开展土地改革。谷文昌借鉴在西乡坪的工作经验，把姚村区土地改革与组织民兵参战有机结合起来。

首先是做好土地改革工作。在阶级成分划定上，谷文昌继续坚持他的老做法，实事求是，不搞"一刀切"，不搞单纯完成任务。他在深入各村调研走访时，发现一些干部群众认为土地改革对地主、富农斗得差不多了，因此对土改工作有所松懈。他提醒同志们紧紧跟上党中央的新战略："土地改革运动绝不会就此止步。这次运动，要彻底把剥削者的利益渠道切断，让每一个人有地种，有饭吃，享受到新社会新制度下人民当家作主的权益。"谷文昌针对这个问题，在全区干部中进行思想认识上的统一工作，使全区干部严格执行中央政策，做好土地改革成分划分的工作。

其次是做好支前工作。在全区干部会议上，谷文昌强调：没有子弟兵在前方作战，就没有我们后方的安定。支前首先要巩固后方，巩固后方是为了支前。后方巩固了，才能更好地支前。根据前方的需要，做好支前的各项工作：前方要人，我们给人；前方要物，我们给物。根据上级指示，眼下最需要的是军粮和军鞋以及其他战斗物资，我们就得尽一切可能支前！在谷文昌的鼓动下，人民群众积极支前。这样，十区的支前工作也走在各区的前头。

6. 整顿理财又灭害 "三查三整"在桑园

1946年4月，林县政府发出《关于整顿县区村财政，克服浪费现象的规定》，随之又制定了《林县整顿财政工作的决定》，旨在克服当前困难，集中财力支援我军反攻的胜利，减轻人民负担。文件要求在县、区、村开展以清仓、清账、清库为内容的村级财政清理工作。

谷文昌负责的十区，是由原先三个区合并起来的，面积广，仅靠传达文件解决不了实际问题。因此他采取分片包干的办法，让区干部前往各自负责的村督促指导。谷文昌自己负责最偏远、工作难度最大的村子。结果仅用10多天时间，全区48个村全部整顿完毕，清收物资总价值16744119元（冀南币），清收工作受到太行五专署通报表扬。经过整顿，有46个村在后半年达到生产自给，并建立了财经管理委员会。

1946年6月，正值夏收夏种时节，姚村区定角和下陶一带发生蝗灾，方圆四五里内到处都是蝗蝻（蝗虫的幼虫），一步之内多的有30个，其中有的像蝇子一样大，有的已经长成飞蝗，瞬间能毁掉一大片麦田，奇怪的是当地村民对蝗灾麻痹大意。谷文昌经过了解历史和现场查看，知道早在1942年，蝗灾就已出现在河南的黄泛区，可是当时正值战乱动荡，加上民众中的迷信思想，认为蝗虫是"神蝗"，不能捕杀，结果使蝗虫成灾，危害极严重，大片农作物被蝗虫吃光，成为戕害人民的"蝗军"。

谷文昌意识到蝗灾的严重性。他当即把附近村的干部召集到蝗灾严重的地块，把蝗虫用线串起来，先拿给与会村干部看，并向他们说明灾情的严重性："俺从《新华日报》看到，有人统计过，每升蝗虫卵有75000个，每石有750万个，一石蝗虫卵如果变成蝗虫，一天就可以吃掉300亩的田禾。这样，俺们还能拿什么吃？所以俺们要迅速行动起来，打一场灭蝗的人民战争！"

然后，谷文昌及时召开全区各村主要干部会议，进行再动员，并成立剿蝗指挥部，下设剿蝗大队和分队，并研究了一整套灭蝗办法。全区共出动5500人刨虫卵、捉蝗蝻、打飞蝗，共消灭蝗蝻、飞蝗78.4万只。《新华日报》记者知道了此事专程前来采访，并很快以《五千五百人剿蝗大捷》为题，于6月25日在《新华日报》做了报道。谷文昌带领全区人民消灭了蝗灾，保住了庄稼，赢得了群众的信任，也树立了解放区政府在人民群众中的良好形象。

1946年9月9日，太行五专署通报表扬了林县第十区在4月份清理整顿财政工作方面的好经验，并在全地区加以推广。谷文昌参加了总结大会，在会上发言："事实证明，清理财政也是生产救荒工作的一部分。如果财政上混乱、浪费克服不了，光搞生产号召节约，群众也没有劲儿。县里经整顿，清理出来的财产又能作生产本钱，可以进一步促进生产救荒。"

由于有十区的先进典型经验，林县"三清"（清仓、清账、清库）工作进展顺利，到1949年10月份，全县12个区532个行政村和县区机关，共清理出资金2.5亿元（冀南币），粮食263.28万斤，大大缓解了当时的财政困难，使之得以集中财力支援反攻，同时减轻人民的负担。

1947年10月10日，中共中央正式颁布《中国土地法大纲》，将抗战以来实行的"减租减息"政策，改变为实现"耕者有其田"的政策，即没收地主的土地财产，征收富农多余的土地财产；工商业者的财产及其他营业受法律保护，不受侵犯。这标志着解放区在农民土地问题上，开始由削弱封建剥削，向变革封建土地关系、废除封建剥削制度转变。这是中国共产党土地政策的重要改变，曾经备受剥削压迫的谷文昌，决心率领十区人民群众，以实际行动迎接这个重大变革。

从1947年到1948年3月，中共太行五地委针对一些干部存在的思想作风飘浮、对土地政策模糊等问题，在林县桑园村召开整风会议。为使整风工作顺利开展，上级从山西省昔阳县调来马兴元担任县委书记，吴和谦担任县长。新班子一行人召集区以上干部参加会议（分两批进行）。会上，县委新班子要求继续开展"三查三整"，同时贯彻《中国土地法大纲》。谷文昌作为十区区长也参加桑园整风。他在《自传》中说："（我）接受了一次深刻的马克思主义教育。"桑园整风为林县正确贯彻《中国土地法大纲》，胜利结束土改，为适应全国大反攻的革命形势创造了良好条件。

谷文昌在整风会议上坦率地查摆问题，深刻剖析问题根源。他诚心诚意让同志们给自己找缺点不足，指出自己在工作中存在的缺点是"土改中在作风上对同志无原则迁就"的缺点。通过"三查三整"，提高完善自己，使自己更好地适应新形势，适应今后形势的发展，更好地开展工作。

让人没有想到的是，谷文昌在桑园学习的发言中竟然大胆"犯上"，提出："该给干部撑腰，还是要给干部撑腰。"为何如此？原来会议本来是要纠正基层干部中存在的作风粗暴、多占斗争果实和执行政策过"左"的问题，可是整风中却出现"左"的倾向，领导打压干部，许多干部因此受到了过头的批评和不应有的处分，腰杆直不起来。血气方刚的谷文昌对此直言不讳。

在整风学习中，谷文昌还发现林县在土地改革运动中，有的区村在成分划定和财政整顿方面机械地执行上级指示，出现或偏"左"或偏右的倾向。具体表现在有的区村对地主、富农斗争不彻底，有的人斗了，有的人不敢斗；有的村干部见是同村人，心慈手软拉不下面子下不了手；还有一些村子则相反，斗争过度，地主、富农的田产被一扫而光，连口粮都没收了。这些做法都不符合土地改革的初衷。由此，谷文昌以一个共产党员的强烈责任感，向上级反映，及时纠正了这些或"左"或右的现象。

1947 年冬季，解放战争的战场上，中国共产党的军事力量节节胜利。在这种新形势下，党中央已经做出准备：动员一批干部南下，接管各地新解放的地区，建立新政权。谷文昌对此问题极为敏感。他希望自己能成为南下干部的一员，可是又想：自己身体有肺病，又不强壮；家中老母已 61 虚岁，年老多病，女儿尚小，都需要照顾；哥哥早定居山西，弟弟谷文德一人要承担家庭的全部重担，怕是不行。一旦南下，这等于要离开家，离开妻子、女儿过黄河。为此，他心中十分纠结。

很快到了年底，谷文昌还在桑园学习。其间，他总结自己，思想上对南下问题进行了激烈的思想斗争。开始是"思想不通"阶段。确实，乡土观念和恋家情结在谷文昌身上体现了出来：一家世世代代都是贫雇农，因为缺少土地，才使他们祖祖辈辈受尽生活的苦楚；是共产党来了，才使他们有了土地，一家生活大改善，昔日的贫雇农成了新上中农，现在要离开这个充满生机和希望的家，过黄河南下，确实不忍。再说要过河，自己身体不太好，家里有老母，有妻女，让弟弟一个人照顾，也不是办法。可是他又想：上级提出南征，调动干部过黄河，自己是共产党员，党的需要就是自己的使命；再说自己是领导干部，却没有过河的念头，怎么去动员别的干部过河？

谷文昌陷入两难境地。

随着时局的变化，谷文昌的思想也在急剧变化。他为人民军队的每次胜利而欢欣鼓舞，也为人民军队打下江山如何巩固而心焦。他终于想通了，党的需要就是自己的使命。于是他主动报名要过黄河。

1948年2月，桑园整风学习接近尾声，林县县委征求参加学习者对整风的意见。当征求谷文昌意见时，这位从基层一步一步走上来的"老基层"，不敷衍不奉承，真实客观地把现实存在的问题，向小他两岁的县委书记马兴元做了汇报。

谷文昌坦言道："有些村的地主被斗争得扫地出门，富农的地产一分也没留。这种不讲究工作方式的行为只能激起基层矛盾，给工作造成障碍，应该采取措施，及时纠正。"谷文昌的汇报言辞，给马兴元书记留下深刻印象：这个区长既敢说，也实说。整风学习也使谷文昌的政治觉悟和工作水平有很大的提高。他在《自传》中总结说："这次会议开阔了视野，学到了真功夫，提高了思想境界。从形式上看是会议，从实际上看是（进了）一个政治大学堂，受益很大。"

1948年3月，谷文昌参加"桑园整风"结束，回到南湾村自己的家。他把准备响应上级的号召、南下过河的想法告诉母亲。然后，一家人围坐起来商量南下的事。

妻子申氏完全没有想到丈夫会有这样的想法，一时愣住了。她提出，丈夫一走，家中重担便落在她身上，她承担不了这样的重担；再有现在解放了，土改了，家中有了土地，生活比过去好多了，丈夫就应该在家里种地享福，为何还要去不知道多远的南方奔波？弟弟谷文德也提出自己的看法：二哥你这一走，我这当弟的上要照顾娘，下要照顾侄女，家里地里，都让我顶着，我可受不了。妻子和弟弟的态度，让谷文昌既失望又难堪。于是大家都把脸转向母亲桑氏，希望获得老人家的支持。

不想母亲桑氏坚决支持儿子报名南下。桑氏认为儿子应如古代的岳飞，把国家大事放在心上头一样，才是男子汉大丈夫！因此要响应毛主席的号召，报名南下！至于家中诸事，里里外外全是种田人鸡毛蒜皮、忙不完的事。这些事当由他们来做。母亲说："你尽管出去干大事，家中的事俺顶着，不用你操心。"谷文昌知道，自从父亲去世后，母亲就是家中的主心骨，她老人家说的话，家中没人敢反对。母亲说完，看小儿子，又看媳妇申氏说："别想那么多，自古道：'车到山前必有路，船到桥头自然直！'不愁这些！"

申氏是一个孝敬婆婆的女人，经婆婆一说，也有所改口：男人有男人的事业，丈夫要去干大事业，她理当支持，可她是个裹脚的女人，无法承担丈夫留下的农活。婆婆桑氏笑说："你男人在家，你也没法到地里干活呀。"申氏不好意思，无奈地笑了。谷文昌南下的事就此定下。

7. "抽肥补瘦"成模范　南下报名排万难

1948年3月至6月，谷文昌任林县二区刘家凹土改工作队组长。二区的主要村叫合涧，是一个土地平坦肥沃、集贸繁荣的集镇，邻村的富户、商家，也都在合涧村开设客栈、商铺。这刘家凹和东山底村，同属于二区且与合涧毗邻，两村的富户商家们当然也汇集于此。林县县委根据太行五地委的指示，在刘家凹和东山底村搞土改复查试点。

为了搞好这里的土改工作，谷文昌像上年在第十区的姚村搞土改一样，背着铺盖入住刘家凹的一户贫农家中。凭着他的工作经验，有针对性地与被评定为地主、富农、中农的人交谈。在他们叫屈、抱怨的谈吐中，寻找真相和原因，然后寻找突破口，真心诚意地给错斗对象赔礼道歉和纠偏。通过几天的摸底调查，谷文昌了解到，刘家凹村错斗中农14户、贫农1户，在掌握了各户的情况后，按照"抽肥补瘦，填平补齐"（"抽肥补瘦，填平补齐"是当时解放区调剂土地的八字方针。所谓"抽肥补瘦"，就是提取多余的，补益不足的。旨在满足贫雇农的土地要求，又巩固团结中农，促进了生产发展）的标准及时纠正。仅仅10多天时间，刘家凹、东山底等村的土地改革复查、纠偏工作很快结束。谷文昌在这次复查中，纠正了土地改革中出现的偏差，整顿了基层党组织，巩固了土改成果，树立了党在群众中的威信。

县委书记马兴元对这样的成效感到意外，也很高兴，当即派县委机关秘书到这里总结经验。随之，五地委也抽调专人到这里整理总结。当年《新华日报》曾刊发题为《林县进行结束土改和整党相结合的经验》的报道，于8月9日向全区发出指示，推广林县刘家凹和东山底的做法与经验，要求全区以此为参考，搞好"抽肥补瘦"工作。中共太行区党委于11月23日全面介绍了林县结束土地改革和整党的初步经验，马兴元还专门到中共中央华北局汇报林县的工作。

6月，谷文昌调任林县第二区（即合涧区）区长（任至8月）。8月底，谷文昌调任林县十一区（即任村区）区委书记（任至当年12月）。到十一区后，谷文昌仍然采取深入基层的老办法，再次走村串户访民情，与各阶层人士接触交流，通过不同渠道调查和掌握穷人对富人的意见、评议，地主、富农、中农、贫农各个阶层对土改的看法，经过甄别研究，理出了工作思路。这位"区政委"（区委书记在当时称区政委），主持任村区的土改复查，整顿农会和选举人代会，动员群众踊跃参军支援前线，曾多次受到上级领导和《新华日报》的报道表扬。

在任村区担任书记这一新职务时，谷文昌严格贯彻执行林县县委《关于组织林县临时代表会议的指示》《关于改订错斗户成分及补偿调剂中几个问题给各区的指示信》的有关要求，在各村开展基层组织建设，纠正或"左"或右的思想。

谷文昌首先从强化区、村党员干部的素质着手，通过自我检查回顾，也根据群众反映，对有利用职权多吃多占，偏袒照顾地主富农，或借土地名义报私仇泄私怨的党员干部，视情节轻重给予处分和教育，同时对在土改中因受到不公正待遇而闹情绪的干部做思想疏导，鼓励他们重振精神，为党和人民继续工作。

在成分划定工作上，谷文昌深知此项工作的复杂性和重要性，处理不妥当就会激化矛盾，或是让贫农户得不到应有的土地，或是给地主、富农户造成生活上过大的负担和压力，同样会给社会造成不稳定。为此，谷文昌强调作为党的干部"做每一件事都要为党负责"，完善土改不是完成任务交差，而是客观公正地把上级的有关指示精神落实好，通过土改、整风等工作的完善，把基层出现的问题解决好，让群众从内心拥护党，对党信任依靠。所以一定要端好土改整风这碗水，不偏不倚地按标准来划定成分，做错了的，做过头的，都要敢于面对，该退的坚决退出来，该补的坚决补上，这才能显出共产党的规矩和阶级感情。

谷文昌所在的区公所，离集镇最繁荣的街市仅数步之远，他抽空就去店铺、货栈转转，与掌柜会计聊天拉家常，了解掌握市场行情和土改完善情况，帮店主们出主意谋生意，促进贸易发展。短短数月，任村的土改、村级班子建设、土地丈量评产、征兵支前等工作有了新突破新起色，得到县委、县政府充分肯定，赞扬谷文昌是革命工作的"万金油"，放到哪儿都能灵活运转，并高质量完成任务。10月17日，《新华日报》刊发题为《林县总结结束土改试验村经验 纠正执行政策两种偏向》的报道，重点介绍林县土改和整党工作。林县土改和整党的这些成绩，自然有谷文昌一份功劳。

10月28日，由于中国人民解放军战略大反攻进展顺利，为了适应战争发展的需要，中共中央作出了《关于准备五万三千个干部的决议》，要求华北局等，并告晋绥冀辽分局、豫皖苏分局等"准备5.3万名左右的干部，分配到华北、华东、东北、西北和中原地区，领导新解放区的建设"。

1948年底，为适应战争发展新形势的需要，毛主席发出"打过长江去，解放全中国"的号召。中共华北局决定，从太行和太岳两个老根据地选调一批得力干部，组成一支南下队伍随军南下。林县县委根据党中央及太行区党委的指示，动员全县干部积极报名到新解放区工作。可是在林县县委召开的南下干部动员会上，工作进展却不顺利。许多土生土长的区级干部，很难打破乡土观念和恋家情结，动员工作陷入僵局。

为此，县委书记马兴元上台发表热情洋溢的讲话，并以实际行动首先报名南下。紧接着，县委组织部部长蔡良承、宣传部部长郭丹、副县长郭景周、县委委员杨保成等班子成员相继报名。模范效应使坐在台下的谷文昌心里不平静了：马书记、蔡部长、郭部长离开他们的家乡山西来到咱河南林县闹革命，现在人家又要随军南征，作为林县人可不能当孬种。县领导的举动，更坚定了谷文昌的信念：共产党员应当服从党的需要，听从党的指挥，义不容辞报名南下！

这时，他下意识地抬起头，见马兴元、蔡良承、郭丹、郭景周这些县领导，正襟危坐在台上，笑容可掬，他猛然醒悟：他们不也有父母？他们也是身为人子，却为了革命舍小家为大家，原因就在他们牢记自己是共产党员，我谷文昌不也是共产党员吗？想到这里，谷文昌霍地站起，毅然决然地走向报名处。在谷文昌的带动下，不少干部纷纷响应，报名者一下子排成长队。

南下报名人数的骤增，让谷文昌万分激动，他看着各区报名者排成的长长队伍，心里突然担心起来：要是名额被他人占满了，可怎么办？情急之中，他从身上掏出一张卷烟纸，把十一区报名南下的6名干部的名字全部写上，并写明保证解决好家庭问题。这上边的文字是："每人家庭早有准备，不会拖后腿。阴历正月初九早饭集中十区署，保证当天下午去平房庄报到。特此保证。组长谷文昌、副组长杨永修、申周朝、郭玉守、元为德等6人。"谷文昌还填写了《南征政民工作人员登记表》。在表中的"家庭有啥困难"栏里，他毫不犹豫地填上"没有困难"；在另一个"本人对家庭照顾的依托人姓名"栏里，填上"依托兄弟谷文德"。不管是卷烟纸上的文字，还是登记表上的文字，抑或是一句真诚的表态，都是谷文昌赤诚之心的见证。

回到家中，谷文昌把自己的所作所为告诉了母亲桑氏和妻子申氏。谷文昌最担心妻子不同意，便以县委书记马兴元等领导为例，动员她："人家马兴元书记，蔡良承部长远离家乡到咱林县闹革命，现在咱这里解放了，他们又要随军南下，咱也不能光顾自己，要为江南老百姓的解放尽些力！所以我真的报名了。"

母亲听了点头称是，还竖起大拇指赞扬大领导就是有大气魄，并为儿子学习大领导的行为而自豪。可是妻子申氏还是皱眉，担心丈夫一走，她无法招架家里和地里的事，脸上显出无奈。谷文昌告诉妻子："为了解除南下干部的后顾之忧，组织上已明确表示会对南下干部家属给予照顾：一是家属按军属待遇；二是家庭经济困难的给予补助；三是家中缺乏劳动力的，由区、村给予代耕。咱们要相信政府。"

妻子申氏听了丈夫的话，脸上终于有了些许笑意，说这事要是真的，她也同意丈夫南下。谷文昌一听异常高兴，说："俺不能只想着自家那一亩三分地，把国家的大事给忘了！俺是共产党员，就是要响应党的号召，随军南下！"此时母亲发话："好男儿志在四方，孩子，放心走你的路！"

这样，谷文昌更加坚定了南下的决心。

南下前夕，谷文昌回了一趟南湾村，向母亲拜别。他跪在母亲面前，不觉泪流满面，然后默默为母亲洗脚捶背。62岁的母亲为了这个家，早已满头白发。母子连心，两人的心都在颤抖。谷文昌心里想着：这一走，不知何时才能再见到老人家，这可是生与死的考验啊！也许……他不敢往下想。谷文昌早从小人书里懂得这样的道理：自古忠孝不能两全啊！他在心里说："娘，为了党和人民，儿子要先忠后孝了！"

南下队伍出发前，区党委和区政府组织了一场欢送会。谷文昌在欢送会上紧握拳头，庄严地表态说："党需要我们南下解放江南，俺已下定决心，不解放江南老百姓，俺誓不回来！我们决不给家乡丢脸，决不辜负父老乡亲们的期望！"

二、南下

（1949.1—1950.5）

1. 武安城集训南下　露水河挥手别家

1949 年 2 月 15 日，即农历己丑年正月十八，来自林县各区南下的 114 名（一说 160 名）县、区干部和来自新乡的南下干部，集中在林县城关平房庄村接受短期培训。太行五地委对参加培训的南下干部进行编队，谷文昌被任命为第五大队第三中队第五小队指导员。

谷文昌在林县参加欢送大会后，于 16 日与南下的队伍启程前往河北省武安县参加集训。队伍从曲山出发来到武安县舍利塔下，整整行走了 3 天。五地委选调的南下干部到武安报到后，四地委选调的南下干部也来到武安县城。这样武安县城成了太行、太岳两区南下干部集中地，也是中国人民解放军长江支队的命名之地（以下简称"长江支队"）。

从 3 月 1 日开始，南下队伍在武安县城集训学习。谷文昌被任命为第五大队第三中队第五小队队长。2 日，上级宣布南下长江支队第五大队要接管的是苏杭一带。大家听了都很高兴，不少人禁不住脱口而出："中！"因为苏州和杭州，是众所周知的"人间天堂"，物产丰饶，人杰地灵。于是不少人开始为自己谋划未来：未成家的人说将来就在那里安家发展，舒舒服服过一辈子；已成家的人说，到时把老婆孩子都接来，在天堂过下半辈子。谷文昌发现他的队员也有这种思想，就提醒队员们："咱是为了党的事业，为了全中国人民的利益才南下的。咱可不能借南下打自己的小算盘！"

22日，从太岳区来的另一部分南下干部，从山西省长治县出发，也来到武安县城与先前到达的队伍会合。这样，武安城中南下干部一下子成了4000多人的大集体。

4月23日，中国人民解放军攻占南京。消息传到长江支队队员耳朵里，所有的人都感到振奋。解放军的每一次新胜利，都给谷文昌带来新的兴奋。

在武安培训中，南下队员们学习七届二中全会精神，这是重中之重。队员们学习中共七届二中全会决议，领会精神，学习毛泽东的"两个务必"："夺取全国胜利，这只是万里长征走完了第一步……中国的革命是伟大的，但革命以后的路程更长，工作更伟大，更艰苦。这一点就必须向党内讲明白，务必使同志们继续地保持谦虚、谨慎、不骄、不躁的作风，务必使同志们继续地保持艰苦奋斗的作风。"还学习了毛泽东《将革命进行到底》《关于时局的声明》《评战犯求和》，毛泽东、朱德发布的《向全国进军的命令》等重要文献。在武安共集训一个多月时间，南下队伍在基层设立党支部。谷文昌既负责领导五小队的整体工作，又参与三中队的基层党建工作。

4月25日凌晨，长江支队从武安县城冒雨出发南下。这支队伍的组成，以各地级班子为一个大队，各县级班子为一个中队，各区级单位为一个小队。

同月30日，南下队伍经过位于华北平原与太行山脉交会的山前地带，即河南汤阴县。谷文昌早知道这里是民族英雄岳飞的故乡，因此他利用在汤阴休整的机会，带领队员们瞻仰岳王庙。谷文昌小时看过"岳母刺字""精忠报国"的小人书，也听母亲桑氏讲过岳飞抗金的故事，早受岳飞浩然正气的英雄气概所感染。谷文昌极为虔诚地瞻仰岳飞的塑像，心情久久不能平静。尤其是母亲桑氏讲过岳飞"文官不爱钱，武官不怕死，不患天下不太平"的名言，对他是一种心灵的撞击。在看到精忠坊两侧壁间嵌着的"忠""孝"石刻大字，谷文昌在心里喊着：俺要为党为国尽忠，俺要在完成党的使命之后，回家为母尽孝。

5月3日，南下队伍从河南汲县向南行军80里。4日，更是急行130里到达老田庵火车站。晚上，长江支队就要在这里乘坐火车渡过黄河。此时正是新月朦胧，滔滔黄河以宏大的气势从人们的眼前向东奔腾而去，引人无限遐思。不知为何，黄河好像是情感的催化剂，此时此刻许多队员不约而同地回望北方，有人沉默不语，有人在流泪，有人在唱豫剧。对长江支队的所有队员来说，他们不是来自河南，就是来自山西，他们都是中原大地的孩子，是母亲河黄河的儿女，如今就要离开家乡，情绪激动在所难免。

长江支队乘火车夜过郑州，转向陇海线，经开封、商丘，又经过属于江苏的徐州等地，然后继续南下，于5日中午到达淮河北岸。大家在这里食宿，又休整了3天。8日，大队人马从蚌埠市乘火车东向前行，至嘉山县。这时，因铁路被国民党军溃逃时破坏，无法通行，又开始步行。

12日中午，这支南下的队伍抵达长江北岸的江苏省浦口。长江，是一道天然的屏障，也是北方南下人思乡观念的一道大屏障。一个略懂地理的人说："咱中国南方和北方，就是以长江为界，北岸叫北方，南岸叫南方。"这一说，人们情不自禁地翘首回望。大家都知道自己的队伍很快就会渡过长江，与北方的土地告别。想到这，有的队员思想上的结打上了：若干人趁着夜色悄然往回走，一些人在偷偷流泪。他们无法放弃两千年来祖祖辈辈留下的一亩三分地，无法忘记家乡那山、那水，尤其是那暖被窝热炕头的亲人。

当然，另有更多像谷文昌这样的人，他们占了南下队伍的绝大多数，怀着坚定的志向，凝视着前方，向前，向前。是的，"继续革命"不仅是一句口号，更是一种现实的行动，在考验着长江支队的每一个成员。

谷文昌向队友说："逃跑是耻辱，既然咱已经参加革命了，就要把革命进行到底。希望大家坚定思想，咱可别给咱林县革命根据地的人民丢脸。"谷文昌继续说："要革命就得准备牺牲个人利益，甚至生命。哪还能老想着自己家里的那点儿事？等不久革命成功了，全中国都是咱的家，你还怕回不了家？你还想着家里的那一亩三分地？等革命成功后，咱们还会从这里回家。那时，咱们可是带着革命胜利的喜悦回家的！"队友们握着谷文昌的手，掏心窝发话："俺向你学习，不想家了，俺要继续南下！"

这天夜晚，谷文昌望着长江两岸的灯火，想着临行前母亲的教诲，在思考着自己的未来。他在自己的工作本子上，默写着他最爱的歌曲《国际歌》，然后在歌词后写下一段话："共产党员要胸怀大目标，四海为家，时刻想着大家。我们是为人民服务的，不论什么情况，不论职务高低，不论在什么地方，都要在那里生根开花！"

12日下午3时起，长江支队全体人马乘轮渡顺利渡过长江，进入南京下关码头，分住在下关码头的仓库里。14日，国民党军队的3架飞机突然出现在南下队伍上空，然后投弹轰炸，不少房子被炸，3名解放军战士牺牲，五大队有的同志也被倒塌的房屋埋住，经及时抢救才脱离危险，但这些逝去的生命和付出的鲜血，还是给南下队员心头笼罩上了一层阴影：看来，南下不仅是艰难困苦的事，还是流血牺牲的事。

23日下午，长江支队全部人马奉命从南京乘火车出发，直奔苏州。不少队员的情绪高涨起来：中！我们就要到天堂了！又有不少笑声细语，有人唱起欢乐的豫剧小调。5月24日，长江支队人马抵达朝思暮想的苏州。

可是令人震惊的意外消息来了：苏州南部已被其他地方的干部接管了，苏州、杭州一带随之也由他们管理了！上级通知谷文昌他们的队伍，来到苏州阊门外张家花园宿营待命。这时，在苏州的三中队第二小队林县老乡秦修德不幸病逝。看着逝去的同乡，林县籍的南下人感到生命的消逝离他们是这样近，怀乡思绪又悄悄地爬上人们的心头。

这时传来更"坏"的消息：中央决定三野十兵团提前入闽！华东局为解决干部力量的严重不足，告知长江支队："要继续南下，随三野十兵团入闽接管福建！"听到这样的消息，长江支队五大队的队员们都愣了："这是真的吗？"

这是真的。

2.离别苏杭临福建　翻山越岭至榕城

福建是个什么地方？一时间，"福建"成为队员们关注的焦点。他们通过多种途径打听到：福建是蛮荒之地，山多、雨多、蛇多、蚊子多，既潮湿又闷热。还听说那儿"天无三日晴，地无三丈平，人无三分银，是天的边涯"；"福建到处是崇山峻岭，山高路陡，没有铁路"；还有人说："福建话听不懂，老婆找不到。"更有人说："福建的蚊子一只有一寸长！"又有人更夸张地说："福建的三只蚊子能炒一盘菜！"许许多多恐怖说法，让长江支队这些北方人心里犯怵。

许多队员因此情绪躁动，又有人当了逃兵。华东局获知此事，决定让张鼎丞前来作报告，解除他们的思想顾虑。

6月12日，福建籍的华东局常委、组织委员会书记张鼎丞来到长江支队，给县团级以上干部讲话。他说："福建话难懂，工作不好做，福建穷，是事实。但是福建山大，不比太行山大；福建山清水秀，山上有木材、竹子、茶叶，是富山。福建人民坚持红旗不倒，盼到了解放，欢迎你们去。"这位农民出身的无产阶级革命家不回避矛盾和困难，用朴素的语言，阐述实实在在的道理，让人听得心服口服。

会后，谷文昌把队里的党员召集在一起，把他的想法告诉队员：咱既然要解放全中国，就不能计较去哪里。福建是咱中国的土地，共产党员就有责任去解放，去建设。咱绝不能做革命的逃兵。共产党员，党说去哪里，就去哪里。之后，谷文昌让队员分班分组讨论，回顾南下的初心誓言，对革命立场不够坚定的队员则进行个别谈心、引导。

7月1日，长江支队五大队在苏州阊门外的皇后大剧院举行庆祝党成立28周年大会。会前，南下队伍集合的时候，一个身穿蓝色列宁装的女同志站了起来，指挥大家唱革命歌曲："毛主席，朱总司令/家住在南方/万里长征到北方/把我们来解放/我们要解放全中国/学习好榜样……""滚水快开锅/再加一把火/封建老根要抛掉啊/不能让它活/今

年要打过长江去 / 解放全中国……"充满朝气的歌声荡涤着人们心灵上的消极情绪。

歌曲唱完，大家向这个女同志报以热烈的掌声，了解这个女同志的人小声介绍说，她叫史英萍，是河南济源人，知识分子，以前是教师。谷文昌回头鼓励大家："你们看，人家一个女同志，那么弱小，可比咱男同志还行啊！"听者表示赞同，认为此女不愧是巾帼不让须眉。史英萍发现有人在议论她，便戏谑地笑称："你们这是在'算计'我。"大家都伸出大拇指回答："俺们正夸你呢！"

会上，五大队政委马兴元发表讲话，然后对长江支队成立以来及南下途中政治思想好、团结互助好、遵守纪律好的党小组、中队、小队进行了表扬。谷文昌所带领的三中队五小队因为思想稳定，没有逃兵，被以"谷文昌党小组"的名誉受表扬鼓励。

这时，传来好消息：十兵团要给长江支队每人发一本《论人民民主专政》的书和全套的人民解放军的装备（草绿色军装、白衬衣、八一帽徽、解放军军帽、解放军臂章、绑腿带、背粮袋、枪支等）。随之，崭新的军服穿起来，整个队伍的形象气势大不一样，人人显得精神，队伍更加威武。有人因之高兴坦言："俺可像正规部队战士一样啊！"

7月13日，长江支队从苏州出发，随十兵团挺进福建。在行军途中，谷文昌的肺病经常发作，一发作起来就高烧不退，战友们劝他坐上马车，他拒绝了，认为这是老毛病了，顶一顶就过去了，要不了命的。谷文昌以坚韧的毅力，忍着病痛，经常走在队伍的前头。他也因此成了队友们学习的榜样。谷文昌率领着他的小队，同长江支队队员们，进入浙江境内，到达杭州。

可是长江支队却是拐弯继续往西南前进。南下队伍很快到达浙江西南的江山县。南下队伍在江山做了短期停留。

这时，根据中央指示，"长江支队"番号撤销，同时对各大队进入福建后接管地区做分配，新组建的福建省委宣布长江支队所属的六个大队，作为福建的六个地级建制，将到福建不同的地区。其中，五大队的工作范围是龙溪地区。

8月9日是农历七月十五，老家的中元节，也是祭祖思亲的日子。这一天，谷文昌和战友们踏上福建的土地——福建省北部的浦城县。这里也是闽、浙、赣三省交界处，福建的"北大门"，自古为入闽第一关。这些从中原南下的人们，望着眼前一望无际的青山，山与山之间云雾缭绕，下面是清澈的溪流。南下的人们笑了："张鼎丞常委说得没错啊！福建的山水，比咱北方的山水漂亮多了！"

也许是上天的有意安排，远在两千多里之外的河南林县石板岩乡南湾村，谷文昌的二女儿也在这一天出生了！桑氏给她取小名梅珠，后取正名谷哲芬。

8月20日，谷文昌随南下支队来到建瓯县。知情者说，这里是"千名进士县，六大状元乡"，历史上曾出过1154名进士，6名状元。这一说，令南下支队的人们咋舌：本以为福建是蛮荒之地，想不到福建还文人辈出啊！

9月2日，谷文昌随长江支队来到福州。虽然已到处暑节令，可是还相当闷热。所到之处除了榕树，还是榕树。人们感叹："怪不得这地方叫榕城！"城南就是闽江，虽然没有黄河、长江出名，可是见它那浩大的水势，也令人们激动。知情者说：再往东，就是马尾，那里就是浩荡的东海，好多人听了禁不住赞道："这地方不错嘛！"

9月7日，新任的福建省委书记、省人民政府主席张鼎丞在仓前山英华中学，满面笑容地接见南下干部。8日，按原计划，这天五大队要从福州市出发再往闽南，因汽车不够用，延后到13日下午才乘车南下。14日，谷文昌所在的三中队到达泉州后，住在泉州南郊的凌霄中学。

3. 泉州城里建新制　半岛古雷觑东山

9月15日，在泉州的五大队接到福建省委指示，由行军建制改为以县为单位建制，把原来5个县建制的中队（除个别同志有所调整外），分配到 10 个县。也就在这天，第三中队所属的 7 个小队分成两部分，其中 3 个小队由郭丹带领，组建中共东山县工作委员会（以下简称东山县工委）、东山县人民政府；其他 4 个小队到海澄县。

新成立的中共东山县工委和人民政府分工，除了县工委书记和县长外，张书田和申保成为县工委委员（申保成为县公安局局长）。全县划分为 3 个区：一区（含城关、城关郊区、靠城关部分农村及古雷半岛等），谷文昌为区工委书记，张金川任区长；二区（西埔、周边乡村及陈城一带），工委书记王虎，区长王国忠；三区（前何及周边乡村），工委书记罗权贵，区长王永帮。

9 月 16 日，东山县工委和东山县人民政府，开始着手准备接管东山县的具体工作。3 天后，漳州城解放。23 日，国民党政府"第五行政督察区"（今漳州市）除东山县外各县陆续解放。五大队成员全部进入漳州城。至此，长江支队经过 9 个月的行军，从中原腹地，先后途经山西、河北、河南、安徽、江苏、江西、浙江、福建 8 省 65 县市，来到东南沿海，行程 6000 里。

9 月 26 日，福建省人民政府决定，将原第五行政督察区改为第六行政督察区，设第六行政督察专员公署，下辖的县不变。各中队先后向各自所属县进发。三中队接管东山县和海澄县，其中东山县 37 人。大半年的南下，让这支队伍的人在分别的时候，很是依依不舍，大家一一握手道别。这时，那个身穿蓝色列宁装的女同志，向谷文昌走了过来并伸出手自我介绍："俺叫史英萍，是五大队二中队六小队的。"史英萍补充说，她家在王屋山下的济源北边的马寨，以前是教师，现在即将到南靖县工作，是区民政助理员。谷文昌也如实告诉史英萍，他家在太行山东面的林县。那里青山绿水，是个好地方。两人还互相通报了工作地点和联系方式，然后握手道别。

两人正在说话时，被分配到东山县的人们又激动起来了，他们在谈论：原来东山是海岛，在福建省最南端的海上，还没解放。东山岛海风特别大，大到能把人刮跑！又有人说，东山有一种老虎，叫沙虎。老虎吃人，沙虎虽然不吃人，但吃房屋和庄稼。不管如何，这次是胜利在望，南下队员已没有昔日离家的愁苦困惑了。

东山岛是谷文昌南下的终点。

从开始南下的时候，谷文昌就备有一个笔记本。这时候，他在这本子上写下《国际歌》歌词："……从来就没有什么救世主／也不靠神仙皇帝／要创造人类的幸福／全靠我们自己……快把那炉火烧得通红／趁热打铁才能成功／这是最后的斗争／团结起来到明天／英特纳雄耐尔就一定要实现／这是最后的斗争／团结起来到明天／英特纳雄耐尔就一定要实现！"他写着歌词的时候，不免想起指挥唱歌的史英萍。

10月1日，中华人民共和国成立，谷文昌以无比激动的心情收听毛泽东主席的庄严宣告："中华人民共和国中央人民政府成立了！"这个高亢的声音震撼了北京城，震撼了全中国，震撼了全世界，开创了中国各民族人民的新纪元。这声音，也使谷文昌兴奋得彻夜难眠。

10月底，中共东山县工委和县人民政府工作队，进驻9月25日才解放的云霄县城关，入住于天主教堂。东山县工委首要的事是做好干部的组织和训练工作。为此，县工委吸收了一批从东山投奔新解放区云霄的青年，以及邻县诏安、云霄的部分青年，总共40多人，在天主教堂举办青年干部训练班（以下简称"青干班"），为保证授课效果，由县工委书记郭丹、县长张书田亲自授课。

青干班训练结束后，各成员分配到各个区。作为东山城关区工委书记，谷文昌积极配合县工委，派人渡过东山内海到东山县城，了解国民党政权的政府、政党、军队、民情等各种情报，形成《东山敌人政治情况》《东山县财政及税收情况——1949年以前情况》等重要情报，其中包括敌县政府及附属机构、工农商各业情况、华侨和侨眷情况、党派活动、宗族矛盾、人事概况、县内及各乡镇公共财产等，供我方党政军领导人了解和掌握。

10月底至11月初，谷文昌和张金川带领第一区干部宋保太、吴裕德、赖汉清、沈玉生等共计15人，到属于第一区的小半岛古雷（当时古雷已解放，今为古雷港经济开发区）发动群众，做好解放东山的准备。

1950 年 1 月至 5 月初，时值农历腊月和新春三月间，城关区工委书记谷文昌和区长张金川，率领下属成员，在古雷各村农户中走访。初进古雷各村时，群众畏惧于地方恶霸"古雷皇帝"林玉玺的淫威，不敢靠近。谷文昌感到奇怪，怎么古雷这天涯海角小地方，也有"皇帝"？知情人告诉他，这是"土皇帝"，因为平时作威作福，老百姓觉得他像皇帝一样有威，怕他，就叫开了。而这林玉玺觉得好玩，也"笑纳"了这个称号。

谷文昌认为要在古雷打开工作局面，必须首先解决"古雷皇帝"问题。于是他想出一个办法，在公众面前令"古雷皇帝"为共产党解放东山提供多种方便。"古雷皇帝"畏惧于共产党、解放军的威力，不住地对东山县城关区干部们点头哈腰。群众见"皇帝"都畏惧共产党，就大胆靠近。群众强烈反映：古雷这地方，一怕"古雷皇帝"，二怕风沙灾害，生活极为困苦。

然后，谷文昌一班人在古雷访贫问苦，争取民心。他也从古雷群众中获知东山城关各界的社会民情，以及东山城关郊区和农村的各种情况。这样，东山县工委、城关区工委和政府很快在古雷地区打开局面，各项支前工作得心应手。很长一段时间，东山县工委干部通过各种渠道，向东山岛内散发"大力支前，解放东山"的宣传提纲，号召东山人民群众开展反蒋匪特斗争。东山群众也自觉组织开展"反抓兵、反搜刮、反迫害、反破坏"斗争。

很快，共计有 2000 多人，带着对东山县国民党政府的失望，对共产党解放区的向往，投奔内地新解放区云霄县。县工委把来自东山、诏安、云霄等县的支前民工组成船工队，又将搜集到的 224 只小船，分成 18 个小分队；再从来自东山的青壮年中，抽调身强力壮者 200 多人，成立运输队和担架队。而宣传队的主要任务是组织发动群众将大量宣传品从云霄县带回东山岛张贴、散发，向国民党军政人员宣传《中国人民解放军布告》（即《约法八章》），动员他们弃暗投明，立功赎罪。

这时，东山岛上的国民党当局，则在准备逃离东山。5 月 9 日至 11 日夜，国民党军洪伟达的 58 师（师部设在东山城关的铜山古城西门旁边）为了扩充兵员，以便逃台后获得更大利益，在东山岛内大肆抓壮丁，共有4000 多人被抓，由此制造了臭名昭彰的兵灾。

11 日黄昏，解放军第三野战军第十兵团第 31 军，兵分五路渡海，向东山岛发起进攻，在强大炮火配合下，国民党军溃败。12 日拂晓 4 时，胜利结束战斗。敌残部除部分乘船逃走外，其余人员全部被歼。

5 月 12 日这天早上，谷文昌和城关区区长张金川，带着城关区的干部们，准备从古雷半岛的汕尾村海滨坐船渡海到东山县城关。队伍刚走出村子，谷文昌面对着眼前茫茫的大海，晨雾中朦胧的东山城关，突然举手示意暂停前进。大家正感不解之时，谷文昌说："大家看，我们这里虽然属于城关区，但是距离东山城关还有十几里水路，加上水流湍急，坐船时间长，既危险又很不方便，我们现在全部人员都到城关，一旦古雷这边发生了什么大事急事，如果古雷这边有敌特搞破坏闹事，要到城关请示，根本就来不及。"

区长张金川说："我们赶紧向县工委郭书记请示？"

谷文昌说："来不及了，郭书记、张县长他们现在正在前往东山的海上，无法联系。"事情紧急，谷文昌决定留下宋保太、沈玉生等 4 位同志，作为留守古雷的工作人员，其余人员即刻乘船前往城关。谷文昌到达城关后，马上向已到达的县工委书记郭丹汇报他留宋保太等人常驻古雷的做法。郭丹很赞同谷文昌的意见，并对他的处事果断很是赞赏。

三、在东山

（1950.5—1964.4）

（一）施德政

1. 乍到铜城居小厝 初来行政破千难

1950 年 5 月 12 日，东山县全境解放。

是时东山县工委书记郭丹、县长张书田、公安局长申保成等县领导，带着县工委和县政府成员，由云霄前江村乘船到东山港西村海边登陆，然后走路进驻县城（即城关，古称铜山），与谷文昌、张金川率领的城关区干部会合。第二天一早各区工委便迅速奔赴所在工作岗位。

谷文昌带领城关区工委和区政府人员进驻清微宫。

清微宫是建于明代正德年间的古建筑，面积共约 100 平方米。在抗战时期的 1940 年，被提倡破除迷信的国民政府的抗战县长楼胜利征用为城关公道镇镇公所，而今这座镇公所就易主了。

谷文昌和张金川面对着清微宫这狭小的空间，商量了一阵后，做了如下安排："我和区长住庙旁小屋，其他干部住大殿。"就是说，左侧约 50 平方米的大殿，分成两部分，区工委办公场所在左，区政府办公场所在右；大殿右侧有一个大约 50 平方米的院子，靠右边有两个小房间各 10 多平方米，谷文昌就在靠东的房间办公，张金川在靠西的房间办公。

这样的安排，让两办工作人员不好意思了：领导住低矮的小屋，工作人员住高高的大殿，怎么行！大家望着两位领导，不敢打开背包。谷文昌假装生气地说："怎么了？我们的决定不执行？"

一位干部赶紧说："那哪能呢！我们是觉得谷书记和张区长你们这样安排，把条件差的留给自己，把条件好的让给我们，我们实在不好意思……"

一位东山籍干部说："很快就大热天了，大殿屋顶高，空气流通，住着凉爽；小院房间小，又低又矮，空气流通不畅，到时肯定又闷又热！"

谷文昌含蓄地笑道："革命工作，没有高低之分，工作人员多，当住大点的地方；我和区长只有两个人，理当住小的。"大家依旧不好意思。谷文昌真生气了："别这么磨磨蹭蹭的。眼下要做的事情还很多，别浪费时间了，执行决定！"这样，领导和工作人员办公的地方就定下来了，并开始着手具体工作。

一切安排停当，谷文昌想起已有一年多未曾见面的老母亲，想起离别时老人的眼泪；想着女儿可爱的笑脸和妻子申氏无奈的脸；也想着弟弟谷文德，便赶紧提笔给家人写信。信中，谷文昌告知家人：这 1 年零 4 个月来，因为每天都是行走于各地之间，无法写信和寄信；现在刚安定下来才能给他们写信联系。谷文昌在信中尤其交代弟弟谷文德：现在大哥身在山西长治，自己则远在福建东山，家中只有弟弟你当顶梁柱，希望你好好照顾母亲；还希望你抽空带你嫂子母女到福建东山团聚。

5 月下旬，谷文昌收到河南老家弟弟的来信。信中说：母亲之事请二哥放心，他一定会照顾好；但是嫂子不愿带孩子到遥远的福建东山，理由是她没有文化，一个字不识；还裹着小脚，行走不便，无法适应南方环境；还说嫂子在去年 8 月生下二女儿，取名梅珠。

谷文昌见信，马上再次写信托人到家中劝说申氏，希望她还是到福建东山来，一来可以夫妻孩子团聚，二来可以减轻弟弟的生活压力。但是谷文昌的努力没有效果，申氏再次拒绝前来福建东山。

谷文昌再三请求申氏看在多年夫妻的情分上，克服困难前来东山，但每次都以失败告终。这让他想起离家时妻子那一脸的无奈，终于明白：他和申氏之间的矛盾，其实是源于两种世界观的迥异。申氏有在老家生活的想法，对于一个翻身农民来说是很合理的，无可指责的。可是在谷文昌看来，他是共产党员，就得听毛主席的话，打过长江去，解放被压迫的人民群众，这才是他的人生追求。这就是说，他们之间已无法继续维持这段婚姻。

这样，谷文昌把全部精力投向东山。这里有太多的事需要他去了解和解决：人民群众生活困苦，商业、渔业和工业生产颓败，尤其是国民党败退时大抓壮丁造成的兵灾，给城关区工委带来行政上的巨大麻烦。凭着曾是穷苦人的直觉，谷文昌知道首先必须解决民众的吃饭问题。新政权刚刚建立，如何在最短的时间内解决民众的吃饭问题，是关键的关键。

这年 7 月，他通过县工委、县政府，借助邻县云霄的国营公司力量，在城关成立云霄县贸易公司东山营业处（这是东山县第一个国营商业性机构），从云霄、漳浦等地收购和调入粮食 133.34 万斤，调节粮食市场，稳定物价。

然后，谷文昌想从渔业产品着手，恢复城关区的社会经济，发挥城关区的传统工商业优势。他派人到国营厦门口岸公司，联系了该公司的领导。公司也看上了东山的丰富海产，派员到东山城关实地考察。不久，国营厦门口岸公司便在城关区最主要街道，即前街的旁边一条名叫桃树巷的小巷租赁店面，设外贸收购点，收购鱿鱼干、虾干、丁香鱼干、鳗鱼干、紫菜干、赤菜干等产品。

可惜的是，由于天时地利不济，这个美好的愿望没有取得预期的效果。原因是刚解放不久的厦门，外商对共产党的政权了解甚少，贸易欲望不强，加之交通不便，他们的海产需要量不高，所以来客稀少。更糟糕的是，收购点的设置存在问题：这地方虽然名叫桃树巷，其实一棵桃树也没有，它是文人们给予的谐音美名，实际名字是"偷吃巷"。何谓此名？是因为它地处城关最繁华的地区"教场前"的一条偏僻小巷。因为偏僻，一些想品尝美味小吃又羞于让人发现的女子、文人，便常常在教场前买美味小吃，然后溜到这个偏僻的地方品尝，因此这条小巷就有了"偷吃巷"的不雅名称。你想，在这样的地方设置收购点，效果可想而知。

想通过出售海产品恢复城区商业的路走不通，但是谷文昌没有气馁。很快，又想出新办法。

谷文昌了解到，城区原有一种古老的行业，即在城区的后街有若干老店，专门从事销售健胃消食的传统美味"宋金枣"和"咸宋陈"。这些商品的品牌在东南亚一带华侨中有极好的声誉，因此销路很好。同时在古城的打银街，有十几爿古老的作坊，专门打造金银首饰，如银质为主的蚊帐钩、银簪子、银手镯、银裤带；以黄金为主的金手环、金手镯、金项链、金戒指、金夹子；以玉器为主的玉簪子、玉手镯、玉耳环和蚊帐钩的玉饰物，等等。如果通过店主恢复经营，进而带动古城商业的恢复，应是一条很好的商业途径。

这样，区工委和区政府联系到以销售"宋金枣"等土特产为主的后街头张姓老板，到以打造金银器为主的打银街，找陈姓店主协商开业经营事宜。几经说服动员，店主们勉强开业了，可是很快发现商品无人问津。经了解才知道，过去土特产都是华侨或侨眷前来光顾购买，然后寄往南洋的；金银器多是有钱人才买得起的。可是现在新政权刚成立不久，华侨和侨眷来者稀少，有钱人在这特殊年月怕露财，所以无人问津。

恢复城区商贸的美好愿望又一次失败了。

然而谷文昌并没有就此绝望。他恍然大悟：应该从市民们生活的迫切需要入手，借此恢复经济。市民们切实需要的货物是什么？他们在城区各有几家？经过详细调查，这个问题一目了然——

群众每天都得吃饭喝粥，都得籴米，因此就动员全城19户粮商，配合国营云霄县贸易公司东山营业处，及时开业出售粮食。群众每天都要吃菜，就动员上百菜农早早把地里的菜摘来上市。群众每天煮饭炒菜要烧柴，因此动员全城 22 户柴炭业主大张旗鼓营业。群众每天都要吃鱼，就动员全城 81 户水产品商店（主要集中在前街），动员这些鱼商名正言顺开始做起买卖；再有，是为渔业生产服务的打铁、削桨（主要集中在打铁街），号召店主工人们甩开膀子开业……每一家商店开业，就放鞭炮，张贴"开张骏发"的红幅。

然后，谷文昌又动员思想上主动积极拥护人民政府的商人，如酱园酱料商人陈再钦，他的商店开在铜山古城的西城边上。此人是一个身材硕大、办事稳重、在商人中有较高威望的人。区工委和区政府就动员他率先开张营业，以此作为商人的榜样。工商业者见状也纷纷效仿。很快，布店、屠宰、水产加工、百货、五金、文具、京果、陶瓷、鲜果、蔬菜、糕饼、香烟、鱼汁、酱园酱料、杂商等 337 户也相继开张营业。至此，城关区的街道、市场店铺开业，白天人群熙熙攘攘人头攒动，一到晚间则是万家灯火一片祥和。

为巩固和发展这种好势头，1950 年底，谷文昌力促以城关为主的商会进行改组，于翌年 2 月成立县工商业联合筹备委员会。由于商业的恢复和繁荣，税收增加，东山县被评为龙溪地区税收工作先进单位，出于对共产党的感激之情，商人林建德撰写《岛上渔家》《望夫归》，歌颂共产党，获得好评。

商业恢复了，谷文昌立即在农村中实行减租减息。7 月，首先在 6 个乡展开减租减息，可是工作一开始，就碰到了一件令他意想不到的事情：在宣传减租减息的时候，一些农民竟然说：田主把田地租给咱佃户种，交租是天经地义的。甚至有人说：咱做人要凭良心，地是人家的，咱种人家的地，当初交多少地租，是双方商定画押的，怎么能减呢？

谷文昌听到农民如此言论，非常吃惊：佃户怎么反为地主说话呢？这些人太老实善良了！针对这个问题，谷文昌认为：这是几千年遭受地主剥削的农民形成的愚昧认识，受剥削者长期的剥削，使他们畏惧剥削者，习惯了被剥削，才认为这种剥削是合理的。因此首先必须打通农民的这种愚昧思想，为自己争得做人的基本权利。

由此，谷文昌派出由干部和教师组成的工作组，向地主和佃户宣传党的政策：第一，在目前情况下，减租不是不交租，而是减少缴交的成数；第二，现今的"五五对分"（田主和租佃者收益各一半）、"六四开"（田主六和租佃者四），甚至"七三开"等，佃户一年到头只获得收成的一半或者不到一半，显然极不合理；第三，减租是党的政策，是党为广大农民兄弟撑腰，保护农民的利益采取的措施。经过工作组的努力，佃户思想束缚解除了，巴不得减租早日开展；地主也被迫认可减租是党的政策，是大势所趋。

然后，谷文昌带领干部们，到各乡实行田主和租佃户收益分配新政策，即实行"二五减租"（由原租额减去25%，也就是减去原租额的四分之一），以及"三七分成"（田主三，租佃者七）。

减租的结果，使租佃者少受剥削，增加收入，改善了穷苦农民的生活。如铜钵村的农民一年中就减少交付田主24万斤粮食，占全村粮食总产量的15%。广大贫苦农民深深感谢党和政府，让他们可以喘口气，搞好秋季生产。这样，减租运动获得了极大的成功。

减息方面，原来有钱人依靠放高利贷过着寄生生活，月息高达25%至30%；还不起月息者，境况就更惨了，由于利滚利，最后倾家荡产。劳苦人民饱受重息剥削，苦上加苦。城关区工委和人民政府，根据党的政策实行减息，具体是：第一，凡向地主恶霸借的款，不付利息；第二，凡人民群众相互间的债务，由双方协商解决，但也得适当减息。减息的结果，又使广大贫苦农民从中受益。

8月，谷文昌率领区工委在城区实行"减租减息"政策。他针对城里的地主比较有文化、歪点子多，而且因为人口比较集中，他们会暗中串通、订立攻守同盟的实际，首先展开舆论攻势，让新组建的13个街，尤其是东坑街，宣传党的"减租减息"政策，形成强大的心理攻势，让放贷者们知道：高利贷本身既不合理，也不合情；再者，这是党的政策，是大势所趋，必须遵守政府的法令政策，消极抵抗只能使他们更加被动。地主和财主们在强大的舆论宣传面前，只好表示"要拥护党的政策，多多行善积德"。

在火候到了的时候，城区的"减租减息"工作胜利进行。

到 1950 年底，减租减息运动胜利结束，人民政府在城乡间实行减租减息，缓解了人民群众的生活压力；人民群众感激和拥护人民政权。这样，新政权得到了巩固。

2. 诉苦生疑知"敌伪" 入村探访晓真情

1950 年 7 月至 8 月间，区工委、区政府在人民群众中逐渐被认识、理解和支持，威望在日益提升，可是有一个令谷文昌感到十分难办的问题，就是每天总有很多城乡民众，尤其是铜钵、城垵、康美、钱岗和东沈村的女人，哭哭啼啼来找谷书记，诉说家中在不久前被国民党抓壮丁带来的苦楚，请求政府帮忙解决。谷文昌感到奇怪：她们衣衫褴褛，哭声悲切，虽然听不懂她们讲的是什么，但看出她们都非常伤心，便请本地工作人员来当翻译。想不到翻译者对她们一脸鄙夷，边翻译边训斥她们："你们男人被国民党抓走了，不去找国民党，反而来找共产党讨男人，简直是无理取闹！"

谷文昌觉得很奇怪，为什么当翻译的干部对群众态度如此生硬？便提醒他对来访者要有好态度，想不到这干部向他眨着眼睛示意着什么。于是谷文昌叫翻译把她们的诉求和联系方式记下来，让她们先回去了。

妇女们走后，翻译告诉谷文昌，她们是敌伪家属，国民党军抓了她们的丈夫，现在她们家里上有老，下有小；内有家务，外有农活，确实够苦的；可是她们是敌伪家属，属于旧政权的社会基础，是监督、孤立、打击的对象。翻译气势汹汹地说，真不知好歹，还敢来这里向共产党的区工委撒野！

谷文昌听了觉得有点蒙：她们是敌伪家属这没错；可是她们也是穷苦人！他在心里问自己：俺不是为了解救穷苦人，才从北方南下过长江，再南下到福建，再跨海到东山的吗？

他派人调查获知，从1949年到1950年5月11日，全县被抓壮丁竟有4792人，其中人口仅23727人的城关，就被抓了607人；单城区的铜钵村，人口仅1300多人，在5月10日晚间就有147位男子被国民党军掳走；而樟塘村和东沈村则各有160多人，康美村140多人，钱岗村130来人……他又了解到，干部们根据上级指示精神，对她们实行了监视、孤立和打击。更有甚者，这种打击面还扩大到亲戚。谷文昌打算盘计算：若按每个壮丁的家4口人计算，加上他们有3户亲戚（叔伯兄弟姐妹等），每户也有4口人，那么每个壮丁就使4户人家的16口人受到牵连。这样，受牵连的壮丁及其"敌伪家属"，全县就达到60000人，占当时全县76059人（扣除古雷人数）的78.89%！

好长一段时间，在谷文昌的心里，老是重现那天到区工委"闹事"的妇女的悲惨情形。一种强烈的同情心在他心里萌生。因此，谷文昌想到抓兵最严重的铜钵村看看，更详细、更具体地了解敌伪家属的情况。

他让区工委新招聘的少年许庆忠当翻译陪同前往。

他们来到铜钵村旁，见这里新插秧的稻田，有的灌水了，有的却干涸龟裂。谷文昌很奇怪，见不远处有一个年轻妇女，头戴破竹笠，背着一个婴儿，一个人独自在水潭边吃力地戽水。这种农活本来是两个人干的，可是现在绳子的那一头捆在扁担上，扁担插在水田里；妇女扯着绳子的这一头，满头大汗在吃力地劳作。问了这女人，她流着眼泪说，男人被抓壮丁了，她没办法，只好如此。

谷文昌由此而心中颤动。

告别这年轻女子，谷文昌走向村里，见一个中年农妇蓬头垢面、又哭又笑地迎面走来，嘴里不知在说些什么。谷文昌疑惑地闪在路旁，等她走过去。村里的人告诉他："这女人叫阿云，男人被抓壮丁了，田里的活没人干，她想男人都想疯了！"

谷文昌重重地叹了口气，心情更加沉重。

再往前走，他见一户人家门口站着个老妇人，便快步走近她，希望能进她家聊聊。许庆忠赶忙向老人通报谷书记的身份，并说想进她家坐坐。可是老妇人苦笑一下，把谷文昌挡在门外说："不必了，您一进来，就会连累您，阮（闽南话'我'）是敌伪家属！"谷文昌还想进去，可是老妇人依旧没有让开身子，伤心地说："两个月前你们解放东山的时候，阮当苦日子熬到头了，还到城关欢迎你们，把你们当救命恩人，不想你们把阮当敌人……"

谷文昌听了心情像铅似的沉重，默默离开了铜钵村。

在返城的路上，他心里想着：老大娘说得没错啊！她们都是穷苦人，是俺拯救的对象；她们的男人或儿子是被国民党军强行绑走的，我们怎么能因为她们家中有人被抓壮丁，就把她们当敌人呢？

有好几天，谷文昌为"敌伪家属"的事无法入眠。他的心里总有一种强烈的直觉：他们不是敌人，而是共产党的同路人。自己有义务向县工委提出自己的看法：为全县"敌伪家属"改变政治身份。谷文昌又想：这些人的身份应该叫什么？对，应该叫"兵灾家属"！因为她们的丈夫或儿子，是被抓了壮丁，遭遇兵灾，对，她们的家属就应该叫作"兵灾家属"！只有这样才能化敌为友，把她们拉回红色政权的阵营；也只有这样，红色政权才能巩固。

正当谷文昌在关注"敌伪家属"之际，古雷暴乱干扰了他的工作思路。1950年8月28日，也就是谷文昌等城关区干部们离开古雷仅仅3个多月之时，在古雷发生暴乱。

事情是这样的。8月下旬之初，古雷乡群众正买香烛、炊粿做红龟（当地一种大米做的祭品），准备过中元节（公历8月28日）。这时，刚上任不久的四区党工委书记宋保太，不顾民俗，认为这是搞封建迷信，采取措施予以坚决制止。傅四有副区长牢记谷文昌临行有关紧密团结群众的交代，建议不要因群众祭拜祖宗，与群众发生矛盾，以免因小失大，使区政府处于与群众对立的不利地位，可是宋保太认为绝不能以此为由，让群众搞封建迷信，继续采取打击封建迷信行动。这事引起群众的不满。反动地主林玉玺认为时机已成熟，便在农历七月十五这天，以中元节拜祖宗为借口，煽动百多号落后村民挑着祭祖的食品，带着香烛，以到祖祠祭祖为名围攻四区区公所，而此时区委书记宋保太正带若干干部下乡，形势危急！

暴乱中，林玉玺站在祠堂台阶上，煽动不明真相的村民："共产党把咱村林姓的宗祠占了，用作他们的办公地，这样咱们的祖公连个安歇的地方都没有。现在咱们过中元节，祭拜祖公连一张祭桌都无法摆放，祖公怎么吃得下饭？咱还配做祖公的子孙吗？"听到这一煽动言论，村民们激动起来，喊叫着要把古雷区党政人员赶出林家祠堂。刚上任不久的副区长傅四有见事情危急，赶忙关起区公所大门。随之，暴徒们用石头砸破门和窗，有的则爬上屋顶，把屋瓦拆开，企图从屋顶溜下来袭击干部。

傅四有见状，赶紧烧掉机密文件。这时，暴徒们撞击区公所大门的声音更响了，沈玉生赶紧告诉傅四有，建议他利用随身携带的手枪还击。傅四有说："不行！我来古雷的时候，谷书记就特别交代我：任何时候，都要注意团结广大群众。现在我一旦开枪伤到人，干群关系就搞砸了！"

说时迟，那时快，暴乱者冲进了大门，傅四有对空扣响手枪扳机，鸣枪以示警告。暴乱者先是愣了一下，但马上高喊："他不敢朝我们开枪，冲啊！"就这样，傅四有被暴徒们打成重伤，沈玉生也被打得满脸是血。与此同时，随着傅四有的枪声一响，附近的古雷驻军闻讯迅速赶来，把暴乱平息下去，为首的林玉玺被逮捕（过后被处以极刑）。

"古雷皇帝"林玉玺搞反革命暴动，并没有让谷文昌放弃解决"兵灾家属"的决心。过了一些时候，谷文昌把有关"敌伪家属"变更为"兵灾家属"的想法，向县工委书记郭丹做了汇报。郭丹一听，愣了。

想了很久，郭书记坦言："我并非没想到这个问题，而是这个问题太重大，也太敏感：事涉我党的大政策。"郭书记又说，待日后召开县委扩大会，把其他几个领导请来，你就这个事谈谈看法，然后大家再集思广益。谷文昌接受了郭书记这个表态。

也是在 8 月，谷文昌被任命为东山县工委组织部副部长。等到 11 月谷文昌赴新职后，发现全县的党员人数太少，原来进岛的时候还有 96 个党员，可是现在七调八调，只剩下 64 人。党员是各项事业的火车头，所以必须大力发展党员。任务布置下去了，可是让他深感意外的是，竟然有"敌伪家属"也想加入共产党！于是谷文昌再次走向郭书记的办公室，汇报这个问题。郭书记听了，让他在下一次的县工委会议上和"兵灾家属"问题一并说出来。

在不久后的县工委会议上，谷文昌把有关将"敌伪家属"变更为"兵灾家属"的问题，连同"兵灾家属"要求加入组织的问题一并提了出来。县工委领导们听了先是错愕，再是沉默。在会上，谷文昌侃侃而谈，谈他担任城关区工委书记以来，"敌伪家属"们如何经常前来找政府哭诉，谈城关区被抓壮丁的人数，谈他到铜钵村了解"敌伪家属"的遭遇；尤其谈到"敌伪家属"要求入党的事，然后水到渠成，建议把"敌伪家属"更改为"兵灾家属"。

谈话的结果，是领导们报以长长的叹气和沉默。

在这种情况下，县委书记郭丹表态："看来，这个问题不是一下子就能解决好的。这样吧，大家继续关注'敌伪家属'问题。待有那么一天，会找到解决这个问题最好时机和办法的。"谷文昌表示同意，同时也叹了口气，但心里在发誓：我一定要说服领导们，形成一致看法，解决好"兵灾家属"这个问题，才能使东山的社会走向稳定，人民政权才能巩固。

可是形势逼人。谷文昌在组织部副部长任上，继续有"敌伪家属"要求入党。为此，谷文昌再次向郭书记建议，就"敌伪家属"政治身份的变更召开会议。郭丹点头。会上，谷文昌重申解决"敌伪家属"问题的重要性和紧迫性，再次呼吁县工委抓紧解决这个问题。

令谷文昌高兴的是，许多人很快表示赞同，并将"敌伪家属"变更为"兵灾家属"；待政治成分变更后，他们的入党问题，和其他入党积极分子一样不设门槛。

但是在如何实施的问题上，领导们又难住了——在对这个极为重大而且敏感问题的决策上，怎么形成县工委文件？领导们商量了大半天，最后决定：第一，暂时不以文件形式出现，只由县工委领导统一认识，然后口头传达到各区，今后不再称"敌伪家属"或"反动敌伪家属"，统一称

"兵灾家属"，并且在生产上、生活上加以关心照顾，一定不得歧视他们，更不能打击他们；第二，等上级领导前来检查指导工作时，找适当的时机、适当的场合，以适当的方式向领导口头汇报这件事，以征得领导的认可；第三，上级领导首肯之后，才在文件表述上逐渐使用"兵灾家属"这个新名词；第四，眼下已临秋收时节，要抓紧解决"兵灾家属"迫在眉睫的秋季帮工问题。

县工委还决定：以后在生产上如春播、夏种、秋收这些农忙季节，或组织变工队，或发动村里人给予及时的帮助；在生活上关心他们，尽可能帮助他们解决一些具体困难，如发放救济粮，并向他们宣传解放军在战争中宽大俘虏的政策，使这部分人消除思想上的种种顾虑，多给亲人写信，促进他们弃暗投明，返回大陆与亲人团聚。"兵灾家属"由此对共产党亲上加亲，他们说："国民党抓走亲人，共产党却把我们当作亲人，哪怕死了做鬼，也愿为共产党守岛。"

解决"兵灾家属"困难

3.青春作伴履新职　朴实无华喜结缘

东山县工委书记郭丹，是谷文昌在林县时候的县委宣传部部长，对谷文昌得到提拔很是高兴，因此将他安排在县工委靠西北边的二楼办公。由于当时的住宿条件紧张，所以谷文昌的床铺也安排在他办公室里。

此时，谷文昌亟须了解和掌握全县党员干部的基本情况，以便为今后如何加强党员干部队伍建设，提供准确的数据。经过调查了解，他发现由于人口流动，部分党员调出，这时东山全县仅剩的64名党员中，县党政机关单位就占了47人，区乡单位13人，其他单位只有4人，女党员只有1人。他还了解到党员整体文化水平偏低，大专文化程度仅2人，高中及中专文化程度也只有2人。全县干部有155人，初中及以下文化程度者竟有117人，占75%。

谷文昌由此分析，党员干部队伍质量和数量，远远不能满足东山全县工委、政府和各科局以及各行各业的发展需要。党员干部是各项工作的火车头。谷文昌深感必须尽快在东山发展党员队伍。为此他提出了"三步走"方案。第一步，首先必须在数量上补足原来的96人，才能保证县工委和县政府这两部"机器"维持最基本的运转；第二步，在此基础上增加党员人数，尤其是农村党员的人数；第三步，提高党员的思想政治素质和工作能力，才能使农村和其他行业得以提高效率。他把这个想法向郭丹书记汇报，获得支持。于是谷文昌开始着手谋划发展党员的工作。

1951年1月，县工委在东山全县实行土地改革。谷文昌认为：正好借助这个运动，抓紧培养土改积极分子，进而培养入党积极分子。由此他及早地把培养土改积极分子的任务下达给各乡镇，要求他们在运动中细心观察，注意培养。根据土改运动分批实行的实际需要，他认为应该把培养入党积极分子同土改结合。根据土改分三批进行的实际，即第一批从是年元月开始至春耕结束；第二批在春耕后开始，秋收前结束；第三批在秋收结束后开始，年底结束，在三批土改积极分子中发现和培养入党积极分子。在土改过程中，他看到各村的土改积极分子，积极配合土改各中队，开展有关土改的各项工作，他们也在工作中得到锻炼，工作水平在不断提高，就适时地将一批土改积极分子转为入党积极分子。

公事在有条不紊地进行，而谷文昌的私事也到必须解决的时候了。这年四五月间，谷文昌与申氏正式离婚。离婚后，母亲桑氏觉得儿子与申氏的两个女儿毕竟是谷家的骨肉，就让她们留在谷家，申氏同意了；而申氏因为和婆婆的关系很好，一时舍不得离开这个生活了多年的家。母亲桑氏告诉申氏，就当她的干女儿住下来。半年后，申氏经娘家人劝说，于次年离开南湾村，改嫁他人。

初夏时节，谷文昌意外收到来自南靖县史英萍的来信。他从信中得知，史英萍现在是南靖县民政科副科长。可是因为这段时间谷文昌公事太多，少有给她写信。她表示希望与谷文昌有更多的联系。谷文昌一遍又一遍地读着史英萍的来信，甚感喜悦。之后，他也给史英萍回信。双方开始有频繁的信件往来。他们谈新环境下的工作，谈各自的家乡太行山和王屋山，谈自己家乡的民情风俗，谈南下的感受，谈对共产党的忠诚，谈对人民的无比热爱，两颗有共同理想的心，越谈越融合，越谈越靠近。在偶然得到的闲暇之际，谷文昌把自己已经与申氏离婚的情况写信告诉史英萍。史英萍很快回信，对他们夫妻情感的挫折表示同情，并向他诉说自己在这方面也有同样的经历：学生时代有过短暂的恋爱经历，恋人是她的老师，共产党员，最后为革命牺牲。这给她造成很大的痛苦。

这以后他们惺惺相惜，信件互通更加频繁。终于，谷文昌与史英萍确定恋爱关系，双方同时向各自党组织打报告。谷文昌与史英萍的结婚申请很快获批。随之，史英萍又向组织打报告，要求到东山和谷文昌一起工作，也获批。6月26日，史英萍在离开南靖前夕，约了20多个同事，一起照相留念。同事们在照片上题字"欢送史英萍同志荣调东山留影纪念一九五一年六月廿六"；之后，又和其中6位朋友一起照相，并题字："临别留影1951.6"。

6月底，史英萍正式调到东山，到民政科工作。

7月23日，谷文昌和史英萍在县工委设婚宴。婚宴前先拍照，有三四十人参加拍照。拍照地点在县工委靠西的二层楼下（后为东山县工商联）。令人奇怪的是，这对新人，没有任何特殊的穿戴打扮，即便是白色衣服，和周围参加照相的人没有任何区别；他们穿的裤子，则是比别人更加陈旧的；至于鞋和袜，也都是旧的。大约是因为热，谷文昌还高高地撸起衣袖，史英萍则袖口略卷；新婚夫妇一人一张椅子并排，新人坐在最前排正中间。当然，从他们惬意的脸上，可见幸福。照片中，在他们的后边站着县工委书记郭丹和县长张书田等人，那朴素的影像令人慨叹——根本无法从照片的位置看出所有参加照相者的"官职"地位，看到的只有微笑，带着对谷文昌夫妇的祝福的微笑。照片上边尚有题字"谷文昌、史英萍两同志结婚留念1951.7.23.于东山"。

照相之后，谷文昌夫妇热情邀请来宾入席。宴席设在县工委靠北的二楼前边的院子里。工委书记郭丹和县长张书田都参加了。令人奇怪的是偌大的场地，却没有桌椅。一会儿，一位老同志作为主持人站在空旷的场地中间高声说:"婚宴马上开始,请各位来宾,赶紧前来赴宴。"

主持人又说明县工委机关食堂没有酒桌,谷部长说领导们的办公桌有好多机要文件,怕弄丢了,也不宜用办公桌替代,所以请大家多多包涵!主持人宣布参加宴会者五六个人为一组,席地围坐。

主持人话刚停下,赴宴的人便在院子里席地而坐了。来宾坐定后,很快,一大盆一大盆红烧肉和白馒头端上来了,那散发着香味的蒸气,直冲进人的鼻子,让人禁不住直流口水。这时有一个人拿着一大把筷子,给每个人发了一双。

开宴之前,郭丹书记站起来,在热烈的掌声中招手示意诸位安静,然后做了最简单的发言说:"今天是谷文昌和史英萍两位同志结婚大喜之日。衷心祝愿他们在革命道路上互相帮助,共同进步,白头偕老。"语毕,又请新婚夫妇讲话。

一阵热烈的掌声之后,谷文昌夫妇双双站起,向来宾鞠躬,而后史英萍轻轻碰了谷文昌胳膊一下,示意他发言。谷文昌清清嗓子,做即席发言:"同志们,今天是俺和史英萍同志成婚的日子,感谢大家的光临,还要感谢从俺南下到东山以来,大家对俺工作的支持与帮助!为此今晚俺俩略备了最简单的便饭,请大家莫嫌弃。俺俩还要请大家原谅的是,县工委机关没有酒桌,用办公桌替代也不合适,只好请大家委屈将就一下,坐地板了!"言毕,谷文昌和史英萍再次深深向来宾鞠躬表示歉意,然后继续说明,"今晚宴会不仅没有酒桌,也没准备烟酒,还请大家多多谅解!"说完,谷部长和史英萍第三次向来宾深深地鞠躬。

谷部长话刚停下,一位领导兴味盎然,大言没桌没烟没酒没关系!有这香喷喷的红烧肉,热腾腾的白馒头,色香味都有了,够爽了!这时谷文昌又站起,诙谐而言,"感谢诸位理解!今晚准的饭食,都是充分估计诸位的海量,所以请大家务必放开肚皮尽量吃!"这一说,大家都坦诚大笑。

开宴了,大家都是大口地吃肉大口地啃馒头,说笑之声不绝于耳,气氛热烈而和谐。一位戴眼镜的同志动着满是油光的嘴巴,一手夹着红烧肉，一手拿着白馒头说："我来给婚宴添上一副对联，上联是'红烧肉气香飘逸'，下联是'白馒头肚饱无饥'。横批是'席地婚宴'。"大家都齐声叫好。

这次婚宴，那热烈的气氛，让人记忆深刻。都70年了，当时以驻岛部队王秉承副政委的通信员身份参加婚宴的张良喜先生时常向亲友提起，说这些年来，他参加过不知多少次宴会，可是一点也比不上当年谷部长婚宴的味道。至今他仍记得那晚上吃得非常饱："我摸着有点隆起的肚子，打着带红烧肉香的饱嗝，心里非常舒服，我既为自己的饱食，更为加入这样的革命队伍而骄傲。"

婚宴之后，来宾在祝福声中陆续散去。

是夜，谷文昌夫妻俩上二楼进入"洞房"——还是他办公室里的那张床，只不过多了一顶新蚊帐，两个新枕头，还多了条新被单。是夜，夫妻俩商量着待治安稳定后，把他们的子女接到东山。

夜已深了，夫妻俩都还睡不着觉。妻子史英萍忽然心酸起来。谷文昌急忙问她有何心事。史英萍告诉丈夫，她想起她家当年的悲惨境况，她的父亲早早去世，她和哥哥因为家里太穷，没有吃的，年纪轻轻就得到处要饭。在这样的家境中，母亲还培养她读书。现在她成家了，可还是无法报答母亲的深恩。谷文昌听了深为感动，忙建议妻子：把娘接到东山来。史英萍感激地笑了。

4. 政绩昭彰升县长　老三承命会阿哥

1952年上半年，谷文昌夫妇搭上领导职务的顺风船。

先是5月，龙溪专署发布任命书，史英萍由东山县民政科科长改任城关区区长。

7月16日，县长张书田荣调福建省交通厅任运输局局长。临别之际，谷文昌和郭丹书记与张县长都依依不舍。确实，两年多的共处让他们建立了深厚的友谊，于是他们相约拍了一张合照。从照片中可见站在左边中等身材的谷文昌、中间是人高马大的张县长、右边是文弱书生一样的郭书记，三人都显得那么坦诚。张书田要离开东山的时候，握着谷文昌的手说："东山县政府要是由你这样的人来接替，那就太好了！"谷文昌急忙回话："老张，看你说的，比我合适的人多了。"

张县长走后，许多人都在私下里议论：谁会是张县长的继任者？人们普遍把眼光投向谷文昌，可是内行的人说："恐怕不太可能，谷部长实际是组织部副职，当县长是真正的连升三级呢！"更有远见的人说："这种事情还真不好说，听说外县也有工作好而升三级的。谷部长的工作能力这么强，成绩这么突出，上级领导自然慧眼识真才！"

不出人们所料，8月的一天，福建省委组织部来人找谷文昌谈话，说经龙溪地委推荐，省委研究决定，让他接替张书田东山县长职务，并征求他的意见。谷文昌说："这样的话，就是一下子提了三级，恐怕不妥吧？"来人笑说："这可是省委的决策啊！"这一说，谷文昌当即表示服从组织分配，但停了一下又提出新问题："让我担任东山县长，可我爱人现在是东山城关区区长，夫妇俩同在一个地方担任主要领导，这种搭配模式恐怕不太合适。"省委组织部来人觉得有道理，在对谷文昌的人品表示钦佩之余，建议由他把这问题先反映给县工委。

回家后，刚好史英萍也下班了。谷文昌把自己任职变化告诉史英萍。妻子听了非常高兴，觉得不到3个月，夫妻俩的工作都有大变化，很值得庆贺。可是她发现丈夫并没有表现出高兴的样子，因此感到奇怪，便问："老谷，我看你好像不太高兴，你不满意吗？"

谷文昌说："你在城关区当区长，我在东山县当县长，夫妻俩同时担任同一地方的主要领导，我觉得不合适。"

史英萍一听愣了，想了想说："老谷你说得对，俺赞同！夫妻俩都担任同一个地区的主要领导，这是开夫妻店。咱们党是干大事业的，为人民谋福利的，不是做生意的老板和老板娘！"

谷文昌点了点头说："英萍啊，咱可不能光看到自己的好处，不考虑党的大业。咱夫妻俩都是一个地区的主要领导，这实在不利于党的事业。"

史英萍凝重地点头称是。

第二天，谷文昌把他们的想法汇报给县工委。县工委新任书记张治宏听了感到很意外，也非常感动，说："老谷，你的胸怀太宽广了，许多人想的是自己的进步高升，你想的是党的事业，一点也不考虑自己的利益，我佩服你！"

谷文昌笑了："这事换成你，你也会这么考虑的。"

张书记又说："可是老谷你要知道，任命你当县长是省委的决策，我们动不得。城关区区长是县工委研究后报龙溪地委，经龙溪专署发任命书公布的，县工委可以根据你们的意见再做调整，再向地委汇报。"谷文昌高兴地点头，县工委书记和县长的手紧紧握在一起。

省委组织部的文件还未下达，谷文昌已在考虑农村党支部的事了。他遵照中共中央关于在"三反"运动的基础上进行整党建党工作的指示，按照"积极慎重"的方针，"发展一批，巩固一批"的办法，于8月先在宅山、后林、康美等乡发展党员，建立了3个中共乡支部，这是谷文昌组建的县内第一批农村党支部。至此，全县有中共党员98人，超过了过去的人数。

谷文昌在组织工作上完成了阶段性的工作后，准备对萦绕于心头的风沙灾害做进一步的了解，尽管这个工作并不属于他的责任范围。夏秋之际，谷文昌到东山岛南边沿海的湖塘、山口、白埕等村，了解风沙灾害的情况和根治办法。群众告诉他：在近百年间，这一带的风沙，曾埋掉了13个村庄和3万亩耕地，其中单蔡姓原有的7个村庄就被埋掉4个。这些被埋的村子有后蔡、林后、草山、东园、溪头、碑里、顶山兜、赤水寨、下赤、杨坑、徐家寮、潘家和东湖等村。

谷文昌问当地人，村子为何叫"白埕"？群众告诉他：这里原是白茫茫一片沙地，故取名"白埕"。谷文昌感到奇怪：既然村子都是"白埕"了，为什么它旁边的另一个村子却叫"湖塘"：按理这里应该有"湖"也有"塘"，是个多水的地方啊。群众答不上话。

谷文昌又召开老农座谈会，调查过去有没有造林。

老农告诉他：植草都不容易，哪有造林！听说明清时代官府曾立禁止妇女和孩童挖草的石碑，其他就不知道了。谷文昌说："要是能把这明清的石碑找到，或许能看到一些治沙的蛛丝马迹。不管是成功的经验，还是失败的教训，对我们都有好处，至少可以少走弯路。"

30多年后，东山县文史工作者在县境陈城镇湖塘和林边自然村交界的大路边沙中，发现明代石碑，为明万历三十八年（1610年）湖塘村的《邑侯郑公风沙惠农功德颂》碑。这"郑公"就是诏安知县郑化麟。碑文上说，东山岛上环海的村庄没有不受风沙灾害侵袭的，而被风沙正面袭击淹没的碧浦最为厉害。每当沙暴从四面八方袭来的时候，瓦砾都被沙暴刮飞起来了，顷刻之间，田园山岗都仿佛改变方向……百姓遭受这种苦难已经很久了。为此，这位知县发出了"曷耕曷耨，为之民者，不亦难乎"的感叹。这位有作为的知县也为封沙植草做了大量工作，但不知何因，最后还是风沙肆虐、民不聊生。这就证明，以草封沙不是长远之策。

另一通石碑也被发现，是清乾隆四十七年（1782年）诏安县正堂告示牌《诏安县正堂郭示》。这位诏安正堂警告百姓，严禁任何人在海滨有草的地方挖草：凡是田间沙地上的草，都不允许除去和挖掘……妇女如果违反了，连同丈夫要受罚；小孩子要是违反了，要连累到家长，绝对不予以宽待。但禁令的效果如何，还是那一片白沙成为明证。这就是说，几百年来官府对治沙是想方设法，但都以失败告终。

历史事实证明，种草治沙不行。谷文昌又提出可否在沙荒上种苦楝树？老农说种苦楝冬天落叶，需要它防风的季节却防不了风；况且苦楝寿命不长，一棵苦楝只能活五年七年就衰老死亡。谷文昌由此知道，群众要求治沙的愿望虽然很强烈而且迫切，但没有好办法更没有信心。有人甚至当着县委领导的面打赌："沙荒能够造林，我愿意从白埕（村）翻跟斗到西埔（新县城），又从西埔翻跟斗到城关（老县城）。"更有甚者，一位老农竟然说："要是能在这沙荒上把树种活，我愿意把自己的胡子刮下来扎成刷子刷便桶。"

面对历史的事实，甚至是老农的风凉话，谷文昌没有气馁，仍坚持摸索治理风沙的办法。

确实，在东山岛各山岗上村庄旁，是有一些刺桐、榕树，甚至还有相思树、垂柳、马尾松、七里香等，但它们绝不长在海边，而岛上的群众，大多生活在低平的沿海地区。这些地方往往是风沙肆虐最严重之处，沙荒如果没解决好，多数人的生活将受到极大影响。这年秋天，省林业厅给东山县委寄来2斤木麻黄种子，帮助东山试种木麻黄。可以说，这是东山岛绿化的希望种子。谷文昌由此而欣喜万分。

这时，全县党员的人数暂时达到解放初的水平，谷文昌开始考虑提高党员的素质。10月19日，为提高入党积极分子的政治素养，尤其是廉政品质，县工委组织部集中了康美、后林等10个乡的积极分子及5个区的干部共146人，在康美乡的美山村举办第一期区、乡、村干部整党建党训练班。训练班先进行"三反"整风。随后，对学员进行共产党员八大条件的教育和共产主义思想的教育。在这基础上对党员发展对象逐个进行慎重审查，批准发展34个新党员；至此共成立9个农村党支部。这是谷文昌离任东山县工委组织部前的最后一次组织活动，从中也可见他对党员干部的政治素质和党组织工作的高度期待。

12月，谷文昌正式接任东山县长职务。同时，东山县委根据谷文昌夫妇的请求，于同一时间，让城关区区长史英萍降级改任城关区副区长（正区长位置暂时空缺）。谷文昌到县人民政府所在地恩波寺办公，组织上给他们安排了一间20平方米的平房做宿舍。一天，谷文昌征求妻子意见说，他已在县政府上班，那里住宿条件比工委这边好，再说现在海防对敌斗争形势也相对缓和了一点。所以他想把在老家的孩子们接来，史英萍高兴地频频点头。

还是在这个月，谷文昌弟弟谷文德接到二哥的信后，告别母亲，带着谷哲慧，从河南林县老家前来福建东山县政府寻亲。谷文昌带上妻子史英萍到车站迎接。客车到站了，谷文昌弟弟谷文德带着谷文昌的大女儿下车了。谷文昌发现他只带了大女儿，便问二女儿为何没来。谷文德说，原本是要一起来的。但临走时，母亲桑氏搂着二孙女梅珠不让走，说两个孩子都走了不行。大孙女儿12岁（虚岁，下同）了，到东山可以帮着做家务；小孙女儿才4岁，帮不了忙还添乱。老人说："俺愿意在家看管梅珠，待过几年再去东山找她的父母；再说留一个在老家，这样俺每天见着孩子，如见着她爹一样。"谷文昌夫妇听了感激而泣。

这时，谷文昌忽然发现12岁的女儿靠在父亲身边，不时怯生生地瞟一眼史英萍。于是谷文昌赶忙让女儿认娘。然而谷哲慧还有点胆怯，在父亲催促下勉强小声地叫了声"娘"。这一叫，直把史英萍感动得热泪盈眶，一把拉过谷哲慧的手，紧紧搂进自己的怀里。

一行人说着来到了县政府一处平房。谷文德将带来的家乡特产核桃、山楂、柿饼放到地板上。见了家乡熟悉的特产，谷文昌倍觉亲切，随手抓了个柿饼塞在女儿手里，又抓了个塞给弟弟。谷文德不吃，转给嫂子，史英萍放下手中大的柿饼，最后抓了个小的，放进嘴里咬了一口，细细品尝。一时间兄弟俩、叔嫂间，其乐融融。

这时谷文德不解而问谷文昌："二哥，你都是县长了，当大官了，怎么还穿你在咱南湾村的旧衣服？像个种田人一样，不让人笑话？"谷文昌笑道："二哥本来就是农民、石匠，没错，现在当了县长了，可还是人民的勤务员哪，有必要穿官服？"弟弟一时语塞。

然后，谷文德问："二哥，家安在哪儿？"二哥笑答："这就是俺的家。"谷文德更加不解。谷文昌解释说，东山这地方还很艰苦，有这房子住已经不错了。谷文昌还交代弟弟："今晚就跟通信员睡同一个床铺吧。"

谷文德很有感触地对二哥说："咱南湾条件虽然艰苦，想不到东山比南湾更苦！"谷文昌对弟弟说："俺远离家乡，不就是为了让更多的人不像咱南湾那么苦嘛！共产党人不就是来救穷人的嘛！"

闲聊时候，谷文德把老母亲的希望告诉哥哥："咱娘年纪大了，身体大不如前了，娘很希望看到二哥你，更希望你在东山干几年就回家。娘说回老家不也是一样为党工作？还能满足娘天天见二哥的愿望！"谷文昌回答："俺是共产党员，革命干部，就得四海为家，听从党的安排，像种子一样，不管落在什么地方，就在那里生根开花结果。"又说："俺也很想把娘接到东山，可是她老人家年纪这么大，身体也不行，还裹着脚，怎么来？所以俺只希望你代俺尽孝，俺一辈子都感激你！"

谷文德在东山住了一个星期，要回河南林县时，谷文昌给母亲桑氏准备了衣服、鱼干，还托他带一沓钞票回家。再次叮嘱弟弟谷文德，希望代他继续尽孝。

日月如梭，转眼就是1953年1月，史英萍妹妹带着儿子哲川来到东山。谷文昌夫妇从车站接回了儿子，非常高兴。过了一段时间，谷文昌与妻子商量，建议为儿子改名字。妻子好奇："儿子好好的名字为何要改？女儿也要改吗？"谷文昌答："女儿长大了会嫁出去，俺不宜干预；儿子要在谷家一辈子，'哲川'两字，文绉绉的，俺不太喜欢。俺希望的是儿子将来不管做什么事，都不要忘记自己是河南人；再说，儿子今后要长期在福建，现在就要懂得感恩福建，是这里的山水哺育他成长，所以要改成与这意思相靠的名字。"妻子问他那要改啥名，谷文昌说他想好了，就叫"谷豫闽"。史英萍知道丈夫对河南老家，对福建新家，都与自己一样怀有深情，就愉快地以一个"中"表示赞同。

荒岛旧貌

从此，哲川改名豫闽。

5. 东山战斗忘生死　评选功臣据实情

鉴于从上一年就十分紧张的形势，国民党当局配合美军的侵朝战争，从台湾、金门调集兵力，加紧"反攻大陆"步伐，把目光锁定东山岛。1953年1月1日，福建省委发出了《关于加紧进行战备工作的指示》，随后又发出《关于海防工作的指示》，要求把海防工作作为沿海县区的中心任务，加强对海防工作的领导。龙溪地委随之也指示，为配合驻岛部队作战，东山县工委成立海防对敌斗争指挥部，谷文昌任指挥，全县共组织24个武工队，沿海18个乡普遍实行民兵制，发展民兵4000多名。谷文昌这个抗战老民兵，即刻指导全县民兵，投入紧张的军事训练之中。

作为对敌斗争指挥部指挥，他带领72人的海防工作队下乡，开展爱国主义教育，发动群众制定战备爱国公约，号召："大家一条心，对敌齐斗争，胁武（威胁武力）不能屈，收买不了心，海防巩固好，确保东山岛。"

7月7日，国民党军在金门成立了"联合任务指挥部"，以金门防卫军司令长官胡琏为总指挥，配合朝鲜战场反攻大陆，对我军实行军事牵制。随之，国民党军纠集了1.3万人；配备了各种舰只13艘，飞机数十架，准备进犯大陆。国民党军空军还炸断增援东山岛必经之路漳州九龙江大桥，妄图一旦战斗打响，可以阻拦解放军援兵1—2天。可是敌人没有想到，大桥被炸断后几个小时内就被抢修完成。

15日晚，东山县委接到福建省军区叶飞司令员的电话，告知敌军从金门驶出3艘军舰和若干登陆艇向南方行进，其进攻地点很可能就是东山，因此东山县工委和政府务必做好转移和撤退准备。作为东山保卫战指挥的谷文昌和政委张治宏，紧急商量对应策略。随之，谷文昌通知陈城、白埕、前楼、康美、樟塘等乡主要负责人，组织干部群众转移，同时做好粮食油料及副食品供应和支前民工工作。

叶飞指示东山守岛部队：由于此次进犯之敌过于强大，要求守岛部队于16日晨4时以前撤出东山岛，然后组织力量再行反击。接到电令后，守岛部队八〇团团长游梅耀征求地方指挥谷文昌、政委张治宏意见：到底是守还是撤？游梅耀果断地认为："地方党政机关可以撤出岛，但部队得坚守待援！"谷文昌和张治宏均表示：东山县地方党政领导也不撤退，要坚决协助部队打好这一仗。

这样，八〇团在游梅耀团长的率领下，严阵以待；而东山县地方武装则在指挥谷文昌和政委张治宏的领导下，紧张而有序地准备迎战。

16日晨4时30分，叶飞和驻军首长先后给谷文昌和张治宏打来电话，要求县工委、政府立即转移到相对安全的地带，并与驻岛部队密切联系。谷文昌立即通知各机关、各乡镇负责人，按预定路线转移非战斗人员。然后，他和副指挥、县武装部部长崔天恒商定，把带枪的机关干部和部分民兵分成长枪班和短枪班,前者立即进入西埔附近的交通要道口虎山阵地,后者保卫首长的安全和文件档案的转移。

刚布置完毕,就有敌机机炮扫射的声音传来。

枪声就是行动的信号。谷文昌立即赶往前线指挥部,按照预先制订的方案,他和其他县领导分头开展支前工作。

16日拂晓4时45分,国民党胡琏指挥的国民党军,在飞机舰炮的支援下,在东山岛的亲营到大路口两村之间的海滩,以及湖尾村的海滩登陆。

东山保卫战正式打响。

进犯的敌军兵分两路,从牛犊山、公云山和王爹山方向实施重点进攻,另以部分兵力向陈城和城关方向推进。

保卫战中,谷文昌指挥和张治宏政委一起来到200高地看望战士。200高地在重镇西埔的西北边,地处通往八尺门交通要道之口,是岛上主要军事阵地。谷指挥和张政委鼓励战士们英勇杀敌,保护东山人民生命财产安全,保卫红色政权。战士们战斗意志高昂,高呼:"人民军队,保护人民!人在阵地在!"接着,谷文昌又来到前坑洞村附近,这里地处200高地的边上,也是军事要地。谷文昌动员基干民兵勇敢战斗,配合解放军坚守阵地。

清晨6时许,炮声隆隆,敌我两军激战。

10时30分,我军援兵二七二团三营登岛,一举攻下59.3高地;13时30分,在随后进岛的我军一营配合下,敌人伞兵大部被我军歼灭。

23时,国民党军见打不过我军,将预备队第53团也压上了,我军顽强抗击,人在阵地在。

17日拂晓,我军二七二团全面接替八〇团的防务,急速赶到的一二二师和八十二师的先头团,也分别进岛。

凌晨,东山县工委、政府的干部集中到前坑洞村附近的树林里,准备接受新任务。谷文昌刚要说话,一颗炮弹呼啸着飞了过来,接着是第二发、第三发,都落在离他不远的地方爆炸。谷文昌镇定自若、有条不紊地布置工作：组织医疗队、担架队，救护和抢救伤员；确保粮食和被服的供应，保证部队吃饱睡好。

早晨，石埔村东面的虎山战斗十分激烈。一大早，"兵灾家属"刘杏和两位妇女要给山上的解放军送开水，刚走出村外几十米处，发现腿脚受伤倒在草丛里的三连通信员郑来成和头上、眼睛都流血的战士吴品火。刘杏连忙喊来姐妹们帮忙，迅速将两名战士背回家。这时敌人已进村挨户搜查。刘杏急中生智使出最大力气将吴品火背上二楼藏在柴草里，又用肩膀奋力顶起了郑来成，将他藏到一张古床的最上层，之后将房门上锁，到邻居家观察动静。

果然，3名国民党兵很快过来。一边用枪托砸门，一边喊道："里面有人吗？快出来，不然要开枪了。"刘杏透过窗户沉着应道："阿兵哥，这家人都外出，里面没有人，我不骗你们。"刘杏还告诉屋外的国民党兵，自己的丈夫叫王某某，也在台湾当兵。就这样，刘杏先后5次支走了国民党兵，保护了解放军战士的安全（两天时间里，刘杏共营救了4名解放军伤员）。

与此同时，在县城也发生了8位少年的英勇斗争故事。以东山实验小学学生谢紫卿（后改名为林东秀）、李艺君（东山初级中学学生）、朱卿、陈介儿、陈素麟、陈添全、江丽端、赖介明8位少年，在保卫战前夕，就商量敌人一旦来犯，便组织起来和敌人作斗争。在东山保卫战中，他们冒着性命危险到处张贴标语，打击敌人的嚣张气焰；又暗中登记分抢国家财产的不法分子和落后群众；他们还到处散发传单，鼓舞群众和敌人作斗争，打击了敌人的嚣张气焰。

5时，敌人军心动摇，开始收缩兵力。

10时，国民党军开始向湖尾村海滩仓皇撤退。

在保卫战开战的8小时之内，全县8000多名民兵全部到位。在守卫东山岛的咽喉之地八尺门的战斗中，地处八尺门渡口边上的后林村，200多名民兵在区委书记张迪民率领下，协同解放军水兵一连的战士奋勇杀敌，打散了敌空降伞兵，守住了渡口。其中农民林大富手持一把菜刀，和民兵林卓生一起，夺取敌人一挺美式轻重两用机枪；后林、大产船工队不顾敌机狂轰滥炸，运送援兵、伤员和物资；船工林尖鼻、林武郎冒着敌人的枪弹运载增援部队进岛，林尖鼻英勇牺牲……

在战斗最激烈的 200 高地，支前民兵和群众在火线上穿梭，送水送饭上阵地，转移伤员到后方；火线上的村子几乎家家户户都行动起来，有的上前线抬担架，担架不够，村民们二话不说卸下家里的门板，有些老人妇女烧水送水。200 高地附近坑内村两天就为前线送去开水 500 多桶。战斗越来越激烈，枪声震耳欲聋，谷文昌知道解放军阵地很可能枪弹告急，便身先士卒，扛起 30 多公斤的子弹箱，冲向阵地。在他的英勇行为的激励下，也有几个干部扛上子弹箱跟在谷文昌身后，冒着炮火前进。副指挥崔天恒见到这种状况，焦急呼喊："谷指挥，你得在指挥部当指挥员，不能在战地当战斗员！"谷文昌高声回应："枪声就是命令，俺不能待在安全地方！"崔天恒不管，叫两个武装部干事硬是把谷文昌拽往后方。谁知护送者刚一转身，谷文昌又扛着弹药冲向前线。

战斗中，东山民兵在谷文昌指挥下拿枪的拿枪，拿刀的拿刀，勇敢参战。面对强敌陆海空优势兵力的联合进攻，守岛部队在岛上群众和民兵的配合下，按照作战预案，边打边撤，步步阻击以迟滞敌军。

19 时，历时 38 小时的东山保卫战胜利结束，军民协同作战，直到保卫战胜利。

东山保卫战的胜利消息上报到中央。毛泽东赞扬道："东山保卫战的胜利，不光是东山的胜利，也不光是福建的胜利，而是全国的胜利。"毛泽东还致电叶飞："你们头脑要冷静，不要轻敌，现在美帝、蒋介石就是看中你们福建。""我们还要准备比东山更大规模的战斗，把敌人消灭在水上，如上来了，消灭他在陆地上，不要怕。"

时任华东军区司令员的陈毅在给东山保卫战取得胜利的贺词中说："东山战斗胜利的意义不在于战果数量多少，而在于把敌人的计划彻底粉碎，不仅是军事上的很大胜利，而且是政治上的很大胜利。"

18 日 13 时许，谷文昌叫县工商科副科长林加和他一起回城关。因为他看到国民党散发传单说，国民党军占领东山岛啦，他们胜利啦，"共军"县长被俘啦！所以他要到城关，"让群众看看我这个县长还在东山，还在领导东山人民战斗！"这样，谷文昌带上林加等几个人来到东山城关，有意识地在城里四处走动。他们到城关通西埔的要道东坑口，到城中重要街道前街、后街、打铁街、码头等人群聚集的地方。一路上老百姓看到谷县长还好好地与群众打招呼，人好好的，很是高兴。

　　然后谷文昌到恩波寺县工委和县政府地方。群众见谷文昌来了，高兴地欢呼起来，争着和谷文昌招手。谷文昌本想走进群众中去，但群众以为他要进县工委，就主动让开一条路。这样，谷文昌就站在县工委大门前的台阶上，对围观的群众发表讲话："同志们，乡亲们！东山保卫战胜利了！人民胜利了！两天前，国民党军 1 万多人进犯咱们东山，不想让咱们过和平安定的生活。咱们东山军民不同意！大家团结战斗，结果彻底打败了他们！国民党军什么也没得到，却留下一大片尸体和俘虏；留下被打坏的飞机、大炮和无数的枪支弹药，灰溜溜逃跑了。昨天他们还造谣我谷文昌被俘虏了，这是可耻的笑话！今后，我们要继续提高警惕，保卫人民政权，保卫和平稳定，敌人胆敢再次来犯，就坚决彻底消灭他们，叫他们有来无回！"

　　群众中响起热烈的鼓掌声。

　　谷文昌最后说："乡亲们，咱们今后的迫切任务，一是恢复社会秩序，二是恢复生产。咱们要在县工委和县政府的领导下，迅速把被敌人破坏的东西修复过来，迅速恢复工农渔盐业的生产，恢复商业的繁荣，迅速提高人民群众的生活水平，把咱东山建设成为美丽富足的家园！"

　　围观的群众再次发出热烈的掌声。

　　东山保卫战打响之前，谷文昌的妻子史英萍，护着女儿谷哲慧和儿子谷豫闽，同县工委和政府机关的家属（主要是子女们）坐一艘小火轮到云霄。到达云霄登岸之后，史英萍把两个孩子交代给同行的干部家属，就要随小火轮回东山。可是谷哲慧姐弟俩不让她离开。史英萍先是把俩孩子搂在怀里，然后咬牙推开他们说："娘是党员，是干部，东山是前线，在打仗，娘不能躲在后方，得到东山前线去！"然后坐小火轮返回炮火纷飞的东山。

7月下旬，东山保卫战指挥部筹备保卫战庆功事宜。这个工作的重点和难点，是如何实事求是地推选保卫战中涌现出来的群众英雄。可是在评选标准上出现分歧：一种认为应该选家庭出身好、在战斗中英勇对敌斗争、不畏艰险不惜牺牲的工人和贫苦农民；另一种认为无须限制其家庭出身，只要是为保卫人民政权英勇斗争的人，就应该评上。在东山保卫战的战火中滚爬出来的指挥谷文昌，深感战斗的严酷，更理解所有上前线者对共产党的赤诚之心。因此他坚持实事求是，公正评定。

在评选会上，评委们先后要评谷文昌夫妇，但是都被谷文昌否定了，理由是他担任保卫战指挥，带领地方武装和敌人战斗，是他的本职工作；而评选他的爱人史英萍，就等于评选他，也不适宜。在评选群众功臣时，他认为不必看其出身。理由是：他们是冒着生命危险和敌人作斗争。他们是经战火考验出来的英雄，该评的就一定要评上。

因此，评定小组根据谷文昌指挥的意见，把有具体事实的保卫战英雄，诸如刘杏（家庭成分不好，"兵灾家属"、勇救受伤解放军战士）、李艺君（家庭出身非红五类的东山八少年之一）的名字填写在《东山保卫战功臣推荐表》上，呈送给组长谷文昌。谷文昌仔细审阅了推荐表，毫不犹豫地签上自己的姓名。

战后几年了，被评为东山保卫战一等功臣的刘杏，儿子王耀钦上不了东山一中，谷文昌知道了，亲自向东山一中校长建议录取他，并给予减免全部学费；后来还介绍他参军，复员后又为他介绍到赤山林场当正式工人。

6. 平冤问苦真情在　统购统销至善心

东山保卫战过后不久，县政府来了一个年轻的农村妇女，身边一左一右跟着两个小孩。县政府门口的卫兵见来者满头大汗情绪激动，又显得十分愁苦,问她有啥事,妇女哭哭啼啼拿出手里的字条给他说:"我要找谷县长。"

卫兵接过字条一看,见汗水湿透的字条上,只写"谷县长"3个字,其他什么也没有,就跟妇女说:"谷县长很忙,你没什么大事,不要打扰他。"

妇女一听,大声哭起来,说:"我有天大的冤枉啊!我得见谷县长!"卫兵听了犹豫起来。旁边一个工作人员把她带到谷县长办公室,并顺手把字条递给谷县长。

谷县长接了字条看,也感到奇怪,便问她是哪里人,拿这样的字条是什么意思?妇女边哭边说:"我家在陈城圩,因为有大冤枉没处诉,有位先生给我写了这张字条,说'有冤枉,找谷县长',我才走了这么远的路,来找谷县长,求您为我家申冤。"谷县长问她家庭情况。妇女一听,哭诉起来,说她叫陈月女,家庭成分是贫民,丈夫叫沈宫前,是盐场工人;家中还有两个孩子;还有一个"笼仔底"小姑。

谷文昌忙问:"啥叫'笼仔底'小姑?"这妇女赶紧说:"阮(闽南话"我""我们")小姑的老爸当年是抗战时候一个逃荒的诏安人,挑了一男一女两个孩子从诏安县逃荒到东山陈城。因为没吃的,想送人养。结果那男孩被人要走了,这女孩没人要,是阮大官(闽南妇女对公公的称呼)见这小女孩可怜,就说:'笼仔底这女孩子我要了。'这样小女孩就来到我家。从此阮一家人就叫她'笼仔底'小妹,我就叫她'笼仔底'小姑。那时我家也很贫穷,可是阮大官说:'总不能眼看着一个小女孩活活饿死……'"妇女说着哽咽起来,满脸的泪水直往下掉。谷县长见状赶紧给她倒了杯水,告诉她:"你不要激动,有什么苦慢慢说。"等了一会儿,这位妇女缓过气来才继续说。

原来,她家隔壁邻居是一个地主,叫沈两发,他老婆叫林凤妹。土改时他们夫妇老被批斗,前些时候东山战斗(东山人习惯把东山保卫战称为东山战斗),夫妇俩要跟国民党军跑,他们逃跑时,把埋在猪圈底下的一包银圆挖出来也带走了。可是沈两发有个70多岁的瞎眼老母,还生着病,无法和他们一起走。这沈两发就来敲她家的门。陈月女家原先不敢开门，可是他们还是拼命敲。最后没办法，她大官才去开门，问有什么事。沈两发说他们要跑台湾了，可是带不走他们的瞎眼老母，只好把她留下，求他们照顾她。沈两发夫妇还下跪求她大官和大家（闽南妇女对婆婆的称呼）。作为报答，地主夫妇把家中好多大米、地瓜丝留给他们。

一到晚上，隔壁瞎眼老人要么病痛呻吟，要么说想喝水吃东西，很是凄惨，出于好心阮大官和大家只好过去照顾她。没想到乡政府人员知道了这个情况，就找上门，说这个逃跑的地主肯定会给他们留下很多银圆，作为赡养他们老母的费用。然后要求他们把银圆交出来。阮大官说确实没有收他们的银圆，可是乡政府领导就是不信，说："要是我，我就坚决不干，哪有这么白白养别人的？肯定给了你们不少银圆。"然后乡政府领导就说，要是不把银圆交出来，就要把他们全家赶出家门。陈月女一家交不出银圆，乡政府就叫来民兵，把一家人都赶出来，然后把门锁上了。

没办法，这一家人只好到村边一个破庙里过夜，可是第二天早上乡政府知道了，又派来民兵，说要是不交出银圆，连破庙也不许住，就又把他们赶出庙门……

谷县长听了，叹了口气，皱了皱眉头告诉陈月女："我不能听你的一面之词，这事得调查清楚，如果真如你说的，事情肯定会解决的。"说完，谷县长对陈月女说："你先带孩子回去，然后我们再做调查解决。"

陈月女催谷县长说："那你们赶紧调查哦！不然阮晚上不知要睡哪里啊！"谷县长说会的。妇女将信将疑，又一左一右拉着两个孩子走了。妇女一走，谷县长想了一会儿，叫来县政府干部林周发，交代他："你马上到陈城圩调查这陈月女反映的这个情况，根据陈月女的反映，陈城圩乡政府说逃台地主给陈月女丈夫沈宫前银圆，凭啥事实依据，有事实才能认定。"

三四个小时后，陈月女带着孩子前脚到陈城圩，林周发骑自行车后脚也到了乡政府。林周发先自报家门，然后做调查，既证实了沈宫前的家庭成分，也证实了陈月女确实讲了真话。但是乡政府领导坚持说："逃亡地主肯定会给沈宫前留下银圆。这是无疑的。"

林周发再问乡政府领导："你这么说，有什么事实依据？"

乡政府领导说："这是我估计的。沈宫前要是没有拿沈两发给的银圆，他怎么愿意照顾地主婆？"

林周发生气了，说："我问你的是事实依据，你回答的是'估计'，这不行！我要来这里的时候，谷县长特别交代的是处理问题要有事实依据！"

乡政府领导你看我，我看你，没话说了。最后林周发告诉乡政府领导："我的意见是，先让沈宫前夫妇一家今晚暂时在破庙里歇宿，待我回去报告谷县长再做最后决定。要知道，当前东山保卫战刚刚结束，维护社会稳定，团结一切可以团结的人，是我们在对敌斗争中一项十分重要的事，这是谷县长经常告诫我们的！"

这天晚上，沈宫前夫妇一家，躺在破庙里，感慨万千。妻子告诉丈夫："他爹，我说这谷县长与咱从未相识，他怎么这么认真处理咱的冤情？"丈夫说："我也听人说，有冤枉，找谷县长，这谷县长莫非是包公转世？"妻子说："也许是吧，不然，天底下哪有这么好的人！"

第二天，乡政府领导到破庙来了，向沈宫前夫妇道歉，说他们刚参加乡政府工作，对党的政策掌握不好，给党和群众造成了损失，希望能得到他们的谅解。然后带他们回家，撕下封条开了锁，让沈宫前夫妇一家住了进去。

夫妻俩进了自己的屋子，沈宫前激动地摸着自家的墙壁，陈月女则把脸贴在自家的墙壁上，眼泪顺着两颊流了下来。夫妇俩深深感激着谷县长……

到了暮秋，一件事长期萦绕于谷文昌心上，即如何治理肆虐全县的风沙。他早从相关的资料中获知：东山全县只有 9 万多亩耕地，而沿海却有 3.5 万多亩沙荒。东山每年 6 级以上大风横行 150 多天。秋冬之际 7—8 级甚至 11 级的强大风暴刮得飞沙走石遮天蔽日，卷起座座沙丘，掩埋大片田地，吞没整座村庄。又据地方史书记载，新中国成立前近百年间被流沙埋掉 1000 多座房屋、3 万多亩耕地，许多村庄的荒沙已与屋顶齐平。民众感慨天天"沙配番薯箍(掺着沙的番薯块),猪牛屋上走(因为屋顶与沙齐平,猪和牛可以在房子上面行走)"。连年的风沙使许多人揉坏了眼睛。

他喊来通信员陈掌国,约他一起下乡调查。陈掌国问谷文昌要去的地方。谷文昌说,就去风沙最厉害的村。陈掌国问是不是还去山口村?谷文昌点头。然后两个人一起再次来到距离县城18公里的海边小村。谷文昌为什么选择山口村?原来这个村子地处风口地带,全村900多人,就曾有600多人当过乞丐,40多人在本地无法生活,最后逃到海外谋生。因此这个村子被称为"乞丐村"。有人还统计过,在山口村和旁边的湖塘村的1600多人中,竟然有400多人患红眼病或烂眼病,有40多个人半失明或成了瞎子。

其实早在东山刚解放时,治理风沙灾害改善生态条件,就成了县工委的头等大事。几经挫折,县工委认为根治风沙的根本出路在植草造林。但要植什么草,怎么植;要造什么林,怎么造,得依据实情,方能制订出切合实际的方案。为此必须到风沙最严重的村子去做调查才行。因为路途甚远,两人来到山口村旁一个破旧的小凉亭歇息。刚好这时亭子里居然有五六个衣着破烂的男女在其中茫然呆坐。

谷文昌问对方:你们这是要上哪儿去?呆坐者也观察着这两位不速之客,可是因为谷文昌讲的话带河南口音,他们听不懂,互相疑惑地对视着。这时,陈掌国用本地话告诉对方,他是咱东山县县长,你们有什么苦处,可以由他告诉县长。于是对方一个叫沈万岱的老阿婆说她来自山口村,现在要去赶集。陈掌国把对方的话翻译给谷文昌。

谷文昌审视着眼前衣衫褴褛的人,觉得这不像赶集:这些人身旁放着的空篮子、破碗,和他小时在家乡看到过的逃荒者没有两样。他的同情之心油然而生。经再三追问,这个叫沈万岱的老阿婆才说是要去讨饭。谷文昌感到奇怪,这不是已经分了田地了吗?老阿婆说地是分了,可是大都被风沙给埋了;村里后生仔前些年大多被抓壮丁了,剩下我们孤儿寡母的,"九降风"一到就只剩外出讨饭这条路,不然就得在家等饿死。

谷文昌听了,紧锁双眉自言自语:不中!都解放3年多了,这样下去怎么行！谷文昌满眼含泪地告诉他们："我这当县长的对不住乡亲们啊！刚才这位阿婆说的话，我都记住了。"谷文昌说着再望望眼前的人，这些要饭的人们看到，在一年多前的东山保卫战中，正是和他们一样的人挑着饭和水，出没在战火纷飞的战场上！如今胜利了，他们得去要饭！想到这些，谷文昌自言自语道："人民群众希望共产党给他们带来幸福。如果我们不为民造福，要我们到这里来干什么？"

见要饭者沉默着，谷文昌想：人民群众分得了土地，可是因为风沙，他们种不出粮食，这样分土地又有什么用？想到这里，谷文昌握着双拳，动情地劝乡亲们："你们都回去吧，请相信我，我们一定会把风沙治住，好日子一定会来的！"从此，谷文昌带着这份沉重的承诺，带领东山人民踏上治理风沙的漫漫征程。

作为县长，谷文昌有忙不完的事。这不，他刚忙完下乡了解风沙灾害的事，国家来了个大政策，又够他忙的了。这个时期，由于全国城市和工业对粮食的需要逐年增大，而粮食自由市场存在粮食投机商人的捣乱，造成粮食市场紧张。

10月16日，中共中央发布《关于实行粮食的计划收购与计划供应的决议》；11月19日，政务院下达《关于粮食实行计划收购和计划供应的命令》。谷文昌觉得中央的《决议》对东山人民是太及时了，因此采取如下做法：第一，先把指标下达到乡，然后由农户自报公议，按实际产量扣除公粮、免购额之后，一般按余粮额的50%—60%计划收购，最高不超过余粮额的70%，最少不低于20%。第二，由县人民政府作出规定，统购粮种包括稻谷、大米、花生、小麦、大麦、黄豆等。第三，在全县设立8个收购点，即城关码头仓库、古港、宅山、陈城、康美、港口、前楼和前何。

然后，他召开全县各界人民代表会议，宣传党的统购统销政策。谷文昌发言说："东山自古以来就是一个严重缺粮的地区，而周边的县份却是产粮区；现在东山全县81815人，其中城镇人口就高达25201人，占总人口的30.80%。周边县份城镇人口只占总人口的20%不到，按每人每年吃粮以大米300斤计算，就得756万斤。农村中从事农业生产的有54960人，这些人中也有近 30% 缺粮，以每人每年缺 120 斤计算，就得近 200 万斤。两项合计，全年缺粮近 1000 万斤。据调查，东山每年在四五月青黄不接的时候，粮商就高抬粮食价格。一农败九商，粮价一涨，各种商品跟着涨，这对全县的社会治安和人民群众的生活非常不利。因此人民群众所需要的这些粮食，应该也必须通过政府的调节，才能更好、更有效地保证粮食供应。"

1954 年初是全县统购统销工作具体操作开始之时。谷文昌认为在统购执行过程中一定要使操作流程也符合政策。因此他要求统购统销工作人员务必做到：原先规定的全县根据各社、组、户自报产量，需经当地党支部审查，再交由群众公议；再经区、县批准；又再按龙溪地委最后核定的任务下达到县、乡、村的各社、组、户。

粮食的统销流程也同样采取自报公议、上级审批的办法。全县农村自报缺粮数（截至 1954 年 7 月底）中，需供应大米 930 万斤（这是自报数），占上级分配数 63.40%。

在执行粮食统购统销工作中，一些干部认为从事粮食销售的商人，为了自己的私利必定囤积居奇，扰乱粮食市场，与党和人民政府不是同一条路上的人。因此提出必须对这些粮商严加监督，甚至予以打击。可是谷文昌不急于来"硬手"，他和干部们做深入调查，得知这些人并非铁板一块。他们当中的一部分人确实是利欲熏心，甚至敌视人民政府，但是大多数人还是拥护党和人民政府的，因为过去国民党时期的苛捐杂税，尤其是临解放时期的物价飞涨、商店倒闭，还让他们历历在目，是共产党来了，才使他们的粮食经营得到恢复，生活才安定下来。他们对党和人民政府心存感激。

因此，谷文昌带领干部们，一方面坚决执行党和政务院有关取缔粮食投机和粮食自由市场的政策，使粮食购销直接进入政府的管理渠道；另一方面对粮食经营商采取"疏"的办法，即组织粮商小贩学习党和政府的政策，接受人民政府的改造，使他们逐渐理解和拥护党的粮食政策。

7. 党员发展新招数　抗旱保收办法多

东山保卫战胜利之后，海防对敌斗争形势发生了重大变化。被打败的国民党军不甘心失败，凭借他们的空中和海上暂时的军事优势，不断派飞机骚扰东山，低空盘旋侦察，扫射投弹；更严重的是在12海里之外的兄弟岛海面，敌人的军舰横冲直撞游弋巡逻，不断抓靠我方渔船，即抓我方海上渔船，把渔民抓到敌舰，背靠背审问，威胁利诱，千方百计搜集我方军情、政情，尤其是寻找抓捕渔民中的入党积极分子。此举造成我方渔民的生命安全遭受重大损失，更使渔民及其家属人心惶惶。在这种情况下，一些原本积极要求入党的渔民，在家属的恳求下放弃了入党申请。这样一来，众多入党积极分子在渔业生产中的领头羊作用严重削弱。

许多渔民非常焦急，他们把这种情况向曾经的城关区工委书记、后来的县工委组织部部长、现今的县长谷文昌汇报。谷文昌认为势态严峻，必须尽快想办法予以解决，否则人民政权的巩固将受到威胁。他来到刚成立的县工委海防部（全称海防对敌斗争工作部），找部长王治国，共同商讨对敌斗争策略。王部长说，他也听到了渔民反映的这个问题，也同样感到事态严重，但一时还找不到好办法。谷文昌说，必须根据海上对敌斗争的新形势，制定新策略，解决渔民兄弟入党积极分子问题，这关系到红色政权的巩固。

谷文昌向王治国说："首先我们要有一个共同的认识，然后把这个认识提交给县工委会研究决定。"王治国说："谷县长您的点子多，我想听听您的意见。"

谷文昌沉吟了一会儿说："我们得实事求是地面对这一形势，然后寻找对敌斗争的新策略。"

王治国有点急："什么才是实事求是的新策略呢？"

谷文昌说："你想，敌人为什么要想方设法抓捕渔民中的入党积极分子？因为这些人是共产党的依靠力量，有了他们的支持和拥护，我们的海防才会巩固。海防巩固了，敌人就遭殃了。所以我们不能因为敌人的抓靠而停止发展渔民党员。我们就要与敌人针锋相对，让渔民入党积极分子解除思想顾虑，才会使他们重新积极要求入党。所以我想，用单线秘密发展党员的办法！"

王治国一听，甚是不解。谷文昌向他详细讲解自己的谋略。最后他们统一了认识，再向县工委书记张治宏报告。张治宏书记为此召开了县委工作会。

会上，张治宏书记首先介绍当前海上对敌斗争的新形势，也介绍当前渔民入党积极分子问题上存在的问题。然后，张书记要求谷文昌县长将他们的想法向委员们介绍。

当谷文昌向委员们介绍要用单线发展秘密党员的思路时，王治国第一个表示赞成，可是一部分委员马上表示反对。

一位委员嘲笑地说："这成什么话？东山解放已经有好几年了，东山是解放区，台湾、澎湖、金门是敌占区，干吗我们在解放区发展党员还要'单线'和'秘密'？这岂不是长了敌人威风，灭了自己志气，成了笑话？"

又一位委员激愤地说："这可是在解放区搞地下党，偷偷摸摸的。我们入党是为了干革命，革命就必须不怕死，怕死就不革命！"

面对这些豪言壮语，谷文昌没有生气，倒是很冷静地说："我们确实在解放区搞地下党，可这是对敌斗争的需要。我希望各位领导多实事求是地看问题：这些渔民入党积极分子，他们都有一个家庭，上有父母，下有子女，他们的工作是在海上，随时都会遇上敌人，一旦因为他们的政治身份暴露在敌人面前，必然出现麻烦！这不仅是一个人的麻烦，而是一个家庭的麻烦！再者，这个渔民积极分子出现问题，影响的是整条船上的渔民，因为他们同在一条船上！要知道，现在东山有渔民 3216 人，就是说有 3216 个家庭，按每个渔民家中有 4 个人，连同渔民本身是 5 个，全县就有 16080 人，占全县人口的近 20%！"

停了一会儿，谷文昌又发话："说'革命就必须不怕死，怕死就不革命'，这没错。可是不怕死就一定要做无谓的牺牲？如果说，做一件事，可以把事情干好，又不至于流血牺牲，我们为什么不选择这一种？"

谷文昌的犀利言语，让反对者无言以对。

经过酝酿，绝大多数与会者都赞同谷文昌的意见。

张治宏书记见水到渠成，明确表态："为适应海防对敌斗争的新需要，今后在外海作业的船只上，在城乡最沿海的地方，发展党员采用单线秘密的形式。至于具体操作办法，由海防部和组织部制订具体方案报县工委。"

县工委的这一决定，受到广大人民群众的热烈拥护，原先的入党积极分子重新团结在党组织周围。1954 年 4 月，县工委先后在东山县最沿海的 1、2 渔区，以及 4 渔区渔民中，将 12 名入党积极分子发展成为单线秘密党员。

这些单线秘密党员，分别分布在东山岛的东北角沿海，即 1 区（县城）的 3 个街（码头、顶街和下田）；东山岛的南部沿海，即 2 区的宫前、澳角两个渔业乡；东山岛的西南沿海的岐下、西崎两个农渔业乡和古雷半岛即 4 区杏仔乡。这些秘密党员都是经受过各种锻炼，政治可靠。

单线秘密党员在工作中，发挥了重大的作用，有效地保卫了红色政权，团结了最广大的渔民群众。他们平时的活动形式有两种：一种是在沿海突出地区，有敌人一旦突然登陆，撤不走的乡干部单线领导。这种地区的秘密党员划分小组，以小组为单位进行秘密活动。由 2 区沿海澳角和宫前两村的 2 个单线秘密党员为一组；由 4 区沿海岐下乡的 2 个单线秘密党员划分为一组。两组一共 4 个人，组与组之间不发生关系，只是单线与区工委发生关系。另一种是在外海捕鱼的渔民，他们在外海作业，经常接触敌人的舰艇，单线党员与区委直接发生单一关系。这些人共有 8 个：城关 4 个，宫前乡 2 个，澳角乡 1 个，杏仔乡 1 个。

1955 年 4 月，谷文昌担任县工委书记后，加大单线秘密发展党员的步伐。他指示已是县工委委员、同时兼任海防部部长的王治国，不仅要增加单线秘密党员的数量，还要从质量上提高这些党员的素质。到 1956 年，在城关渔民中发展单线秘密党员 16 人。

后来，随着我军海防力量的发展加强，敌人舰艇不敢像过去那样肆无忌惮、耀武扬威。在这种情况下，谷文昌又决定：全县沿海5个乡的单线秘密党组织都转为公开。至于城关渔民单线秘密党员，因为他们的作业船只一般都是在外海，所以党员身份还暂时不能公开。这些党员在敌机猖狂轰炸扫射的境况下，坚持带领渔民出海捕鱼生产，在逢年过节暗中输送宣传品给国民党抓靠的官兵。

谷文昌通过单线秘密发展党员，人民群众的生命和财产损失减少到最低限度，共产党政权也更加巩固；同时，这也让人民群众从中深深体会到，共产党、人民政府才是真正爱护人民，为人民的生产、生活的根本利益着想的。

单线秘密发展党员，展现了谷文昌实事求是的领导艺术，而1954年的统购统销、育苗、灭蝗等工作，同样体现了他的这一特点。

这一年，由于发生旱灾，8月夏收结束，全县粮食大幅度减产。由于早稻种植面积减少，总产量仅为790.6万斤，比上年减少323.78万斤，减产幅度为28.9%；地瓜种植面积也因为缺水而少种少收，比上年减产953.88万斤，减产31.40%。由于减产，造成粮食短缺，给农民带来很大的恐慌，也给夏季统购统销工作带来很大的困难。而当时正值全县统购统销工作开展之时，征购工作产生较大困难。

但是由于谷文昌实事求是抓统购统销工作，干部按县政府的要求开展工作，因此这一工作进展顺利，各区自报卖粮数195.432万斤，按龙溪专署最后核定的"统购百万斤"任务额，超过95.4%。全县32个乡（街），统购户6984户，占全县总户数的33.73%，实际统购、收购、公粮3项合计210万斤，占全县粮食总产量的15.14%。其中统购粮143.36万斤，超额完成龙溪地委下达任务的43.36%。市场收购22.64万斤。又统购地瓜丝24.37万斤。东山百姓吃饭问题得到初步解决，谷文昌忧国忧民的脸上绽放出满意的微笑。

可是乐极生悲，正当县领导们在为解决了粮食问题而高兴的时候，一件意想不到的事情发生了。省林业厅领导以"东山没有林业，不必建立苗圃"为由，取消东山在石埔村试种树苗的苗圃！县工委和政府就此问题做了认真的探讨，形成统一意见，认为东山无论如何必须绿化，必须植树造林，可是上级不批准怎么办？县工委和政府不得已在农场偷偷地培育了一些苗木。自此东山的育苗工作被迫转入"地下"。

一波刚平，一波又起。也是在这一年，东山出现螟虫灾害。懂得其中厉害的人闻虫色变，担心虫灾一旦蔓延，庄稼绝收，老百姓日子难过。谷文昌不慌不忙，他借鉴1947年在林县第十区担任区长期间带领姚村人民消灭蝗灾的经验，带领全县群众打了一场消灭螟虫灾害防治战。全县共出动7.6万人次，以多种办法捕杀螟蛾5万多只，采除螟虫卵1.1万多块，拔除枯心苗2800多斤，抑制了螟虫灾害，保证了农业的增产。

刚刚扑杀了螟虫，新问题又来了。1955年新春伊始，时值农历正月初五，部分干部群众对统购统销政策还存在抵触情绪。谷文昌召开会议，再次有针对性地强调：统购统销工作对东山县人民群众生活和生产具有重大意义，必须毫不含糊地执行中央的决定。谷文昌强调："东山是一个缺粮县，而且城镇人口多，在新的一年里城镇人口已达到26549人，占全县人口86786人的30.59%，高于其他县份约10%；除了城镇人口多以外，农村中吃返销粮的人口也多，吃返销粮是统购粮的两倍，因此统购统销是全县人民的整体利益。即便有少数人因为统购统销而使自己的生活受影响，也得以大局为重。"听了谷县长的话，大家口服心服。

同时出现的还有落后乡的问题。3月3日，谷文昌发现这些落后乡之所以落后，是过去在划分成分时，对实际情况缺乏实事求是的了解，依靠书面材料，以致出现"左"倾错误，把一些人的阶级成分划高了，影响了群众生产积极性。谷文昌就此强调：各区要敢于承认错误，同时也要有决心纠正错误。他还组织人员在加强政策学习的同时，深入农户调查、核对，对错误进行更正，纠正工作至4月20日基本结束。3月5日，针对全县还存在部分落后乡（村）问题，谷文昌与张治宏参与研究制订《关于改造落后乡（村）工作计划》，确定全县24个落后乡（村）和落后状况，分析落后乡（村）落后的不同原因，提出解决办法。

（二）敢言行

8. 有方施政再提职　前进征途路不平

1955 年 3 月，张治宏外调。4 月，谷文昌以其施政有方被上级领导看好，正式接任东山县委书记。履职之初，他充满信心许下诺言：决心不辜负党的重托，将带领县委一班人搞好各项工作，使东山 86786 名人民群众的生活得到提高。

然而他感觉前进路上的带头人即党员干部仍然严重不足。在他担任县工委书记的第二个月，就代表县工委提出：根据上级党委的要求和东山各项事业发展的需要，必须在数量和质量上进一步发展党员，尤其大力发展农、渔、盐业中的先进分子。为此，1955 年 9 月，县工委制定了《1955 年至 1957 年建党规划意见》，提出到 1957 年底，积极稳妥地在农、渔、盐业中发展新党员 958 人；提出在建党中应注意的几个问题：（1）积极发展在农业社、互助组和乡村干部中具有社会主义觉悟的下中农的优秀分子入党；（2）在渔、盐业中着重吸收渔工、贫渔民，特别是合作社的渔工、贫渔民，贫困盐民和民兵中成分好、觉悟高、斗争坚决、立场坚定的优秀分子入党；（3）严格党员标准与入党手续，严防投机分子、阶级异己分子趁机混入党内；（4）在合作化运动中应做好支部的整顿、巩固工作。

这样，1955 年吸收新党员成果卓然：全县共吸收新党员 415 名，绝大部分是渔、农、盐民的优秀分子。农村新建的 9 个党支部，在合作化运动和抗旱、抢收中发挥了战斗堡垒作用。

正当谷文昌准备大力发展党员，带领全县人民大力发展农、渔、盐业的时候，一连串的困难向他袭来。

首先是大旱和粮荒结伴凶猛扑来。从入春以来的旱情严重持续发展，农作物普遍减产，社会上出现生产信心低落现象。谷文昌预感这是对他担任县工委书记以来的第一次重大考验。4月29日—5月1日，谷文昌召开县区乡三级干部会议，讨论通过县工委关于《春耕生产情况和下段工作意见》，明确了当前农村工作必须抓好的各项工作：抗旱、生产、节约度荒，安定民心。

5月26日，谷文昌召集各区工委书记，共商应对春旱和粮荒的对策。谷文昌说，各区工委书记是这一区的主帅，各区干部是战胜春旱的领头人。因此首先是党的领导干部要情绪稳定，树立战胜自然灾害的必胜思想，然后才能做好群众思想稳定工作，才能鼓励人民群众勇敢面对天灾，集中精力搞好生产，争取粮食丰收。

其次是风沙和虫灾、水灾（海潮倒灌）紧跟而来。谷文昌发动群众科学治虫，拔枯心苗、摘虫块、点灯诱蛾、挖稻根、喷洒农药等。这样上下一心，把自然灾害带来的损失降到最低程度。到6月底，全县夏季预计收成减产17%。

庄稼没有长好，绿化的形势也令人担忧。谷文昌先后组织人力，率领干部群众与风沙展开8次大搏斗，他提出："根据岛上多刮东北风的特点，'防风要防头'，在海岛东北海边营造3道防线：第一道是海滩造拦沙堤；第二道是沙滩植草种树；第三道是在农田岸边种芦苇和'四旁'（村旁、路旁、水旁和海边荒地）造林。特别是扼住岛上东南角受风沙灾害最严重的白埕、山口、湖塘等村接合部的赤山地方，即岛上的'风口'和'沙喉'。"可是在海滩造拦沙堤的办法先失败了：一旦风沙刮起旧貌依然。再是植草种树也失败了：春天刚种上，过后的炎炎夏日暴晒，草焦黄了树枯死了；即使有些许存活，到了秋冬在"九降风"的袭击下，又被风沙埋葬。农田岸边的芦苇，无法招架风沙肆虐，不是弯腰便是低头，根本无法阻挡风沙；四周的小树同样无法与风沙匹敌。不向风沙低头的人们，再修筑39条2米高10米宽的挡沙堤，共达22公里，可是仅仅过了一年，挡沙堤也被风沙掩盖。

谷文昌认为：治理风沙是全部工作的重中之重；要治理好风沙，就必须绿化；要绿化，必须有一个专门的组织机构。由此他在东山县组建绿化委员会，并由自己担任总指挥。

再次是台湾的国民党军也来凑热闹。6月的一天上午，谷文昌让通信员陈掌国陪他一起到后林村调研，意外发生了：两人正走在田间路上，没想到前来骚扰的敌机突然出现在他们的上空。敌机仗着其空中优势，竟然低空盘旋，随时会投弹或者扫射。境况十分紧急，陈掌国赶紧扑上谷文昌，把他的身体压在自己身下。轰鸣着的敌机果真用机关炮扫射，子弹射在他们身边不远处，扬起了朵朵的灰尘。待敌机飞走后，两个人站了起来，各自拍着身上的泥土，谷文昌望着陈掌国感激地说："掌国，谢谢你！"陈掌国憨笑起来："保护谷政委安全，应该的。"

最后是统购统销出现新问题。8月，又有城乡一部分干部、群众以及城镇的粮商，对统购统销政策不理解，甚至再现抵触情绪；部分农村群众存在拖过关的思想，致使一些地方统购任务派不下去。

谷文昌觉得这事关系民生大计，必须及早解决这个难题，必须先集中解决粮商问题。可是要解决这个问题，单靠做思想工作不能使他们从心里接受党和政府的政策命令，应当从他们的生活出路着手，才是最有效的办法。他指示对全县的粮商进行登记，然后给予安排生活出路。对全县175户粮贩进行安置，转入农、盐、渔业生产；12户专营粮商，有6户转为国营代销店（职工安插在内），3户转为柴炭业，2户仍经营地瓜丝，1户要求停业（靠侨汇为生）。经批准为粮食代销店的粮商很高兴，每天的营业额为100—150元，基本上解决了其生活问题。

谷文昌也看到县工委对粮食统购统销工作政策宣传不够深入的问题。他指出："没有掌握我县以统销为主的特点，形成'重购轻销'……造成全县工作处于被动状态。"由此谷文昌决定在今后的粮食统购统销工作中，认准东山以统销为主的特点，克服重购轻销，保障东山人民群众的肚子问题。

针对在一些地方，统购任务还是派不下去的问题，谷文昌通过调查发现：到8月底，全县有51%的乡，群众发动尚不够广泛深入；有16%的乡，群众发动不起来，生产情绪不高，干部信心不大。还有的乡"群众思想抵触大，生产情绪低落"。

对此谷文昌带领县工委一班人，注意讲究温和的化解矛盾方法。先是采取措施完成统购统销任务。这些措施主要是：（1）开展爱国增产运动教育；（2）加强落后片区的领导；（3）对统购有对抗情绪的乡村干部，给予批评教育或给予一定的处分；（4）实事求是地对个别定产过高的乡、社、组、户做调整，在统销任务上给予照顾，或等下季再购；（5）对统销问题认识不足者，加强思想教育，按照中央"增产节约"的指示精神，教育农民先吃自己的粮食，再吃国家的；（6）防止对农村的款款俱收，先完成公粮、代金后，再收贷款、公债等款。这些温和的措施，都有效地缓解了民众对统购统销的抵触。

在坏消息过后，谷文昌终于盼来了一个好消息。1955年夏天，福建省委书记江一真及省计委主任许亚到东山检查工作，主要是研究发展渔业的措施。谷文昌带领县工委领导班子，陪同省领导视察城关渔区澳雅头港。但见狭小的渔港船只密集，进出港非常不便。江一真书记强调，东山地处闽南渔场中心地带，是发展渔业的好地方；渔业发展要走机械化道路；为了海上生产安全，应该再找一处地方筹建避风港，保证在闽南渔场捕鱼的渔船，有个宽敞、好停靠的港湾。遵照省委领导的指示，谷文昌心里开始筹划修建避风港。

也正在这个时候，全国农业合作化掀起高潮，东山也闻风而动。9月13日，遵照毛主席《关于农业合作化问题》的指示和福建省委扩大会议精神，谷文昌主持召开县工委领导班子学习会，就如何贯彻毛主席《关于农业合作化问题》的指示，大力着手开展农业合作化运动。不久，全县有70%以上的农民要求办社。面对高潮迭起的农业合作化运动，谷文昌十分冷静，他通过细致调查，发现有的农民并非真心要求入社，而是在部分干部的积极干预下勉强答应下来的。因此他认为过快地办社不是好事。

这月27日，谷文昌指导县工委作《关于召开县区乡三级干部扩大会议贯彻毛主席〈关于农业合作化问题〉的指示总结报告》，明确指出：县工委只同意根据计划45%的指标行事，甚至下达指标限制："扩社不能超过一半，新社不能超过 25 户。"结果，全县农民只组织了 53% 的人入社。尽管谷文昌对农民入社问题做了明确的限制指示，但是下属干部由于受到全国农民入社高潮报道的影响，还是不由自主"跟上形势"，雷厉风行地动员农民入社。

谷文昌所担心的事情果然发生了：10 月 11 日，在入社高潮中，4 区（古雷区）下东乡农民林卯金原不愿入社，不久看到村中绝大多数人都入社了，剩下没有入社的人多为不被批准的地主、富农、坏分子等。担心今后被视为与他们同类，会遭歧视而要求入社。可是由于区、乡、村干部在宣传掌握政策上的偏差和工作作风的粗暴，林卯金的申请居然得不到批准。终于发生林卯金因想不通愤而自杀的悲惨事件。此事引起谷文昌的高度重视，他立即指示有关人员对此进行调查，并形成报告呈送地委。

10 月 15 日，谷文昌将《关于 4 区下东乡林卯金自杀事件调查报告》呈送龙溪地委，引起地委高度重视，并于当月 25 日形成《关于东山县下东乡在合作化运动中农民林卯金自杀事件的报告》一文，通报各县并报告福建省委，要求各地在整社过程中，必须认识农业合作化运动是一个艰苦、深入细致的思想发动过程，必须认真贯彻自愿政策，超过或达不到指标都是允许的，任何强迫群众入社的做法都是错误的。谷文昌抓住这个契机，把坏事变成好事。他要求在全县各区、乡村，认真吸取这个教训，在群众中开展积极稳妥的宣传工作，到年底，全县共办起农业生产合作社268 个、7853 户，占农户总数的 55.27%。

在农业合作化高潮中的 11 月 24—26 日，东山县第一届人民代表大会第二次会议召开。会议选举樊生林为县长，选举谷文昌等 12 人为县人民委员会委员。在以后的工作中，县长樊生林成为谷文昌的好搭档，他们配合默契、成绩显著。这年秋收，全县当年粮食产量 310918 担，比上年的 306723 担增加 1.38%，创造了多灾之年创丰收的好局面。

造林治沙

9. 专题报告"兵灾"定　政绩斐然伴廉行

1956 年 1 月，谷文昌受命兼任驻岛部队政委。由于对敌斗争始终是东山一切工作的"前提"。3 月初，龙溪地委对敌斗争委员会向东山县委对敌斗争委员会发指示，调查全县"敌伪家属"情况（包括敌伪人数、他们的政治态度和当地党政的帮教措施等），并形成总结报告上报。谷文昌认为这是向上级反映，使其认可"兵灾家属"的大好机会，于是认真组织人员做好调查总结。

随之，县委海防部根据县委谷文昌书记的指示，经过长时间调研后，于 3 月 26 日形成《东山县一年来伪属工作专题总结报告》（以下简称《报告》）。《报告》的主要内容是全县"兵灾家属"的人数，占全县人口的比例；他们的政治取向；县工委及各级党政所采取的相关措施和收获与成绩；经验教训和"兵灾家属"工作存在的问题以及今后应注意的问题等。这些内容，都是针对最敏感的又极为必要的工作，即"伪属"问题，亦即"兵灾家属"问题的战略性报告。《报告》除了主送龙溪地委对敌斗争办公室外，还抄送福建省对敌斗争办公室、福建省军区敌工部，龙溪军分区、龙溪专区公安处、公安八〇团、东山县委及各区镇等 25 个部门。这个《报告》，体现东山县工委对"兵灾家属"的高度关注和关心；也见东山县工委有关"兵灾家属"的称谓，在此之前已被省、地、县、镇党政军所熟识。当然文件中出现"兵灾家属"称谓的同时，还交替出现"伪属"的旧称，这正说明这一政治观念，尚处于演变的过程之中，但可以肯定的是上级领导已接受了这样的称谓。

谷文昌指示将《报告》主送机关地委海防部对敌斗争办公室和抄送机关省委对敌斗争海防部办公室，亦即地委和省委对敌斗争委员会。至此，地委和省委完全接受并认可了"兵灾家属"及其应采取的措施。所有这些称谓及措施，正是以谷文昌为首的东山县工委的独创。

由于对敌斗争需要，也为方便全县农村工作实际，这年 3 月，县工委、政府机关从城关迁往西埔，但由于住房问题，县工委和县人委还是处于分署办公状态，这令谷文昌心里很不是滋味，终于下决心修建一处新办公处，使二者合署办公，才能提高办事效率。他还要求：除了主要领导集中办公和开会的方便，盖一栋二层楼，其他全部为平房，这样才省工省料省钱省时间，才符合多快好省的原则。到翌年夏天，县委两大院领导和干部，都搬进新建成的办公处。终于有了比较宽敞的办公处，大家兴奋异常，感激着谷书记。

同时，干部家属也在办公处西南边的两栋平房安家。谷文昌一家被安排在其中一间，他家开始是4口人（谷文昌夫妇俩、谷哲慧和谷豫闽），以后逐渐增加到7口人。这年秋天，老丈母娘来了，可还是住这间20平方米的小房子！秘书朱炳岩见谷书记住房这么紧张，建议他再申请一间。谷文昌婉言谢绝了，说："大家都这样住，我怎能多住一间？"住房如此狭窄，谷文昌采用"分流法"解决住房困难问题：他们夫妇俩睡办公室的里间；谷哲慧找妇联一位未婚女干部睡；大儿子找通信员朱财茂同睡一张床铺；剩下的人就在家中的床边铺上一块木板，祖孙3人横着睡。对此有人笑道：咱东山人说"狭厝不窄"。确实如此，看谷书记家的住宿就说明这个道理。只是这个"狭厝不窄"，是发生在县工委书记的家！

也是在这一年3月，谷文昌觉得东山要植树造林，原先的绿化委员会还是比较松散的组织，它缺乏一个强有力、高效率的行政机构。要真正搞好植树造林，必须有一个专门的政府领导机构，才能专心致志科学地指导造林。于是，谷文昌在几乎没有树木的东山岛上作出重大决定：设立政府植树造林的专门机构林业科，为慎重起见，只设副科长，由廖进彩担任。随之在全县各乡、村建立属下工作机构"绿化工作小组"，制定绿化工作责任制。与此同时，为加速全县的绿化，县委成立了以县委书记谷文昌挂帅的"封山造林委员会"，委员会下设立土质勘探组、防沙组、沙荒造林技术组、种苗共建组等机构，根据东山岛沙质和土质结构特点、海潮水位高低和植树种草技术经验教训，做了全方位调查和技术准备。

5月19—23日，中共东山县工委第一次代表大会在新县城西埔隆重召开。这也是东山县工委的第一次党代会。谷文昌致开幕词并作《中共东山县委会六年来工作报告》。《报告》肯定了六年来的主要成绩：全县人民推翻了敌伪政权，建立了人民民主专政权；安定了社会秩序，恢复了工农商渔业生产，取得了东山保卫战胜利；实行了工农渔盐业和手工业以及资本主义工商业的社会主义改造；实行粮食的统购统销；力抓整党建党，发展和壮大了党的队伍，也使党更加团结。

但是谷文昌却用更多的时间大谈工作中存在的四大缺点和错误：一是"抓了粮食，丢了经济作物"；二是"对资本家只看到唯利是图，看不到对国计民生的有利方面，因此不是采取积极改造教育，而是（采取）逐步挤垮的办法"；三是"对粮食统购统销工作……没有掌握我县以统销为主的特点，形成'重购轻销'"；四是"对保护华侨政策宣传不够……对侨眷归侨不是用（从）团结搞好生产的观点出发，而是采取排斥行为，说侨眷'吃好穿好，劳动不好'，造成有些华侨不敢寄钱回家"。

作为一个县的最高领导人，谷文昌还检讨了自己工作中的三大不足：发展党员的数量和提高党员的质量仍然不够；党内民主生活制度不健全，批评与自我批评不够；对干部使用多，教育少，（工作）布置多，检查少。

这次大会后，县工委改称县委，谷文昌当选县委委员，出席省党代会代表。在中共东山县第一届委员会第一次全会上，谷文昌当选县委常委、书记。

正在这时，全国性"大跃进"的前奏曲响起，舆论导向都在以"群众要求"大讲"掀起农业生产新高潮"，大面积扩大冬种和春耕，其面积比原计划扩大几倍，甚至十几倍。可是谷文昌在这种高热形势下仍十分冷静，他"强调东山沙多风大，土地少，水源不足，肥料短缺，飞鸟家畜灾害多，别县可以扩大，我县不行"。由于谷文昌不跟风制造"高潮"，全县冬种5.9万亩的原计划，实际完成67863亩，只增加15.02%，但是这却保证了全县冬种任务的平稳增长。

到了6月，根据上级要求全县实行工资改革。谷文昌十分重视这项关系干部职工的大事，因为这是全县解放以来的首次工资改革。开始财会部门汇报：全县300多名干部，调资指标只有22人，县委和人委的调资名额只有2个。僧多粥少，谷文昌夫妇带头放弃，还在大会上要求科长们也带头放弃，把名额让给薪金还很低的困难干部。

许多人都认为通信员陈掌国肯定能评上，理由是他家日子也过得紧，工作干得不错，还是谷书记救命恩人。于情于理他都该提薪。谷文昌考虑再三，找陈掌国，告诉他："我建议你这次不要提，把机会让给比你更低一级的同志。你考虑一下，不用马上回答我。"陈掌国开始一愣，但想到谷书记他们都放弃提级，于是向谷政委表示："我一定听谷政委的，因为您和史大姐比我更该提级，您都没提。这事我想得通。"谷文昌听到陈掌国如此爽快，高兴地笑了。

谷文昌处事公正，在生活上也是如此。7月，华侨吴细狗给东山县委赠送了一部旅行车。县委和人委两院的领导干部们都在议论：这车是安排在县委呢，还是县人委？有人甚至说：谷书记在县委，这车当然得分配在县委！谁也没想到谷文昌将车分配给公安局。大家纳闷，有的甚至公开表示不同意。谷文昌说，东山是海岛，处于海防对敌斗争的最前线，海防任务重，公安局最需要这车。大家听了口服心服。

海外华侨知道这件事，又合伙捐献了一部大卡车和几辆摩托车。这下子县委、人委两院又热闹起来，说这车该分配给我们了吧？又是谷文昌的主意：这些车都给县委、县政府两院的下属部门，因为都是具体工作部门，它们更需要。

车的问题还没完。不久海澄县（龙溪地区所属的一个县，1960年与龙溪县合并为龙海县）领导来东山，发现谷文昌还没车，下乡就靠两条腿，便劝谷文昌买一部车。海澄县领导说，有了车就可以跑更多地方，你们治理风沙灾害也就更快了。这句话说到谷文昌的心坎上。可是东山的经济条件太差了，上年全县的财政总收入才174.02万元哪！海澄县领导见状，把开来东山的这部车，以最低价9000元卖给东山县委和县政府。大家正在为有新车高兴的时候，谷文昌明确交代秘书："以后车子出门要登记，不管是谁没有三人不出门。"下乡到基层，不可能每次都有三人，包括谷文昌也是如此，再加上老车耗油，有时还要修理，费用也大。这样，到了1957年初干脆把车上交龙溪专署。

早在5月的时候，县委认为遵照中央"农业发展纲要四十条"，办高级合作社的时机已经成熟，于是全县一下子办起49个高级农业生产合作社、7个高级渔业生产合作社、9个高级盐业生产合作社、8个手工业社，总共73个。这在速度上已远远超过全省的平均水平，成为全省典型。一些人因此津津乐道。可是谷文昌不这么看，他认为这种过快地加入高级社，欲速则不达，必然隐藏着不少亟待解决的问题。

如何巩固和发展高级社，成为谷文昌必须慎重考虑的问题。在做了充分调查之后，谷文昌看到了令人担忧的问题：一些高级社的领导者，以为办成了高级农业社，就必然会有大收成，社员的生活必然水涨船高。因此，他们得意地"超前消费"起来，大手大脚花高级社有限的经费。对此，谷文昌指出："铺张浪费现象很严重，如有些社规定社员理发、演戏、看电影都由社付款和包场，开支公杂费没标准。埕英高级社在办社以来共花行政费426.75元，每月平均85.35元，这样要保证社员增加收入是有危险的。"农业高级合作社的建立，让大家非常高兴，认为集体力量大了，以后再也不怕干旱了。到夏收刚过，果真传来好消息：农业获得好收成。

农业丰收是大好事，但是大家由此而骄傲起来，不把干旱放在眼里。8月上旬，谷文昌发现干部中的这种思想，认为这种思想对农业生产十分有害，他组织各乡工作组、党支书、水利干部召开紧急会议，指出：上半年生产和夏收夏种的确是有了成绩，但是这绝对不是我们骄傲自满消极抗旱的理由。没错，我们搞了集体化生产，有了高级农业社，抗击自然灾害的能力加强了，但是"和大自然的力量相比，我们的集体力量还是渺小得多，大家千万不能掉以轻心"。谷文昌的批评令不少领导干部汗颜，大家纷纷表示接下来要以抗旱夏种保秋生产为工作重心，同时加强对渔、盐业及其他经济作物和副业生产的领导，力争90%以上社员达到增产增收。

秋收结束了，而秋收之后就是粮食统购的关键时期。谷文昌在这个问题上又处理了一件大事。以往统购粮种规定为稻谷、大米、黄豆、小麦、大麦5种，没有东山岛上最主要的主食地瓜丝。它能否参与统购，是广大农民最为关注的问题，他们盼望着把地瓜丝纳入统购粮食范围。可是这事产生两种截然不同的意见。反对者认为，如果把地瓜丝纳入统购粮项目，统销者不接受怎么办？强行为之恐怕会造成政府和群众的矛盾。赞同者认为，东山人不管是城还是乡，吃地瓜或地瓜丝是自古就有的，他们肯定能接受；再说东山稻谷产量少，根本就达不到国家统购的数量，而地瓜产量多，如果不让地瓜丝参与统购粮项目，难不成还叫农民去买稻谷来统购不成？

谷文昌代表县委和人委作出决定：地瓜丝可以纳入统购粮种。这样，地瓜丝、豌豆、番麦（玉米）、绿豆也可以抵统购任务。这一重大举措，得到全县农民的热烈欢迎。至于城镇居民和机关、学校等单位人员，经过宣传动员，很快也接受了。从此，城镇居民、机关干部的粮食供应，就以大米为主，同时配给一定量的地瓜丝。

忙完征购问题，转眼就是8月底，谷文昌长期搁在心头的教育工作问题，又成了他必须处理的大事。以往，东山录取的高中学生，必须到隔海相望、相距几十公里外的云霄县就学，尤其是人口最集中的城关地区，距离云霄县城46公里，这给东山人民的高中就学带来极大不便。谷文昌决定对中学教育来一个突破。9月1日，在谷文昌的力促下，东山初级中学开始招收高中生。这是在谷文昌书记的多年关心和支持下，东山教育事业的一件大事。自此，可以在县内就读高中。全县人民都庆贺这件大喜事。此次全县招收的高一新生共53人，而东山初级中学也因此改名福建省东山中学。

10. 沙墩种活九棵树　生产整风双并行

1957年春，谷文昌获知白埕村农民林日长种在沙墩上的12株木麻黄，居然有9株种活了！谷文昌大喜过望，原来，林日长在去年清明节时到西山岩扫墓，回来路上在石埔村当年废弃的苗圃上发现有12棵木麻黄，就挖回来，在白埕村与黄山母村之间的沙墩种上了。没想到这些木麻黄十分争气，竟有6棵茁壮活了下来，还有3棵长势稍弱的，当时彻底死掉的只有3棵！谷文昌得到这消息，立即召集正在县里开会的300多名干部，赶到白埕村现场观察这9棵木麻黄。

兴奋不已的谷文昌，向在场的全体干部说："你们看，木麻黄在这里能种活，在其他沙滩也一定能种活！"谷文昌指着眼前的木麻黄，乐观而且坚定："虽然只有九株，可是能活九株，就能活九千株、九万株，就能绿化全东山！"谷文昌请来林业专家考证，获知这些树能活下来，是因为它粗大的枝针从沙堆里钻出来，树干被沙埋过之处都生侧根，根部带有根菌，是固沙的理想树种，适于沙滩推广种植。

谷文昌想迅速扩大战果。他带领县委领导班子做研究总结后，提出了"以林为主，综合治理，全面制服"的根治沙荒的战略。县委领导们也开始感到治理风沙是一门科学，是一场人与自然的较量，必须知己知彼方能取胜。于是谷文昌和县委领导们率领林业技术员吴志成（1957年3月升任副科长）等，一起前来白埕村"会诊"，并形成共识：这地方虽然在风口之处，但是距离大海较远而且相对低洼，是风口底下的小风区。这也就是说，即便在风口之处，仍然有风小的地方，这里正是植树造林的好地方。而风口地区，正是最需植树造林的地方。至此全县开始了"以治理风沙为主，结合光秃山造林，水土保持，全面规划，合理布局"的造林运动，对全县造林做了全方位调查和技术准备。

随之，又传来好消息：广东电白县种植的木麻黄，长势很好。谷文昌听了大喜，立即指派由农工部部长靳国富组织以林业技术员、农村干部为组员的考察组一行20多人到广东省电白县考察学习。在电白县，组员们实地了解木麻黄树种、栽种的地点和管理经验，回来时还向电白县的同志们要了两捆树苗带回来试种。自此，种植木麻黄树的地区，由白埕村迅速推广到全县沿海地区。

正当谷文昌想在沙地上大种木麻黄的时候，一场新的政治运动到来了。2月20日，根据福建省委及龙溪地委布置，东山即将开展整风运动。

之所以要开展这个运动，是因为东山和全国一样，7 年来人民内部矛盾凸显。这个问题能否解决，关系到党的事业能否继续前进的问题。谷文昌根据上级的指示精神提出了自己的见解：不要抓了运动丢了生产，也不要抓了生产丢了运动，二者要有机联系。针对 1956 年生产办社中存在的问题，抓好 1957 年的生产。谷文昌明确提出：整风的目的是发展生产，改善人民群众生活，要以整风为动力，以生产为中心，摆正位置。

与此同时，根据上级部署，在东山全县农村也开始整风运动。起初，县委贯彻中央八届二中全会和省委扩大会议精神，本着以和风细雨的方法改善干部与群众的关系。但是一些区、乡、村干部，对整风的目的、意义、做法认识不足，以为整风就是整干部，感到今后工作困难；群众意见较多的干部，更害怕整风运动的到来。谷文昌又发现，社队干部很怕整风。为此他继续以宅山高级社两个生产队搞整风试点并做深入了解，发现农村干部怕整风，是因为他们思想上有怕群众意见多，难解决，也怕整风会使自己在群众中降低威信，今后工作不好搞的顾虑。

面对社队干部很怕整风的思想顾虑，谷文昌谆谆告诫社队干部，你的权力是群众选举、党委认可才产生的，你要是不民主，包办代替，你就会犯主观主义的错误，无法代表群众，就不利于党的事业。因此，必须尊重民意，倾听群众意见和呼声，为人民群众服务；相反，你尊重群众的意见，真心诚意为群众的利益办事，群众反而更尊重你。

随后，运动转入建章立制阶段。首先是针对农民群众最为关心的财务问题，把按时公开财政收支，列为坚持民主办社的一个主要事项，让全体社员知道，由社员自己提出主张。不由少数干部独断专行，杜绝贪污、挪用和铺张浪费，也得到及时的处理。其次是调整组织，实行民主选举。最后是进一步加强生产管理。

在整风试点的同时，谷文昌没有忘掉沙地种植木麻黄。这年春天，谷文昌就当前全县的植树造林，主要做了如下工作：（1）提出植树造林的初步设想。全县开始了"以治理风沙为主，结合光秃山造林，水土保持，全面规划，合理布局"的造林运动。（2）在全县组建 53 支造林专业队，做好前期造林工作。谷文昌超前思维，觉得要大面积植树造林，没有树苗是大问题，因此必须抓紧修造木麻黄苗圃。

于是他前往径里村调研，提出要在下溪村前的小山坡下建立苗圃场的计划。在与大队干部商量建场事宜之后，决定以下溪自然村为重点，由径里、东英、前楼3个大队规划出近400亩农田和山地，县里选派有工作经验的干部和技术员，负责指导育苗工作，创办下溪林木育苗场，重点培育木麻黄树苗40多亩，另外引进培育相思、松柏、木棉树、樟树、千里香等20多种树苗。

为了快速培育苗木，谷文昌采用从外地调进树籽、树苗和发动当地群众上山采摘相思树籽、松柏果的方法，解决了树种不足问题。下溪林木育苗场是东山县、乡、村三级共建的25个苗圃之一，也是全县创建面积最大的一个育苗场。每年从这里成功培育出50多万棵树苗不断地供应给全县各社队，为全县造林绿化、防风固沙，创造良好的生态环境做出了重大贡献。

沙地种植木麻黄有了眉目，谷文昌又回过头搞整风了。4月6日，谷文昌指导县委写作班子完成《中共东山县委关于开展以生产为中心的整风运动报告》，以报告的方式，强调整风运动必须以生产为中心的观点报送地委。

同月27日，中央发出《关于整风运动的指示》，指出处理人民内部矛盾要按照"从团结的愿望出发，经过批评和自我批评，在新的基础上达到新的团结"的方针，实行"知无不言，言无不尽；言者无罪，闻者足戒；有则改之，无则加勉"的原则，达到"惩前毖后，治病救人"的目的。

然后，谷文昌带领县委整风工作组到各基层单位，首先是统一思想，提高认识。明确我国当前阶级斗争已基本消灭，国内矛盾主要是人民内部矛盾，有的领导检查自己思想落后于形势，在工作中只喜欢听好话，不愿听坏话，对社员群众要求退社、分社等问题，都给扣上帽子，要求公安机关追查反革命分子、捉坏人等，都是错误的。进一步认识"人民闹事主要是由于官僚主义所造成的，是我们政治思想（工作）做得不够"。

到 5 月 10 日，全县开始整风学习第一阶段，即学习阶段。这一天，谷文昌代表县委在西埔和城关两地，向县直机关、教职员分别作报告，又召开党内外公开的宣传会议，对象有文艺界、工商联、医务界、宗教界、华侨、侨联、社会知识分子等和区委副书记、区宣委、行政文教干事、机关人事干部及公安、法院、检察院、水产财贸等单位相关人员。会上，谷文昌依据毛泽东同志的指示，结合本县实际，引导与会者认识充分发扬民主，正确认识当前国内外新形势、新问题、新任务，正确处理两类不同性质的矛盾，加强人民内部的团结，正确执行中央"团结—批评—团结"的政策；同时正确理解中央"百花齐放，百家争鸣"的方针政策。

5 月中旬，整风学习进入第二阶段。这一阶段的整风，按上级要求是联系实际，检查工作和思想作风，揭发其中矛盾，研究解决办法。县委成立整风领导小组，由谷文昌任组长，宣传部部长任功襄任办公室主任。各界人士和广大人民群众在党政领导真诚的感召下，在各种场合对几年来的党政工作提出许多意见。如领导干部参加体力劳动少和会议太多问题，制订计划没有联系实际、联系群众问题，税收手续过繁问题，领导工作作风简单粗暴和生活作风不好搞特殊化问题，人民群众生产、生活亟须解决而得不到解决的问题等，都提出不少善意的意见。

这个时候，龙溪地委下达指示，要求在当前农村中继续深入贯彻整风运动。同月 15 日，谷文昌主持制定《中共东山县委关于当前农村中继续深入贯彻整风运动的几点指示》，强调要在春季整风的基础上广泛开展正确处理人民内部矛盾的宣传教育，解决农业社存在的各种矛盾，改变干部作风，使得整风运动的进行同生产结合起来，同人民内部矛盾的具体解决结合起来。

在大搞农村整风运动的同时，谷文昌没有忘记上年省委书记江一真修建东山渔业避风港的嘱托。谷文昌把这个想法拿到常委会上讨论，获得通过并付诸实施。这年 5 月，后澳避风港开始修建，到翌年 5 月，避风港建成。建成后的避风港，由左右两条石堤形成拱门，共长 452 米，高 9 米，

谷文昌

谷文昌故居

1945年6月，谷文昌（第一排右一）担任抗日民主政府林北县第七区区长时与同事的合影

谷文昌在香烟盒上写下的南征保证书

南征政民工作人员登记表

谷文昌填写的南征政民工作人员登记表

谷文昌（中）与林县的南下干部、二区区委书记王虎（左一）、三区区委书记罗全贵（右一）合影

1951年7月23日谷文昌、史英萍（居中）结婚留念

1951年谷文昌与史英萍结婚照

1952年7月谷文昌（前排左二）与部分党政机关干部欢送张书田县长（前排左三）荣调留念

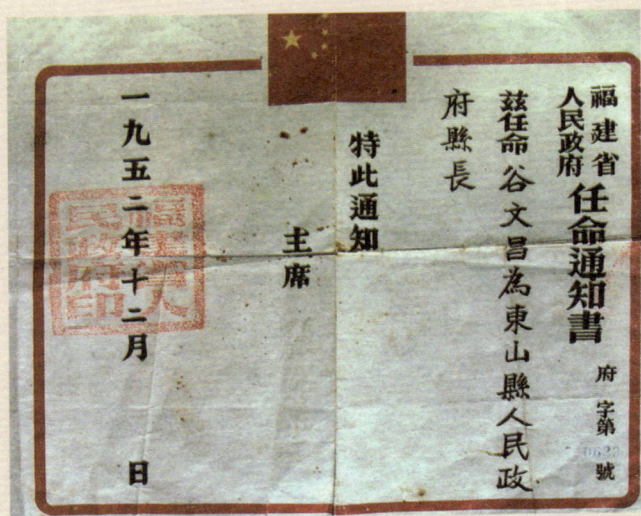

1952年12月，谷文昌被任命为东山县人民政府县长的任命通知书

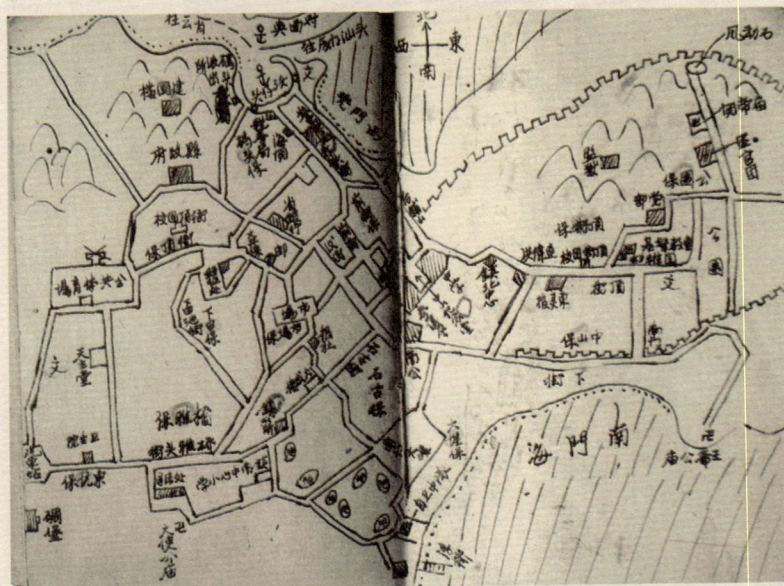

为了尽快熟悉街区情况，谷文昌请人在他的笔记本上绘制城关街区图

东山县成立民兵师，谷文昌政委在授枪仪式上向民兵代表授枪

谷文昌（前排右六）经常邀请驻军官兵指导民兵训练，提高守卫海防本领

1955年4月谷文昌（前排左四）与部分机关领导干部欢送公安局局长申保成（前排左三）荣调副检察长合影

1956年5月19日，谷文昌在中共东山县工委第一次代表大会上作《中共东山县委六年来工作报告》

全国各地发来慰问信、锦旗，祝贺东山保卫战的伟大胜利

1957年，史英萍兄长史振东（第二排左一）带母亲（第一排中）从河南济源来东山，帮助谷文昌夫妇照顾家庭

谷文昌（后排中）与东山县首任县委书记郭丹（前排坐者）、二区区委书记王虎（后排左一）、郭丹夫人赵峰（站立者）等合影

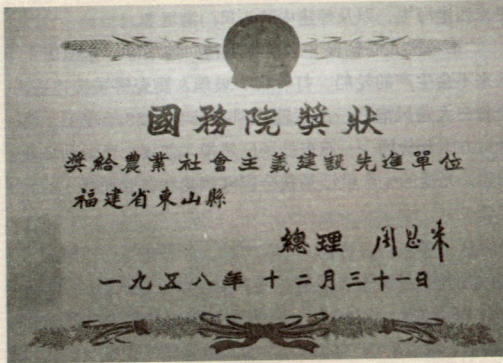

1958年东山县被国务院授予"农业社会主义建设先进单位"称号

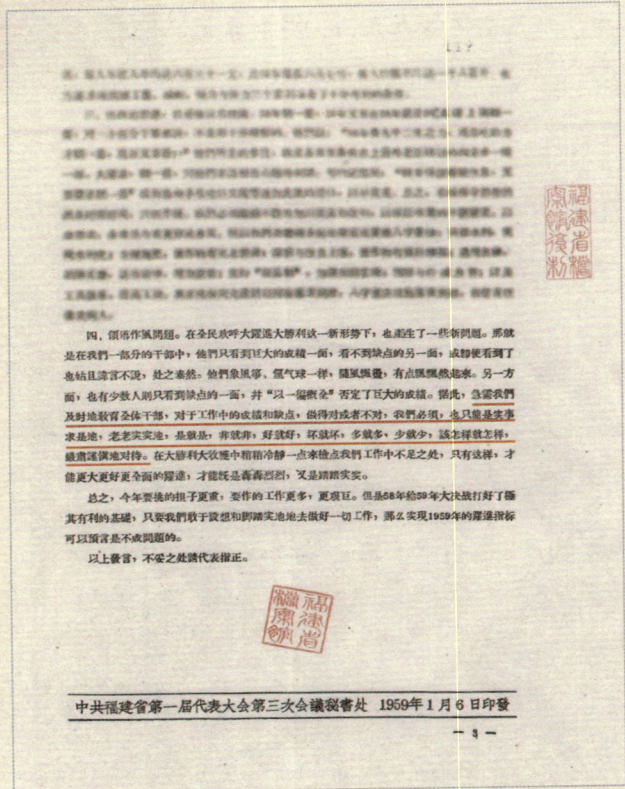

1959年1月6日，谷文昌在中共福建省第一届代表大会第三次会议上作题为《鼓足更大干劲　彻底消灭旱灾》的发言

谷文昌夫妇与谷豫闽夫妻的合影

1960年，谷文昌（二排中间戴帽者）再一次站在了带领他们南下的新中国第一任福建省委书记张鼎丞（一排中间，时任最高人民检察院检察长）身后，妥妥地告诉老领导，革命路上他没掉队

1960年6月，谷文昌召开电话会，部署抗灾事宜

1961年春节，谷文昌请警卫员潘进福（后排右一）与他们一起拍下这张全家福

1962年2月15日，谷文昌（前排左三）南下后第一次回乡探亲时一家四代同堂在山西长治合影

1962年2月15日，谷文昌与大哥谷程顺（中）、三弟谷文德（左一）在长治市牛村合影留念

谷文昌疏导因自然灾害逃荒乞讨者回乡重建家园

谷文昌（左三）在受灾现场察看灾情

谷文昌（前排右一）在基层调研，与湖塘村农民、造林土专家蔡海福（前排右二）在一起进行交流

谷文昌（前排右一）在基层调研

谷文昌（左二）在基层调研

谷文昌（左二）在基层调研

谷文昌（左一）在渔区调研

谷文昌（右二）跟渔民出海体验生活

谷文昌（后排中）与县长杨随山（后排右一）等在赤山林场调研

谷文昌（右）在宅山村与农民一起劳动

谷文昌（左二）手把手指导打石匠开凿石头

谷文昌（左一）在坑北与农民一起劳动

谷文昌（右一）与群众一起植树

谷文昌（右一）与群众在一起植树造林

　　1961年10月，谷文昌倡议建设的集会展、文艺演出功能于一身的东山县
人民会堂建成投入使用

福建省1963年度农业先进单位和先进生产者代表会议发言稿之一百一十三

用革命精神改造自然建设海岛

中共东山县委书记 谷文昌

主席团、各位代表：

我代表东山人民将几年来改造自然，建设海岛的情况向大会作一个汇报：

（一）

东山原是"一穷二白"的岛屿。人多、地少。旱山、缺水。风大、沙多，灾害重重，加上在国民党反动派统治压榨下，岛上一片荒凉。山丘光秃，水土流失。沿海地区每逢秋冬，沙随风飞，遮天蔽日。群众称为"沙虎"，凶猛无比，淹埋大片田园，吞没整座村庄，人民生活极度贫困。因此，群众流传着这样歌谣："沙滩无草光溜溜，风沙无情田屋休，春雨未临菜草地，作物有种多无收，夏天出门沙烫脚，走起路来，"三七抽"。秋冬风沙难开眼，无处倾吐苦和忧"。这正是东山县解放前的真实写照。

解放后，东山县在省、地委的正确领导下，完成土地改革，实现农业集体化，特别1958年以来，在党的三面红旗光辉照耀下，党、政、军、民团结一德，以艰苦奋斗、发奋图强的革命精神，树立了长期建设海岛的雄心壮志，几年来，依靠人民公社集体力量。发动群众，开展造林、兴修水利，建堤筑埭、水土保持，特别针对风沙危害的情况，大举营造防护林，向大自然展开了顽强斗争。截至1963年止，全县营山和沙荒共造林73,039亩，占宜林地70.1%。营造沿海百行基干林带十三公里，护田林带二百二十三条，总长达十八

· 1 ·

1963年3月2日，谷文昌在 1963年度农业先进单位和先进生产者代表大会上作了题为《用革命精神改造自然建设海岛》的典型发言

1963年，谷文昌（左一）在岱南村调研地瓜种植

谷文昌夫妇与儿子
谷豫闽、女儿谷哲慧在
一起

谷文昌儿女们的合影。后排左起依次为大女儿谷哲慧、大
儿子谷豫闽、二女儿谷哲芬，前排为小女儿谷哲英

谷文昌和家人合影

1963年，谷文昌夫妇和大女儿谷哲慧（第三排右一）与女婿哈尔滨军工大学教师秦麦生（第三排中）结婚时合影

谷文昌（前排左五）欢送东山县直机关抽调支援工业的干部合影

这件穿在谷文昌身上很得体的黑色呢大衣，竟然是他们在旧衣摊上淘来的

欢送谷书记荣调留影 64.3.26

1964年3月26日欢
送谷文昌荣调留影

谷文昌骑自行车下乡时，车上总是绑着一把小锄头

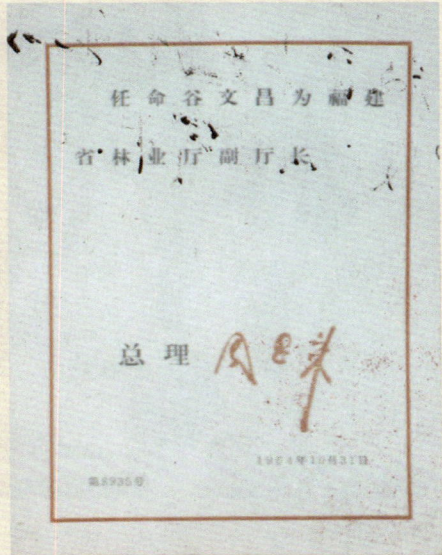

1964年10月31日，周恩来总理签发的任命谷文昌为福建省林业厅副厅长的任命书

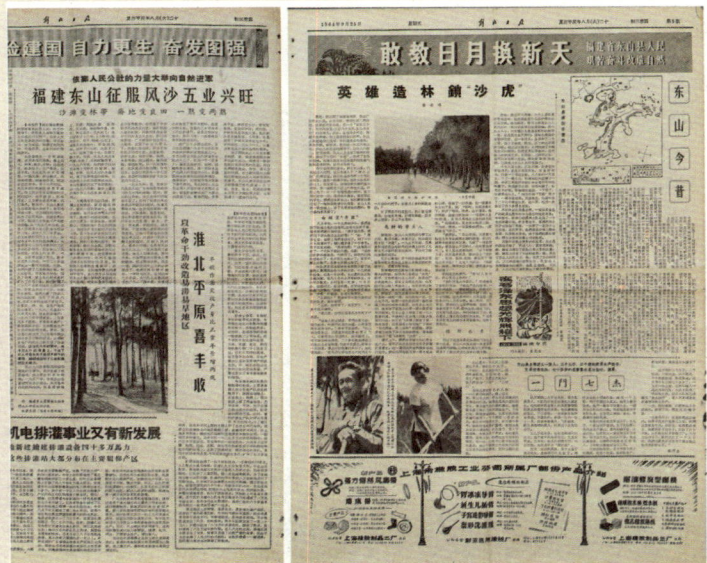

1964年9月25日，《解放日报》专题报道东山植树造林、根治风沙的先进经验

在20世纪60年代困难时期，谷文昌从不让家里人沾公家的一点油。他的家人经常拣农民丢弃的一些烂菜叶洗干净炒着吃，与群众一起渡过难关

谷文昌与身边工作人员合影。他们分别是（后排从左到右）通信员何坤禄、通信员陈耀水、通信员朱财茂、警卫员潘进福、通信员林道生

1970年担任隆陂
水库工地总指挥时的
谷文昌

谷文昌在隆陂水库工地和民工一起劳动

谷文昌（前排右一）与同在宁化下乡的大儿子谷豫闽（前排左一）、二女儿谷哲芬（后排右一）、小女儿谷哲英（后排左一）合影

谷文昌送小女儿谷哲英（后排右一）到农村下乡的合影

谷文昌和史英萍合影

谷文昌夫妇与上山下乡的小儿子谷豫东合影

1979年9月2—6日，龙溪地区第二次归国华侨代表大会在漳州召开，谷文昌出席开幕式并致开幕词

这是谷文昌在夫人史英萍陪同下，到上海肿瘤医院做手术前留下的合影

这是病中的谷文昌（左三）与从老家赶来探望他的三弟谷文德（右二）及大儿媳杨宝玲（左一）、夫人史英萍（左二）、小儿子谷豫东（右三）、大儿子谷豫闽（右一）的合影

1980年8月，谷文昌的病情继续恶化，龙溪地委作出决定，谷文昌马上前往上海肿瘤医院再次接受治疗，同时组成陪护小组随行，成员有史英萍（左二）、谷豫闽（左一）和林业局的干部林昌时（右一）

谷文昌带上一家人来到毛主席率领红军攻克漳州纪念馆参观，接受教育，并在馆前拍下最后一张全家福

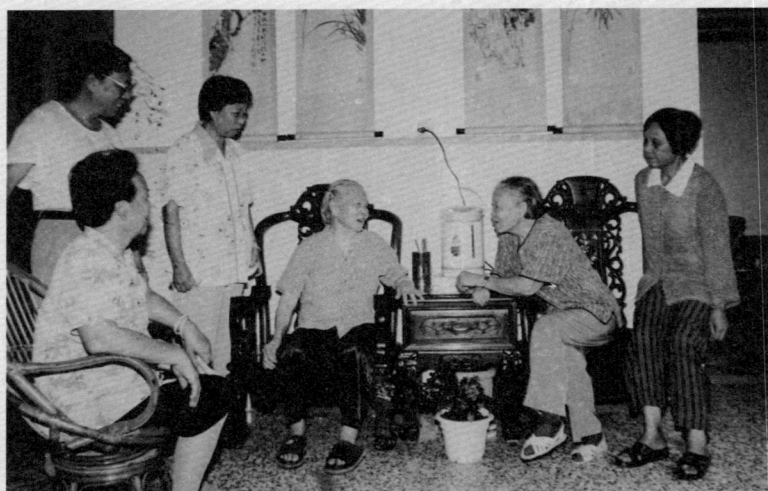

谷文昌夫人史英萍（右二）在东山探望省劳模、"兵灾家属"林亚珠

全国爱国主义教育示范基地——谷文昌纪念馆

东山县各界人士自发捐资兴建谷文昌纪念园

2016年6月22日，谷文昌雕像在中共中央党校落成

每年清明节，先祭谷公、后拜祖宗成为一方民俗

基宽 9 米，顶面宽 3 米。建港中争取国家投资 40 万元，投工 36 万个工作日，用石头和沙共计 10 万多立方米。建成的避风港港深约 4 米，面积 6.6 万平方米，其中泊船面积 4 万平方米，可停泊 150 艘机帆船，不受涨退潮影响，是福建省三大避风港之一。

6 月，整风学习进入第三阶段，即改进工作阶段。根据人民群众提出的意见，谷文昌以县委的名义下发《中共东山县委关于认真地继续贯彻"边整边改"的指示》，他在《指示》中要求：能马上解决的迅速解决；无法解决的，要研究提出方案报请有关上级处理；首先集中力量抓住解决关系全县 9 万多人民生产、生活亟须解决的重大问题。这就是说，不能因运动而丢掉生产。

栽种木麻黄取得成功

11. 治水造林促生产 事必躬亲俱运筹

1957 年 7 月，随着整风运动形势骤然发展，谷文昌陷入苦闷之中。好在这时发生了一件令他高兴的事：妻子从福州开会回来，带来了一个小美女。孩子不但长得漂亮，还活泼可爱。谷文昌给她取名谷哲英。

在运动中，谷文昌不忘治水。10 月，谷文昌到前楼乡一带调研，他沿着下英村的溪岸，大约走了 9 里路，勘察沿岸的地形和溪水流速。谷文昌发现：这条下英溪，发源于打石坑山（在西山岩和埔上村之间），然后向西转南流，经径里、车里、东埕、下溪、东郑、下英、岱寮等村边，最终流入西埔湾大海，全长约 4.5 公里，集雨面积约 8.5 平方公里。这是前楼乡一条最长的小溪，水资源比较丰富。于是谷文昌萌生一个想法：如果充分利用这水源引水蓄水，合理利用，对这一带农业生产会大有好处。

因此，他提出"长藤结瓜"办法：长藤指溪流，"瓜"指水库、水闸，即在山沟筑水库、沟涧建土坝、溪堑（溪流阻断道路之地）建水闸。他要求在前楼村一带成立指挥部，派出得力干部担任指挥，各大队书记要具体负责，并把任务分派到各大队，然后土洋结合，由县水利部门派出技术员实地技术指导来兴修水利。随后，他还要求并落实分配建水库、筑水闸、埋涵管的所需物资，协助解决有关问题。经过干群 5 年多奋战，在下英溪建成小型水库 6 个、土坝 2 条、水闸和路桥 8 座。其中，西溪（前楼）水库可蓄水 50.30 万立方米。这条"长藤"所结的"瓜"，保证了雨季蓄水入库，旱季引水灌溉，使有限的水资源得到较合理利用。自此，下英溪流域灌溉农田面积由之前 1000 多亩增 2 倍至 3000 多亩。

转眼秋天来了，史英萍兄长史振东带母亲从河南济源来东山，帮助谷文昌夫妇照顾家庭。谷文昌像欢迎母亲一样把老丈母娘接到家来。至此，史母在女儿女婿家操持家务直至去世。

也是在这年秋天，为使东山全县农村有更多农业社，通过集体力量提高抗旱能力，谷文昌发动在全县大搞农田水利建设。他让水利科副科长陈文桐当技术指导，采取"喜新不厌旧"的办法，带领农业合作社社员新挖池塘 77 个，旧修 121 个；新挖水沟 9 条，旧挖 251 条；新挖水井 21 眼，旧挖 18 眼；新挖沙塯 95 处，受益面积又增加 4366 亩，培修海堤 10759 米，抢修危险段 3350 米，护岸 1280 米，完成涵闸 62 座；修建张家水库（库容 48.00 万立方米）、过东水库（库容 18.85 万立方米）和龙潭水库（库容 80.50 万立方米），合计库容 147.35 万立方米。

除了治水，谷文昌还不忘造林。还是在这年秋天，谷文昌把林业科副科长吴志成和新分配的林业技术员林嫩惠叫到自己身边，一起下乡了解"九降风"对人民群众生活的影响。谷文昌率领一群人来到亲营村和山口村海边，但见凛冽的东北风，带着沙子，扑面而来。大家自然地眯着眼睛弓着身子，艰难地在荒滩上行走。

这时，林嫩惠的脸色又有些难看了。谷文昌在疾风中站着告诉林嫩惠："这整片沙滩，就像一张白纸，任由我们描绘——几年以后，树长大了，这里就变成绿洲了，社员生活也就有指望了。那时，下面是蓝色的大海，水边是海滩，上来是绿色的树林，再上来是长着绿油油庄稼的田园，田里是种地的社员，多美啊！要使荒滩变成树林带，就靠技术员你咯！"晚上，林嫩惠彻夜难眠。他和谷书记"攀比"起来：在同一个地方，同一个环境下，人家谷书记看到的是未来的碧绿，我看到的是当今的苍黄。这不是差距吗？好在我认识了谷书记，要不然我这种思想状态，今后该怎么工作？林嫩惠由此而备受启发。

12月18日，中共福建省第一届代表大会第二次会议在福州召开，东山县委书记谷文昌作为代表参加会议，并在会上作典型发言。谷文昌根据自己的工作实践，畅谈工作体会。他首先肯定几年来东山县取得的成绩：农、渔、盐业生产力都有相当发展，群众生活水平也有不同程度的提高。然后，谷文昌话题一转，不是讲取得成绩的措施等问题，却重点介绍几年来东山县委领导生产出现的四大缺点。

一是县委深入实际不多，指导工作多以会议形式，导致会议与实际脱节；二是"领导干部"太多，到处指手画脚，群众无所适从；三是直接领导生产的干部几乎都不懂生产，造成外行领导内行；四是重点生产和全面生产不协调，造成胡子眉毛一把抓，结果什么都没抓好。

谷文昌的发言，引起会场上的代表惊异：人家典型发言，是"自我表扬"，介绍典型经验的，怎么东山县的书记是来给大家"自我批评"，介绍"典型缺点"的？

谷文昌发言的最后，指出所有这些，根源都是干部作风问题。最后，谷文昌提出如何改进领导作风的五条看法：一是沉入基层，多了解实际；少开会多实践，实践才能出真知；二是领导干部要多向内行请教，使自己由外行变内行；三是精减人员，合并机构，杜绝政出多门，以利生产；四是树立典型示范，以先进带动后进，先进更先进；五是实行包干负责制度，责任到具体领导。到会的代表们听了谷文昌的典型发言，感慨地说："让人耳目一新！"

12月，史英萍被选为县妇联主任。

这年，因为谷文昌经常步行下乡，而且出门总是装一壶开水加两个热馒头。可是时间久了水冷馒头硬。这样风里来雨里去，他的胃病就经常发作。这位42岁的县委书记，常凭借刚学会骑自行车的本事下乡。他对自己的"专车"十分爱惜，一回家就上锁，一有空就上油擦拭。后来，县里给他配了一部吉普车,可是他却把吉普车让给了其他领导。他说:"还是骑自行车方便,和群众容易搭话。"就这样,这辆"专车"陪谷文昌度过了一年又一年。

还是在这年冬天,白埕村有人在飞沙滩中挖出一堆奇怪的"泥土"。谷文昌在老农的带领下匆匆赶到,小心翼翼地捧起这黑黝黝的泥土,觉得这不像泥土,怎么松松的、轻轻的?莫非是别的什么东西?叫内行的人来看,说这是泥炭土,可以当柴烧,以往在海边也有人发现过。谷文昌把它带回家放进灶膛,果然一会儿便有火光出现。谷文昌觉得这是希望之火:它说明古代的东山,曾有过林海,是林海消失后才变成了这泥炭土!于是谷文昌心中燃起熊熊的希望之火:现在我们也可以在这块土地上种树,使它变成林海!

这一年,谷文昌在造林方面的主要成绩是:(1)建苗圃。其中有苗地37亩的国营下溪林业苗圃;在农村社队有集体苗圃428亩,两项总共465亩。(2)确定木麻黄为固沙树种。经调查研究选定耐贫瘠、耐盐碱、耐干旱、抗风力强的木麻黄为今后东山岛固沙的树种。由于岛上绿化尚属试验阶段,因此不宜大面积铺开,当年虽然种植12978亩,但是由于没有经验,木麻黄树苗大量死亡,实际只存活3518亩。虽未能达到预期指标,但为今后的科学绿化东山岛,既积累了成功的经验,也吸取了失败的教训。

12. 业升各处谱新曲　位降仍思为百姓

1958年春是谷文昌政绩捷报频传的季节。

首传捷报的是文艺。一向关心文化艺术的谷文昌,指示文化馆人员到东山一中为正在筹建中的东山县潮剧团招收演员。在初中念书的马丽端、许锦儿和曾丽英3位学生,被县文化馆选招为潮剧团预备演员。为了招收这3位学生,县委书记谷文昌费了不少心思。起初,招收者担心她们是在校生,不能招收。谷书记认为:关键看她们自己的态度。她们想继续升学，就得尊重她们的意见；如果她们愿意当演员，那也得尊重她们的意见。同时，即便当了演员，也得保证她们学文和学戏两不误。再者，所选的学生一定是要喜爱学戏的。县文化馆负责文艺工作的许大元听了很高兴，就到东山一中征求她们的意见。3位学生表示自己愿意当演员，同时一边学戏一边读书。许大元为慎重起见，交代她们各自找父母商量再做定夺。最后父母都表示尊重孩子的意见。这样，3位学生都被招收了。她们后来也都成了县潮剧团的名演员，为东山的文艺工作做出了贡献，其中的马丽端成了海内外潮剧名旦，如今80岁了，还在为人演唱。

其次是盐业。年初，全国性的"大跃进"高潮席卷全国，东山也被卷进洪流之中。谷文昌考虑利用这一契机，把东山的盐业搞上去，因为东山具有得天独厚的自然条件，可借助时机发展盐业生产。为此谷文昌成立东山县盐业复晒扩建办公室，同时展示他的大手笔，通过县财政科拨款113.2万元（其中部分为贷款，因为1958年全县财政总收入只有259.84万元），以扶持大产盐区扩建复晒盐埕。至此，东山的盐业生产进入快车道。

最后是造林。2月6日，谷文昌三管齐下：一是以县人民委员会名义发布《关于改造我县沙荒规划（草案）》，在白埕、山口、湖塘等风沙灾害最严重的地方试种木麻黄；二是发布《关于保护母树的紧急通知》；三是出台《东山县山林沙荒保护管理处罚条例》。谷文昌为全方位植树造林召开电话会议。他强调造林既是突击任务，也是长期任务，在照顾产妇和病人的前提下，除了集中搞水利的人，凡是14岁至50岁以下的人都要全部出动。

为了落实造林工作，大年初一，谷文昌不顾休息，带着林业技术员林嫩惠等人再次到风口地带调研，他手拿一条每一米绑了布条做标记的麻绳，走在最前面，攀上沙丘丈量并让林嫩惠记录数据。在这里，谷文昌发现部分群众对造林不理解、心不齐的原因，居然是认为地里的农活那么多，劳力这么紧，抽不出人来造林，进而认为造林会影响农业发展，因此对造林有抵触情绪。这些人认为如果真要造林，只能抽一小部分人。谷文昌因此大声疾呼："零星造林难成活，也难成林，就挡不住风沙，只有联合行动，大举造林，一气呵成造大片树林，才能形成防风林带。"群众终于明白谷书记大造林的道理，跟着谷文昌踊跃造林。

2月24日，中共东山县委第一届第二次大会在西埔召开。谷文昌作了题为《乘风破浪，加速建设社会主义新东山》的报告。报告中谷文昌再谈植树造林。他要求当年"林业生产达到15000亩，种草5000亩，封沙荒20000亩"，"在全县范围内发动一个规模巨大的植树造林运动，逐步解决我县风沙害和柴火缺乏的根本问题，也是加强抗旱防旱根本措施之一"。因此谷文昌提出"今年绿化光秃山，明年绿化飞沙滩，四年绿化全东山"的战略目标。要实现这个目标，就要"积极贯彻自采自育自造方针；1958年要求社社动员，户户动手，人人栽树"。随着春季雨水的增多，给造林提供了良好的客观条件。

3月，县委提出了植树造林要"晴天挖窟，雨天种树；技术指导，保种保活"的口号。说到做到，谷文昌与县委一班人，以及各级党政组织负责人率领东山人民，掀起轰轰烈烈、旷日持久的植树造林运动。

这时，上级从南靖县给谷文昌调来了陈维仪，接任县委副书记兼宣传部部长。别看他是军人出身，却是宣传能手。他见谷文昌领导下的东山人民正在组织大规模的植树活动，受其感染，便与宣传部干事刘敬臣、林宏生等人一起研究能振奋人心的口号。最后商定了"上战秃头山，下战飞沙滩，绿化全海岛，建设新东山"作为植树造林的口号，获得了县委领导的赞赏。此后，这个口号成为常年激励东山人民植树造林的主要口号。

3月12日，东山县绿化指挥部的全体成员，县直机关全体干部和白埕封沙队等500名群众一起，于风沙灾害最严重的白埕村海边，即第三防沙堤的沙滩上摆开战场，干群们在林业技术员的指导下种下了2万多株木麻黄。县委领导们知道，如果这全县最大风口的木麻黄能够种活，那么绿化全县的希望就能实现。翌日，受这一壮举感染的东山人民，不分男女，无论老少，纷纷自发前来参战；驻岛部队闻讯，也组织解放军加入了植树造林的行列。植树人数激增为3万人，从东山岛的最东北角到最南边的澳角村，尤其是湖塘、山口、梧龙等地荒沙滩上，到处人头攒动，银锄挥动，白沙滩上绿苗点点。东山人民千百年来求生的本能、发展的欲望，凝聚在这一改变生态环境的壮举上。4 天工夫，20 万株木麻黄遍布于白沙滩之间。

之后是水利。谷文昌主张不能因为造林而落下修水利的大事。新春伊始，谷文昌便发动大规模的兴修水利运动。他认为"大跃进"的高潮响彻海岛，发展农业是中心工作，可是因为严重缺水，农业"大跃进"更是遇上了拦路虎，非通过兴修水利来除掉这只拦路虎不可。所以兴修水利成为全县党政人民群众必须高度关注并须加以解决的问题。这样，兴修水利便顺理成章成了东山农业"大跃进"的起点。

谷文昌根据"农田水利基本建设跟不上需要，旱灾的威胁仍然存在"的实际，指出要"贯彻兴修小型水利为主，大小结合，社办为主的方针"，要"社社兴修，人人行动，全面开花，做到'山坑建库，水沟筑闸，田边围塘，园边打井，滴水归库，点雨归塘，确保灌溉，五谷丰收'。今年全县总的要求完成各项（水利）工程（包括打水井），受益面积 24459 亩，其中消灭旱灾 15015 亩"。

捷报频传，令谷文昌更有信心让东山有更大发展。3 月 23 日，谷文昌召集县委领导班子，研究工农业奋斗目标问题。经研究后提出近 3 年奋斗目标："全党动员，全民行动，两年赶上或超过富裕中农生产和生活水平，把铜山岛变为金山岛。"

谁也没有想到，正当谷文昌踌躇满志，准备大干之时，上级任命郭景周为中共东山县委第一书记，主持县委工作，而谷文昌虽然县委书记名称不变，但实际成了县委第一书记的副手。听到这一重大任命，县委、人委两大院的党政干部们在吃惊之余，私下里窃窃私语：这是怎么回事？谷书记主持县委工作已经 3 年了，而且工作顺风顺水，干得这么好，怎么要换主帅呢？人们把眼光集中在谷文昌的脸上。可是谷文昌的脸上，是一泓平静的湖水，读不出任何异样。

谷文昌回到家中，妻子史英萍忧心忡忡地询问丈夫："老谷，这是怎么回事？"谷文昌反问妻子，是不是对他从主持县委工作的第一把手岗位退下来，感到不理解？妻子点头。谷文昌回答说："上级派老郭当县委第一把手，总有他的理由。况且老郭早在林县时就是俺的上级，当时老郭是副县长，俺是区委书记。老郭再来当俺的领导是很正常的，充实东山的领导班子，对东山的发展不是很好吗？"

郭景周到东山当第一书记，实际是谷文昌仕途上的一段"下坡路"。可是谷文昌对此没有任何怨言，他想到的不是自己，是事业，是东山人民。他想利用这当"副手"的有利机会，集中精力造林治水，使东山林业和水利工作有了巨大的发展。

县委工作重新分工，谷文昌分管农业、林业、水利和畜牧业，两个月后因分管渔业的副书记毕庶恩外调，增加渔业分管工作。就这样，谷文昌在分管的岗位上，有声有色地干了起来。他在思考怎么造林，才能有计划地、大规模地、有组织地、科学地种树；他在思考怎么治水，才能集中精力修建一座大型水库，解决更多田地用水、更多人的吃水和工业用水问题；他在思考如何增添机帆船，使渔业走向机械化。

（三）谋发展

13. 绝望之时生热望　宁将老骨给沙埋

早在1957年就吹响的"大跃进"号角，到了1958年更是吹得震天响。谷文昌认为人们对自然规律只能顺应，不能违背；那些不切实际的口号是对群众的误导。为此，谷文昌觉得应该适时创办一份报纸，及时宣传党和政府的方针政策，宣传科学，引导干部群众，正确认清事物本质，不走或少走弯路。

于是在3月的最后一天，经第一书记郭景周首肯，谷文昌在东山创办《东山人民报》（后改为《东山报》，再后改为《东山日报》）。谷文昌亲自担任审稿工作（主要是政治把关）。为了给报社提供最基本条件，谷文昌专门腾出一幢二层小楼并有一排若干间的小平房，作为报社人员办公、印刷、发行和住宿的地点。此外，报社还配备了一架德国制造的双镜头反光镜取景照相机（当时是全县最好的照相机）、一台用于收听并记录中央新闻的收音机。《东山报》每天刊登的一版头条、社论、评论都提前由主编黄鸿度呈送谷文昌审阅定稿。

《东山报》始终遵照谷文昌的指示精神，围绕着宣传党的路线、方针、政策，弘扬无产阶级革命精神这个宗旨；对东山农业、工业、渔业、盐业的发展，尤其是植树造林、兴修水利、修筑海堤等都起了很大的推动作用。《东山报》起初发行量只有200—300份，后来增加到1000份。不少在北京、新疆、广州等地工作的东山籍干部群众，出于对家乡建设的关心，也踊跃订阅。谷文昌创办的《东山报》，在东山发展史上发挥了重大的作用。

让谷文昌没想到的是，4月中旬，气温骤降，倒春寒又一次冰冻了东山人民的绿色热望：白埕村海滨风口地区第三道防沙堤那2万株树苗，成活率仅为20%。其中，白埕村海滨风口地区第三道防沙堤种下的1600株木麻黄树苗，只活下来2株。林业副科长吴志成、技术员林嫩惠带着无限伤心与失望，向谷书记汇报这一惨状。没想到谷文昌听到这样的消息，反而高兴起来：居然有这么多的木麻黄树幼苗在风口地带的寒风中种活了！高兴之余，谷文昌对吴志成、林嫩惠说："走，咱们一起去看看！"

在存活的木麻黄树苗前，谷文昌蹲下身子，让自己的脸贴着木麻黄，像贴着自己的亲生孩子一样。这种情景让吴志成和林嫩惠十分感动。停了一下，谷文昌充满信心地发誓："如果不在沙滩上种活木麻黄，就把我这副老骨头埋在东山岛上，让风刮，给沙埋！"

之后，谷文昌授意林业科吴志成："你跟省林业厅和林业学校专家联系看看，请他们到东山实地看看，分析一下是什么原因才使这些木麻黄能够活下来。这事极为重要！把问题分析清楚了，我们下一步种木麻黄就可以借鉴了！"不久，省林业厅和省林业学校的专家一起前来会诊。

专家们发现：这些木麻黄能在凛冽的寒风中存活下来，完全是树种特殊：它们全是短叶木麻黄品种。就是这样的品种，由于表皮较厚，枝干柔韧，因此耐风沙袭击；由于短叶，受风面积小，因此抗风能力强；由于叶小，水的蒸发量少，因此耐咸、耐湿、耐贫瘠。谷文昌对专家们的分析，既高兴又失望。高兴的是终于搞清楚这些木麻黄能够活下来的原因，失望的是现实生活中这样的木麻黄太少太少了。

谷文昌心有不甘，又找吴志成说："为什么白埕村林日长种了12棵，可以活9棵？为什么木麻黄在广东海滨县的电白能够普遍种植，在东山却这么难？难道是纬度差异？是啊，木麻黄是国外引进的树种，它的老家在澳洲，在太平洋诸岛，在越南，那里没有倒春寒；在广东电白，纬度肯定比东山的低，倒春寒的威力当然小些，因此避开倒春寒种植木麻黄是多么重要啊！"

听了谷文昌的话，吴志成深感这位县委书记思考木麻黄种植的问题，已经比他更内行、更深入，他自愧弗如！最后，谷文昌和吴志成、林嫩惠形成共识：要绿化东山，必须顺应大自然，进行科学种树！谷文昌下决心探讨种树的各种答案。为此他建议成立由技术员、干部、老农三结合的试验小组，并亲任组长。后来谷文昌在省林业工作会议上说："上面号召春天是闽南造林最好的季节。可是我们在实践中发现春天种木麻黄是不行的，因为春季时有寒流袭击，气温低，种一株冻死一株。我们又发现种木麻黄掌握在4—7月份，即'立夏'后，'处暑'前，逢下雨阴天最合适。这时候冒雨栽树成活率高；而雨后晴天栽树的成活率低。"

到了5月，造林的人们还创造了"沙地育苗"和"流动沙丘造林"的办法，这些都是新创举。谷文昌说："在整个造林过程中，除了和经验不足带来的困难作斗争，还要和自然灾害作斗争，和各种思想障碍作斗争……"他想，都说榜样的力量是无穷的，我就在一个地方搞一块样板林！于是谷文昌在白埕村北面的一块20亩的沙地上，搞木麻黄种植示范田。采取"旬旬造林"的办法，吃住在草寮里，定时记录气温、湿度、风向、风力、土壤情况，摸清了木麻黄在东山生长的技术要点，使木麻黄成活率达到95%以上。有一份报告是这样说的："木麻黄的最佳种植气温为

25℃，地温为23℃。在东山，5月下旬至7月（芒种至夏至），气温比较稳定，种下的木麻黄3天便可以成活。"

谷文昌让林业技术员进行科学总结，得出木麻黄种植的六大要领："大坑深栽""客土栽种""适时种植""雨天造林""保护管理""防治病虫害"。他让县委组织专人编写《沙地木麻黄种植六大技术要点》，印成小册子分发到各公社、大队和生产队，人手一册，让群众自学，培养出一大批种植木麻黄的土专家。

至于木麻黄的苗圃栽培，也有一段求索历程。开始因为不懂得播多少才合适，有的每亩播6—8斤，有时播了十几斤，有时只播2—3斤，结果疏密不均，苗木粗细不一。对于移苗，开始也不懂得一亩地需要移多少苗；同时，育苗和造林存在很大矛盾：起初采取苗地育苗，运输苗木跟不上造林需要。经过摸索采取林地育苗，就地育苗的办法可以就地移栽。这样既节省劳力又提高成活率。由此又得出经验：一亩地适合培育苗木在18000—20000株。对于栽树则采取"土客沙"和"沙客土"的办法。原来在白埕村采取先挖穴，然后在穴里放进池塘泥，再栽树的办法。可是这样做费工多，也没有那么多的池塘泥。后来由湖塘村蔡海福创造树苗带缩土的办法成活率高，幼林长得粗壮。但开始只栽一行，风吹雨打，树木长得七歪八斜；后来才采取多行合理密植，这样树木长得茂盛。特别在公路旁，每边栽6行，株距2市尺，互相依赖，互相依存，抗风力就强。

解决了木麻黄种植的技术问题，新问题又出现了：如果要大面积种植，所需树苗从哪里来？树苗靠培育，培育要种子。只好向上级申请，通过省林业厅呈请国家林业局，通过外交途径从国外进口。但是进口种子有限，之后只能靠自己了。还是在4月，谷文昌策划组织3支植树造林采种队，共有235人组成。其中最大的一支，由县长樊生林亲自带队，前往毗邻的县市南靖、厦门乃至永春等地采种。采种队回来时，背着鼓鼓囊囊的大袋：有马尾松、台湾相思、木麻黄种子一共1500斤！所采集的这些种子，都撒在苗圃上。不久它们幼小的生命就带着人们的希望在茁壮成长！谷文昌与县委领导共同制定的"自采、自育、自造"方针得到了落实。

谷文昌采取换位思考的办法，思考如何使全县人民把植树造林和自身的利益紧紧联系在一起。只有这样植树造林才能长期坚持下去，才能迅速发展。于是他和县委领导班子成员，制定了植树造林的新政策："国造国有，社造社有；房前屋后，个人所有。"集体种植实行包工、包产、包成本、包质量，同工同酬，一亩以上的育苗地可以抵消相应的征购任务。新政策极大地调动了全岛群众种树的积极性。

谷文昌还想出其他办法来推动植树造林。在5月，他以县委的名义发出《关于开展春季（5月）造林大检查、大评比的通知》，要求每个乡镇在植树造林中要总结先进经验和发现存在问题；与此同时，为了加强对林业的管理，他又以县委的名义发出《立即制止挖草根乱砍树木的通知》；又通过县绿化委员会和各级领导随时督查，但凡有违犯者，一经查实则处以数十倍甚至更高数量的补种保活惩戒。

谷文昌和林业行家们，还针对造林树苗成活率不高问题进行探讨。大家认为：这个问题的关键在于管理和技术问题，为此县委还作出《迅速做好林木苗、幼苗移栽的几点通知》。谷文昌还在全县所有乡镇增加林业员，以加强对林业的指导和管理。因为根据植树造林客观形势的发展，需要组建一支植树造林的主力军，使之能在造林技术方面起引领作用，在最重要的地方发挥主力军作用。政策调动了群众的积极性，一时间东山全岛到处可见植树造林的男女老少。

14. 潮剧"完中"同发展　公社初兴事事艰

1958年7月1日，在谷文昌的长期直接关心下，东山县从城关的"振声园"和"群艺"等业余剧团中挑选青年演员，并由县财政拨给筹办费和人员伙食费，组建东山县实验潮剧团，随之举行第一场演出。

谷文昌对县实验潮剧团寄予厚望，鼓励说："你们要树立人民需要文艺，文艺服务群众的观念，发挥引领精神文明、鼓舞人们奋进的作用！"此后他又几次挤出时间观看马丽端等人主演的《东山英雄八少年》等剧目。当时剧团的女演员居多，到各地演出难免会遇到身体不适的事情，谷书记获知，便抽调县医院女医生廖润容随队。

谷文昌对文艺热心支持，对教育同样如此。早在1955年，刚担任县委书记的谷文昌，对东山初级中学做了两个重大决定：一是把东山初级中学改称为"福建省东山中学"，把"初中"摘掉，这预示着东山中学将会向完全中学（初中加高中）过渡；二是自己不再兼任校长，放手让知识分子出身的朱旭辉任专职副校长，使其能够专心搞好中学领导工作。谷文昌虽然不再兼任校长，但是他对中学教育的关注和热忱一点也没有减少：他拨专款努力改善办学条件，添置教学设备；他针对学校师资缺乏情况，就从漳州等地调入有较高水平的教师，并努力让这所初中校向"完中"校发展。

1956年3月，东山县工委和县政府迁往西埔，谷文昌让东山中学加快前进的脚步：于9月在这所学校增设高中部，首届招生53人。这就是说，东山中学已经具备"完中"校的构架。

翌年，谷文昌从县财政182.06万元的有限收入里，拨出89.6万元作为县财政总支出，又从中拨出16.8万元投入教育，其中大部分用于准备东山中学的升格费用，别看这点钱，它已占县财政总支出的18.27%，这可是东山解放后政府对教育的最多和最大比例的投入！再者，谷文昌又指示相关部门，积极向龙溪专署和省教育厅争取教育经费。在此基础上，谷文昌再做重大决策并报经省教育厅批准，将东山初级中学更名为福建省东山第一中学，并选择城关西边的大伯公山（威峰山）下的大片土地，作为校址，同时着手依山兴建校舍。由于经费紧张，这些校舍大多用花钱很少的乱石砌成。之后，由东山县委任命工作能力很强的军队转业干部林伟雄（团级干部），担任东山一中第一副校长，主持学校的工作（朱旭辉同时也任副校长）。

1958年8月，福建省东山第一中学告别古寺庙，迁移到大伯公山下的新校舍。迁居之日，师生们喜不自禁；也是在这个月，林伟雄去任，朱旭辉为主持学校工作的副校长。新校址、新校舍、新领导，鼓舞着成千上万的东山人。他们闻讯赶来这里，欣赏这东山岛上的奇迹：这是一所非常漂亮的中学。她背靠大伯公山，因为坐北朝南，冬天寒风不侵；她面临大海，夏日凉风习习，清爽有加；站在校中心的海哨楼上，可眺望远处蓝色的大海，可听近处琅琅的读书声，可见刚种的红花绿草，一切都是生机勃勃，充满期待，令人振奋。人们坚信：我们的子女在这种地方读书，肯定学有所成，东山肯定出人才！

有道是"福兮祸所伏"。好事之后，坏事也接踵而至。8月，农业部门主管工作人员向谷文昌汇报：全县夏收粮食种植 25591 亩，收成 67334 担，比上年的 87053 担少 19719 担，减产 29.29%！粮食收成受天气的制约，不以人的意志为转移，危机正悄悄朝东山人民袭来：农业并没有出现如之前所宣传的"粮食堆满仓、生活大改善、天堂移人间"的美好日子。谷文昌由此极为担心，他在这年 12 月 5 日的报告中，忧心忡忡地说："在各项事业上，（各）地区上发展不够平衡。粮食从全县看还没有过关。在各地区来看悬殊就更大，有的生产团早地瓜还未吃光，可是有的生产团已经把晚地瓜都挖起来填肚子了。生猪、鸡、鸭等副业也没过关，市场供应紧张。"

还有更令人焦心的事。8月，"大炼钢铁运动"在东山兴起。谷文昌急坏了：东山是海岛，既没有铁矿，也缺燃料，怎能炼钢？巧妇难为无米之炊啊！在"大炼钢铁"高潮的推动下，人们为解决燃料问题捐旧门板、门窗、柜子、书橱、桌椅，一些人居然把目标锁定在岛上仅存的一些古树上。有人就盯上了西埔中兴街两棵已经有几百年的古榕。这些人带来斧头、锯子正准备砍伐。在这危急关头，有人想到谷文昌，就赶紧把这事汇报给他。谷文昌一听气坏了，马上放下手中的工作赶来制止。砍伐者见是人人尊敬的老书记，赶紧停下手中的活儿。但见谷文昌满怀怒火，把这些人狠狠训斥了一顿。砍榕人自知理亏，灰溜溜地走了。谷书记的护树壮举，使全县所有的古树没有像其他很多地区那样因"大炼钢铁"而受到严重砍伐。

然而祸不单行，"公患"刚解决，"私忧"又来了。8月的一天，史英萍接到哥哥来信：他不幸得了食管癌，而他的妻子担心自己将来没了依靠无法过日子，竟已逃之夭夭！史英萍看信后痛哭不已。谷文昌回家见妻子眼皮红肿，忙问何事，妻子便把事情告诉了丈夫。谷文昌当即表态："写信告诉他们父女（指妻舅史振东和他女儿史玉华），只要我这里有一口饭吃，他们就饿不着——马上把他们接到东山！"

母亲见女儿如此伤心，知道肯定有不祥的事情发生。问女儿，女儿只是哭，不回答。谷文昌告诉妻子：还是该想个办法告诉她老人家。再者，让她哥哥赶快到东山来，东山有两个好医生：一个是县医院孙润芝院长，一个是福建医学院毕业的医生杨祖谦，赶紧叫他来东山！

随之，史英萍哥哥史振东来到东山。史振东与谷文昌同岁，只是比谷文昌早两个月出生，因此谷文昌就跟着妻子称呼其为哥哥。谷文昌让妻子带哥哥到县医院住院治疗。两位大医生经过详细诊断，确定史振东的病情已到晚期，在县医院治疗了一阵子以后没有好转，只好准备回老家河南济源。

临行，史振东沉痛地告诉谷文昌夫妇："我这一回去，日子怕是不多了。我走后，娘和女儿就拜托你们了！我女儿水仙（史玉华的另一个名字），到时怕是要来东山再上学，将来在这里找个对象。这样我就死而无憾了！"谷文昌夫妇一人握着哥哥的一只手，都流着泪点头。

也是在 8 月，全国性的人民公社化运动掀起高潮，东山县委也在酝酿之中，如何使全县各合作社社员能适应如此急剧的变革，县委当中的大部分人诸如谷文昌、樊生林、陈维仪等，就此做了比较谨慎的考虑，觉得必须慎重行事。

可是人民公社化运动来势迅猛，东山县委的主要领导也跟着激动了起来。9 月 4 日，县委形成了《高举红旗　千家万户大办人民公社》文件，提出办东山人民公社过程的三个步骤：一是宣传发动阶段，整个过程要 3—5 天；二是划分劳动组织阶段，时间要半个月；三是选举代表和制定规章制度阶段，时间要 4 天。总耗时不超过 25 天。

9 月 9 日，县委成立筹委会，并形成《关于建立人民公社的方案（草案）》文件；9 月 16 日，全县成立 1 个公社即东山县人民公社。这就是说，

谷文昌

公社从成立筹委会到正式成立，只经历一个星期！半年后，谷文昌对东山县办公社也"大跃进"的做法，提出尖锐批评："去年（1958 年）办公社，我们脑子发热，好大喜功。"

像东山这样全县仅为 1 个公社的例子，全省仅有 5 个（另外 4 个分别是福州市郊、漳州市郊、顺昌县和平潭县）。东山县人民公社实行政社合一，社长为原县长樊生林，县委书记郭景周为公社社委第一书记，谷文昌为社委书记。公社之下划分 7 个生产团、62 个营；办 526 间食堂，参加户数 13876 户，人口 90899 人，占全县 91964 人的 98.84%。公社管理高度统一，社员吃、穿、住、分娩、教育、养育、结婚、文娱、理发、洗衣、养老、看病、死亡埋葬实行"十三包"。

不久，谷文昌所担心的事情还是发生了。东山县人民公社的"一大二公"（即人民公社规模大，公有化程度高），使社员的劳动积极性大减。东山县人民公社的危机首先在盐业显现。9 月中旬，全县各盐场不管个体存盐、集体溢盐、旧存盐，还是盐业基金、租金等资金被大量上调，数额高达 424379 元，盐民生产积极性骤然降低，因而减少了原盐增产的幅度。

与此同时，台海形势又紧张起来。据此，毛泽东主席于 9 月 29 日，发出"全民皆兵"和"大办民兵师"的号召。在这一号召下，东山县创办了一个民兵师，谷文昌兼任民兵师政委。全县共发展民兵 34000 人，其中女民兵 8832 人，基干民兵 15000 人。

对敌斗争常备不懈，可是生产建设还得照样进行。与此同时，谷文昌的夙愿，即在东山岛中心地带修建一座全县最大水库工程的设想，在县委会上得到批准。东山县委还研究决定，该工程由分管农业（包括水利）的谷文昌主持。

可是修建大水库还未开始，一场放"卫星"的风暴抢先来了。11 月初，随着全国"大跃进"高潮迭起，农作物产量不断射出一个个"卫星"。问题来了："大跃进"必将带来粮食大丰产，那粮食多了怎么办？于是上级指示下达了：根据省委《关于 1959 年和第二个五年计划期间农业生产发展规划轮廓（草稿）》中提出"薯类过于集中的地区，适当减少种植面积"的办法。东山是种番薯最多的县份，适用于此办法。因此县委在《冬季农、渔、盐生产安排意见》中提出："全县计划冬种 3 万亩，较 1958 年 50965 亩减少 41.5%，但产量须较 1958 年 523.70 万斤增长 30 倍。"为了把凭空想象的过多粮食消费掉，人们开始"放开肚皮吃饭"。在 9 月 16 日东山县人民公社成立后，甚至提出"吃饭不要钱"的口号。可想而知，如此折腾，原本粮食底子就相当薄弱的东山县，一下子进入粮食十分紧张的困难时期。这种自欺欺人的办法令种地出身的谷文昌焦虑万分，担心着东山人民未来的日子。

很快，"卫星"坠地，那就是减产。根据东山县统计局提供的统计资料，1957 年全县农作物面积（早晚季）合计 184635 亩，1958 年为 171866 亩，比上年减少 12769 亩；1957 年粮豆收成 3637.92 万斤，1958 年为 3436.20 万斤，比上年减少 5.57%。粮食减产，加上"放开肚皮吃饭"，以后人民生活怎么办，成了谷文昌等领导必须面对的大事。

新成立的东山县人民公社，步履维艰。

15. 队为基础东风劲　道合志同皆树缘

在谷文昌为粮食问题焦虑万分的时候，一件喜事来了。由于东山县的水利建设成绩斐然，引起水利电力部和福建省水利电力厅的高度重视。福建省水利电力厅因此于 9 月 17 日在东山召开水利建设现场会，厅长曹玉崑陪同前来福建的水利电力部部长钱正英一行亲临现场，全省各地相关领导也出席了会议。在成绩面前，人们备受鼓舞。东山县委借此要求在全县开展"塘塘相连，沟沟相通，滴水归库，全面治理，上蓄降雨水，下挖地下泉"的工作，以达到最后战胜旱灾的美好愿望。

随之，又一件更大喜事传来。12 月 10 日，中共八届六中全会通过了《关于人民公社若干问题的决议》（以下简称《决议》）。《决议》强调人民公社仍然是集体所有制的经济组织……允许社员经营家庭副业。为整顿和建设人民公社，毛泽东同志提出"统一领导，队为基础；分级管理，权力下放；三级核算，各计盈亏；分配计划，由社决定；适当积累，合理调剂；物资劳动，等价交换；按劳分配，承认差别"的方针。谷文昌怀着激动而又喜悦的心情，细心阅读中央《决议》，认为《决议》所阐述的观点是要保留按劳分配制度，区别对待集体所有制与全民所有制、社会主义与共产主义，个人生活资料永远归个人所有，还批评了经济建设工作中的浮夸作风，实在太英明了。谷文昌在心底里告诉自己：必须根据中央指示精神，结合东山工作实际抓紧加以贯彻落实。

随之，中共福建省委《关于组织干部认真学习中共八届六中全会通过的〈关于人民公社若干问题的决议〉的通知》（以下简称《通知》）也传达到东山。《通知》要求干部群众通过学习，澄清目前对人民公社问题的某些混乱思想，并根据《决议》精神，处理好人民公社中存在的问题。

借着中央八届六中全会《决议》和福建省委《通知》的东风，谷文昌针对东山人民公社分配问题，即"十三包"提出自己的看法。他认为，分配方案要从实际出发，因为我们条件尚不成熟，物质基础不丰富，共产主义风格尚未完全树立，生产组织、经营管理缺乏经验。他强调："生活改善要取决于生产发展，生产、生活是相适应的东西，靠银行贷款、国家救济来改善生活是错误的、行不通的。"

12月19日，谷文昌出于对东山县人民公社成立以来的瞎折腾，对植树造林工作造成坏影响的忧虑，召开全县林业工作会议。在会上，谷文昌总结东山解放8年来，农业之所以能够取得一定的增产，摘掉"低产、多灾，靠人家（指靠他县的粮食支持）吃饭"的三顶帽子，是因为东山县在一定程度上改善了自然面貌，植树造林和防沙运动，使全县60%以上的荒沙基本实现绿化，70%的流沙被固定下来。因此，任何时候植树造林都是东山人民的头等大事，任何时候都松懈不得。

12月20日，东山县再次举行植树造林誓师大会。这是一次在总结经验教训，掌握科学规律，做好充分准备的基础上召开的大会。到会群众在谷文昌慷慨激昂的演讲中，汲取力量振奋精神。从此每有下雨，高音喇叭便适时广播，干部群众组成的造林大军马上行动，荒滩野岭银锄挥舞。造林面积在迅速增加，成活率普遍提高，人们的脸上挂满欢乐笑容。

山口村老人何赛玉是众多植树者之一。早年家境极度贫寒，母亲生下她后，因为无法养活她，忍痛把她丢到一个路口，谓之"放生"。小小生命在荒野中哭得声嘶力竭快要断气之时，一个路过的乞丐老阿婆把她收养下来，起名何赛玉。乞丐老阿婆用乞讨来的番薯汤、稀粥把何赛玉喂养长大。可是嫁到山口村，饥饿的命运依旧光顾着她。因为这里是全县沙虎之口，田园荒芜，种十收一。现在谷书记带领大家一起种树，而且树在成活，在茁壮成长，何赛玉改变命运的希望也随着木麻黄的成长在与日俱增。如今见人们种树，她巾帼不让须眉，跟着人们到沙滩上植树造林。

整个 12 月，在谷文昌等县委领导的带动下，再次动员全县性植树造林工作，共出动 3 万多名干部群众，植树造林 37847 亩。遗憾的是，由于各生产团的植树造林管理经验还相当缺乏，又受"大跃进"思维的影响，以"多""快"取胜，许多种下的木麻黄最后无法存活。

《决议》的精神也鼓舞着东山人民以更大的干劲兴修水利。12 月 28 日，经过谷文昌等县委领导们的努力，东山人民在兴修水利工作上取得了巨大成就，成为龙溪地区的典型。

为此，东山兴修水利工作得到龙溪地委肯定，地委水利建设现场会在东山召开。召开之日，各县相关领导在谷文昌带领下，现场参观杏陈乡埕英村的八一水库、西埔坑内村的红旗水库、康美乡的城垵村城南水库 3 个水利工程。鉴于东山县用一年的时间修建了 705 个水利工程的突出成绩，其中较大型水库 12 个，排涝工程 47 处，水土保持 2918 亩；与会的各县相关领导为东山水利建设的突出成就啧啧称奇。为此，12 月 31 日，东山县被国务院授予"农业社会主义建设先进单位"称号。

当然，由于人民公社在分配上的不公，诸多村社无法进行合理分配，这个困难一时还无法克服。严峻的现实使县委班子成员开始冷静下来思考这些问题。在这个关键时刻，谷文昌站了出来，他总结了人民公社化后出现的严重问题，认为："究其原因，首先是指导思想上的失误。县委以一级所有制代替三级所有制，以为这是共产主义因素而加以实施弘扬，继而产生'一平二调（平均主义和无偿调拨的简称）三收贷'的'共产风'；以为公社是'一大二公'，什么都要大，什么都要公，以大兵团作战代替评工记分，是错误的。"

这年底，谷家又多了一个小男孩。谷文昌为他取名谷豫东，即希望他来到河南人的谷家，不要忘记自己是东山人。

谷文昌自离开河南老家、离开母亲前后已有10年，这年冬天，他渴望着回老家探亲。妻子认为丈夫南下快10年才第一次回家，别说"衣锦"返乡，竟连一件像样的衣服都没有，跟着丈夫这样回家，太没面子了。因此她"威胁"丈夫："你连一件像样的衣服都没有，跟着你回老家，我却难堪。你要不整几件新衣服，俺就不跟你回家。"谷文昌听了，笑说："衣服能穿就行，干净整洁就好。"

史英萍知道自己说服不了丈夫，想了想说，至少得到市场旧衣摊那边看看，如果有适合你穿的就买一件凑合。谷文昌同意了，夫妻俩一起到旧衣摊选衣服。在旧衣摊上，他们相中一件黑色旧呢大衣。谷文昌拿来比了比，正合适，笑着跟妻子说："这是为俺准备的嘛！大小正合身，你看质地很厚实，还像新的一样。"于是他们花了10元把这件黑色旧呢大衣买了下来。

就是这件黑色呢大衣，谷文昌穿着它在今后的岁月里，参加党中央在北京召开扩大的中央工作会议（七千人大会）；到山西长治牛铺村跟老母亲、兄弟一起照相；冬天里要是有重要会议，硬是穿它。就这样，谷文昌和妻子第一次回到日夜思念的故乡。由于交通条件差，谷文昌一路颠簸回到南湾村拜见母亲。母亲喜极而泣，捧着儿子谷文昌的脸颊，不停地抚摸。谷文昌见72虚岁的老母亲已经满脸皱纹，一头银发，心中无限自责，为了尽孝心，他赶忙为母亲温水，待水热后端到母亲脚下，一绕一绕地把母亲的裹脚布解开，再用双手一掬一掬地把温水浇在母亲的膝盖至小腿，乃至脚踝上。他知道母亲最爱让温水顺着膝盖、顺着脚往下淌带来的舒服感；他看见母亲闭着的双眼，眼泪顺着她的脸颊在往下淌；然后就是母亲用颤抖的手摸着儿子已略有白发的头。洗完脚，谷文昌又站起身，弯下腰，为母亲捶背……

谷文昌把这种尽孝,视为人生最好的享受。

探亲后回东山,谷文昌马上埋进工作中。他深感木麻黄是种下去了,但是如何保护树林,仍然是个难题。为此谷文昌筹划在后林、石埔、白埕等造林重点村建立林业专业队。主要职责是采种育苗、勘察林地、技术训练、检查验收、划片管护、修枝间伐、防虫治虫等工作。在造林前有充分物质准备,在造林中有技术指导,在造林后有专人管护。

有人向谷文昌汇报:不时发现有牵牛、挑担或做其他事的人,图方便走捷径横穿过林地,把刚种活不久的树苗踩倒了。这种行为,让绝大多数人心痛,谷文昌尤其如此。他召集各村领导,在坑北村召开现场会,再次共同讨论护林问题。大家说,事实已证明,对损害树林者采取批评、处罚金、判刑,不是办法,至少不是最好的办法。虽然已经在各重点村组织专业队,通过专业队管理,加强对小树林的巡查,杜绝各类人、畜踩踏小树林的行为。可是光靠管理还是不行,因为专业队人员不可能一天 24 小时都在小林地看管。于是大家形成新的共识:发动群众,教育群众,进行算账对比,宣传护林的好处,形成群众性自发的护林运动。这个方法开始很有效果。很多人接受了教育,认识到不爱护树林,就是不爱护自己。当然,不是所有人都有如此的觉悟。看来,护林工作路还很长,还得一直走下去。

对此,谷文昌在思考:有没有更加积极的办法,来促进人们爱护树苗呢。几经思考后他认为:一些人不爱护树苗,与其权属有很大关系。针对全县山林权属不清的问题,谷文昌适时进行大手笔的权属规划:其一,参照历史上各村活动范围、耕地坐落等情况,统一划定各社队造林范围,组织集体造林,实行"谁造林,谁管护,谁受益"的原则。其二,对距离村庄较远,管理不便,且面积较大的荒山荒滩,则划为国有,营造国有林。这样划分,使一些造林薄弱的地区、薄弱环节成为有人管、国家管、强力管的植树造林区。由此,全县造林管理开始有了起色,全岛造林死角也全部消失。

这一年,谷文昌还有一个意外收获:他交了一个知心朋友蔡海福——为了管好树苗,湖塘村特地聘请辈分高且做事秉公的蔡海福看管。蔡海福为了看好木麻黄树苗,特地在苗圃旁搭了个草棚,一天 24 小时和木麻黄作伴。刚好前来巡查的谷文昌认识了他。从此他们都忘了自己的不同身份，成了朋友。常常是这样：草棚里，一个县委书记，一个老农民，在热烈地探讨共同关心的问题——如何种植和管理木麻黄。谷文昌发现蔡海福这个老农民说话有理有据，蔡海福感到这个县委书记不但和蔼可亲，而且是种树的行家，因此两个人相见恨晚，越聊越投机。

有一次谷文昌又来湖塘村，两人在附近小木麻黄林前的田间小道走着走着，谷文昌突然发现身边不远处有几棵小木麻黄被牛踩倒了，于是赶紧蹲下身子，心疼地抚摸着树苗。他告诉蔡海福说："人说'十年树木'，是说种树不容易，可在咱东山的沙地上，能把树种活更不容易啊！"听到县委书记这么说，老农禁不住眼睛潮湿了。

事后，蔡海福每每向人说谷书记是北方人，对咱种树这么在乎，图的是什么？还不是为了咱早日绿化东山岛，生产大丰收，过上好日子！大家都觉得蔡海福的话对。可是不久，一件事让这对好友都高兴不起来。原来，蔡海福的独生女和他侄女两个人在拾草时，都拾到一些木麻黄的绿色枝丫，被蔡海福发现了。蔡海福一脸怒气，把这两个亲人大训一顿，还叫湖塘村领导按"村规民约"以每斤 5 角钱处罚。

这事让谷文昌知道了，他先赞扬蔡海福不徇私情，又感到如此处罚冤枉了这两个女孩。因为如果是偷折的树枝，它的断面就犬牙交错；如果是护林人剪枝丫丢下的，断面就是整齐的，而她们的这些枝丫，显然属于后者。可是蔡海福还是坚持罚得对，理由是：要是村里人知道了这事，有几个人会说是护林员剪下来的？要是有人不相信，他以后还怎么护林？谷文昌深深感受到蔡海福是个大公无私的人，从此他们的感情更深了。

在以后的一次林业会上，谷文昌在与会者面前大赞蔡海福，说他在湖塘村辈分很高，乡亲们大多得叫他"叔公"，可就是这位"叔公"，为了绿化事业六亲不认，就认木麻黄！原来乡亲们对他不太理解，抱怨他，现在理解了，赞扬他是铁面包公。谷文昌号召大家学习蔡海福，蔡海福确实值得赞扬，更值得赞扬的还有"知人"的伯乐谷文昌。

东山群众感念谷公

16. 省会发言讲实话 变更建制各业兴

1959 年 1 月初,谷文昌接到通知,到福州参加中共福建省第一届代表大会第三次会议。会议要求:各级党委必须从现在起,拿出 4 个月时间集中力量整顿人民公社。谷文昌作为代表参加会议,和其他代表一样,对中央和省委的会议精神的传达而欢欣鼓舞。

会议期间,谷文昌遵照大会安排,在会上先后作了两次典型发言,因而成为引人注目的人物。1 月 6 日,谷文昌的第一次典型发言题目是《鼓足更大干劲 彻底消灭旱灾》。发言中,他就东山是全省兴修水利典型介绍经验,指出东山水利事业能顺利开展的经验主要有四个方面:一是"四个早",即准备早、规划早、发动早、动工早;二是"四个抓",就是抓思想、抓大型、抓小型、抓典型;三是"四个大",就是大挖劳力潜力、大协作、大搞工具改革、大兵团作战。

谁也没有想到,他随之话锋一转,大谈"问题"。他说:"在全民欢呼'大跃进'大胜利这一新形势下,也产生了一些新问题。那就是在我们一部分干部中,他们只看到了巨大成绩的一面,看不到缺点的另一面……"谷文昌这个冷静客观的新看法,引起与会代表思想上的很大震动。

1 月 8 日,谷文昌在会议上就植树造林作第二次典型发言,题目是《东山县是怎样营造防护林的》。发言中,他向全体代表汇报东山防沙造林的主要成果和经验。他首先回顾了东山"风沙灾害,民不聊生"的历史,指出风沙严重威胁着人民生产、生活和生命财产安全;其次就东山县委"下定决心,改造自然"发动群众性植树造林,消灭沙荒运动的显著成就作了简单介绍;再次,总结了东山治理风沙"政治挂帅,技术齐行",解决技术困难的基本经验;最后强调要"强化管理,彻底驯服风沙",加强护养,巩固防沙造林成绩。

谷文昌指出,东山通过 1958 年以来的防沙造林,全县已营造林带 29 条,共计造林 153 万多株,如果以排成 5 行来构建林带的话,可围绕全岛一周，再过数年之后，即将成为一道天然的屏障，它将能保护 2 万亩耕地免受风沙灾害，并可围垦耕地 1 万亩。最后，谷文昌满怀激情，在大会上吟诗描述东山岛的未来："沙漠林带排成行，沙滩变成米粮川；千年风沙灾害一旦抛，花果遍地人人称赞好；人民的生活喜洋洋，甜又香。"通过此次大会，东山固沙和造林的技术要点传播开来，为福建省沿海造林提供了可资借鉴的参考。

在发言中，谷文昌再次针对当时领导干部中普遍存在的领导作风问题，和与会代表交流："我们一部分干部……看不到缺点的一面，或即使看到了也姑且讳言不说，处之泰然。他们像风筝、氢气球一样，随风飘荡，有点飘飘然起来。""我们必须，也只能是实事求是地，老老实实地，是就是，非就非；好就好，坏就坏；多就多，少就少；该怎样就怎样，严肃谨慎地对待。在大胜利、大收获中稍微冷静一点来检点我们工作中的不足之处。只有这样，才能更大、更好、更全面地跃进，才能既是轰轰烈烈，又是脚踏实地。"

谷文昌的典型发言，再次赢得会场听众雷鸣般的掌声，因为他所谈的"问题"，是与会者藏在心头想说而不便说的话；同时也表达他们对东山县委和东山人民植树造林的坚强意志和科学态度的钦佩，对东山植树造林模式的认同。从此，"东山植树造林"模式在福建沿海广为推行。至今，福建省沿海 4000 多公里的防护林，都是"东山植树造林"的再现。

1 月 17 日，鉴于东山县在兴修水利事业的突出成绩，福建省水利电力厅厅长曹玉崑再次带队到东山召开现场会。翌日，谷文昌作为东道主作典型发言。他总结了东山县抗旱兴修水利工作的经验，尤其强调领导对兴修水利的重要性要有早认识，兴修水利要有早规划；干部带领群众兴修水利要有早行动、大行动。

1959 年初，谷文昌又在思考植树造林问题。他还是担心树苗不足的事，于是与县委领导一班人共同研究，打"组合拳"，出台《关于 1959 年育苗工作的指示》，指示各乡镇、村的苗株实行自育自种，每个生产连的育苗面积要求达到 1 亩以上，全县达到 500 亩以上；再出台《关于开展春季造林大检查、大评比的通知》，要求每个生产团在植树造林中，要总结先进经验和发现存在问题，发扬成绩和找出问题的解决办法；又出台《立即制止挖草根乱砍树木的通知》，由绿化委员会和各级领导随时督查，以加强对林木的管理；后又出台《迅速做好林木苗、幼苗移栽的几点通知》，在全县各个乡镇增加林业员，以加强林业管理。

2月1日，即农历腊月二十四，这是一个重要的日子。鉴于上年东山全县一个公社的弊病明显，根据党的八届六中全会《关于人民公社若干问题的决议》和省、地委关于全面开展大规模的群众整顿、巩固人民公社化运动的指示精神，县委终于统一认识，并作出重大决策：撤销上年底组建的东山县人民公社及生产团、营、连的建制，改为全县5个人民公社建制，即城关、西埔、康美、杏陈和陈城人民公社；下辖44个大队348个生产队，4个居民委员会。谷文昌为县委的这个决策由衷高兴，认为这是县委迈出实事求是的关键一步。

这年春天，在谷文昌的关心支持下，建立了城关公社渔业机帆队，这是全县第一个渔业机帆队，共有机帆船10艘，它象征着东山渔业生产机械化的一个新飞跃。有了机帆船，还得有先进的捕鱼工具。趁着春汛时节，谷文昌以县委主抓渔业的领导人身份，强调渔业生产工具方面的改革和生产方式的革新。不久，渔业生产工具改革也做出显著成绩：推广单拖网，这种作业促进了渔业生产的发展。龙溪地委由此在东山召开渔业技术革新现场会。参加的有全地区沿海各县海防部部长和水产科（局）长等100多人，会议推广东山使用单拖网渔业生产的先进经验。这是东山渔业生产进一步机械化的又一个体现。看着机帆船整队奔向大海，谷文昌心中暗暗向省委江书记说："老书记，您指示我发展机帆船的事，我做到了！"

随着春季的到来，雨水逐渐增加，谷文昌想到应趁机大修水利。于是提请县委专门成立兴修水利指挥部，在全岛进行全面勘查，综合利用，充分发挥水资源的潜在力量。在谷文昌的领导下，全县加大兴修水利工作又扩大范围。谷文昌不时地亲自到水库工地指导，及时发现问题和解决问题。同时，发动民工大搞技术革新，根据工程特点和不同条件，利用地形地物，创造性地实现"挖土排桩化""运土车子化""夯土滚压化（用牛拉石碾）"等办法，使原来每个工作日运土从 2.2 立方米增加到 4.8 立方米。

安顿了当前的生产，谷文昌把注意力集中于贯彻执行中央关于人民公社管理体制的大事上来。2 月 24 日，谷文昌召开县委五级扩干会，会议的核心问题是解决人民公社化管理体制问题。会上，谷文昌对"大跃进"尤其是人民公社化以来的各种不当做法进行实事求是的批评，如大办食堂时，群众思想没有动员好，就到各户查粮食，造成干群关系紧张的问题。会上，通过摆"大跃进"和人民公社化以来的各种矛盾，县委坦率地承担过去工作中大拉平、大集中的错误，并主动承担责任，号召参加会议者知无不言，言无不尽，认真探讨和寻求解决问题的办法。

会议主要成果是：其一，与会者明确了"大跃进"以来主要问题是所有制处理不当，把三级所有制搞成一级所有制，把集中过多当成先进的错误。其二，讨论了人民公社管理体制问题，肯定了以队为基础的集体所有制。将全县 5 个公社下辖核算单位由原来的 44 个增加到 54 个。其三，明确公社、大队和生产队职权的划分范围。

17. 困难局面重操舵 "算账整风"见赤诚

1959 年 3 月下旬，县委第一书记郭景周调回龙溪地区工作；与此同时，谷文昌恢复全面主持东山县委的工作。这是谷文昌人生道路上的又一次重大变化。这时的谷文昌，可以说是"受命于危难之间"：他必须面对"大跃进"和人民公社化的"一大二公"所产生的诸多困难——群众的大量怨言、市场物资匮乏等，尤其是全县人民粮食严重缺乏的问题；习以为常的强迫命令和违法乱纪，以及浮夸风、官僚主义、贪污挪用和瞒产私分；过去搞不切实际的深翻、密植、并丘，盲目搞少种高产多收；等等。

这个时候，又有佳音传来：中共中央政治局上海会议制定了《关于人民公社的十八个问题》，确定了整顿和建设人民公社的方针方法，围绕着公社管理体制的调整，提出了一些具体问题，确定以生产队为基本核算单位、贯彻按劳分配原则、废除供给制、停办公共食堂的诸多重大新政策。这个会议纪要，将第二次郑州会议关于在公社化过程中平调财物的"旧账一般不算"的决定，改为"旧账一般要算"。党中央关于人民公社的整顿和建设人民公社的方针和方法，让谷文昌和县委领导班子眼前豁然开朗。

正当这时，再传喜讯：中共中央召开八届七中全会，检查人民公社的整顿工作，以及进一步调整生产指标和 1959 年国民经济计划等工作。根据毛泽东同志对于无偿平调的"旧账一般要算，算账才能实行那个客观存在的价值法则"，谷文昌如饥似渴地阅读中央《决议》的有关文件，决心根据中央精神，把东山的整顿人民公社工作搞好。

根据中央《关于人民公社的十八个问题》的指示精神，谷文昌立即展开"算账整风"的一系列工作——

4 月 4 日，谷文昌主持召开公社、大队党委书记会议，介绍进一步贯彻党的八届七中全会精神，纠正"大跃进"以来工作中"左"的错误，"统一领导，分级管理"；强调集体所有制、按劳分配原则；同时，结合党的八届七中全会精神，解决当下农业生产问题。

从 4 月 7 日开始，谷文昌带领县委领导班子，对东山人民公社的管理体制和分配办法进行雷厉风行的改进，制定并出台《关于人民公社的管理体制和若干政策问题的规定（修订草案）》，强调人民公社的管理体制"应实行统一领导，队为基础；分级管理，权力下放；三级（公社、生产大队、生产队）核算，各计盈亏；物资劳力，等价交换；分配计划，由社而定；适当积累，合理调剂；按劳分配，承认差别"三级核算，以生产大队（即东山县人民公社时期的生产营）作为基本核算单位，生产大队的组织一般以原来的高级社为基础。生产队的规模以 50—100 户为宜，强调不允许"无偿占有别人劳动成果"。

4 月 11—13 日，谷文昌召开全县生产队长以上 2000 余人的四级干部会，着重进行人民公社过渡问题教育，健全"三包一奖制"（包工、包产、包开支、超产奖励），落实互利政策，恢复被取消的评工记分，清理上年的剩欠款；落实处理过去公社乱调大队，大队调生产队的物资、劳力、土地。

4月18日，谷文昌以县委名义发出《关于开展春季生产大检查大评比》通知，亲自担任县竞赛评比委员会团长。在植树造林问题上，为加速植树造林中育苗工作，谷文昌通过县人民委员会发出《关于1959年育苗工作的指示》，强调只有加速育苗，才能保证植树造林工作的快速进展，使东山全县早日实现绿化。

与此同时，谷文昌纠正工业浮夸风：将县属工交40个工厂企业，继续由县管；将公社办的26个小工厂，随着体制下放而下放，在一定程度上纠正了工业"大跃进"盲目上马造成的困境和浪费。

谷文昌还指示县委工交部，就工业"大跃进"高潮中出现的浮夸、工作盲目、强迫命令等问题，提出整改意见。很快，县委工交部提出27条整改意见，其中生产管理11条、领导作风5条、生活福利4条、经济7条，得到基层领导和群众的欢迎。

正当谷文昌为"算账整风"殚精竭虑工作的时候，一个不可回避的困难出现了：4月，全县性的粮荒问题开始普遍发生。因此，缓解紧张的市场供应对稳定社会极为重要。努力保障供给是当务之急，而最为紧迫的问题是群众口粮问题。按龙溪地委规定的每人每月25斤原粮要求，眼下全县平均每人每月只有18斤。因为粮食少了，所能用于粮食复制品和副食品生产的数量也就更少了，由此又造成了市场副食品供应紧张。由于粮食紧缺，养猪也成大问题：全县毛猪由1957年的38892头，到1959年下降至26502头，减少12390头，是上年的68.14%，导致猪肉供应下降了68.00%。

粮荒和市场物资紧缺问题，需要谷文昌在最短的时间内解决，可是要做到这一点又谈何容易！

5月初，春收结束，全县粮食产量30669担，是上年44884担的68.33%，出现严重减产。究其原因，是贯彻上级要求"少种多收"所致：1958年全县春收粮食种了49681亩，1959年仅仅种了22271亩，是上年的44.83%。春粮减产大大加剧了粮荒的严重性。有的公社早地瓜还未吃光，有的公社已经把晚地瓜都挖出来吃了。粮荒在无情袭来。

为了让全体民众广泛认识"大跃进"和人民公社以来的极"左"行为造成的危害和影响，谷文昌开始在全县展开大规模"算账"——

5月11日，他在西埔召开六级扩干会（县、公社、大队、小队会计、庶务长、社员代表），其中主会场1600多人，分会场4500人，是历史上没有过的，是为"算账整风"前的动员大会。会上，谷文昌作《全党全民开展"算账整风"运动确保1959年生产大丰收》的报告，先对粮食问题"算账"。他说，就一年多以来"放开肚皮吃饭"，大量浪费，大量挥霍粮食……在"粮食多得是"的看法驱使下，社员收成不净，地瓜加工时掐头去尾，挖臭浪费，根据43个管理区反映材料统计，全县共损失粮食421.6万斤。谷文昌严正指出："由于大量的浪费，有13个自给大队变成了统销队了。如岱南大队过去统购4.8万斤，现在要统销12万斤。有群众说：'吃饭稀稀，放尿（小便）如抽水机。'"（最后这句话，谷文昌是用东山话说的，也引起与会者的一阵哄堂大笑）

谷文昌指出："盲目贯彻'少种多收'的方针，结果种是少了，没有高产，也没有多收。"全县共减收445万斤主粮，又指出："报产量明明没有那么多，一定要报那么多，上级看了产量多就来个吃饭不要钱，结果浪费了150万斤粮食，平均农村每人浪费20斤，城市每人10斤。"

谷文昌又摆事实批评在上年"大跃进"搞密植、搞不切实际的运动。他说："适当密植本来是好的，但去年我们脑子发热，主张越密越好，地瓜3000条、6000条、10000条、30000条（每亩播薯苗量）……领导生产非常盲目，群众说：'密如狗毛，减产减收。'事实也是这样，单单今年（1959年）过冬地瓜1万亩，每亩减收1000斤，相当于减少主粮250万斤；大小麦1万亩，每亩减收50斤，就减收50万斤。两项合计减收300万斤，等于全县一个月口粮。""技术革新说越密越好，事实已经证明这已经是错了，但我们还不认错。"

与此同时，谷文昌对上年"大跃进"搞"并丘"，也提出批评。他指出："将几丘或更多丘农作物通过移苗并为一丘，并以此统计产量，是非常错误的。""盲目并丘，花生六七成收，这就造成了不可估量的损失。单单花生这一项损失有 10000 亩，每亩损失 50 斤，就损失 50 万斤。"

在对上年"大跃进"浮夸风"射卫星"问题上，谷文昌就上年县委发文《进一步贯彻总路线为完成（19）58 年生产"大跃进"而奋斗》激励民众的做法提出质疑。会上，他就此问题指出："生产计划的月月变动，层层加码，九月份才搞'万斤县'，这是瞎吹的。明明办不到，硬要往下压，三包产量明明不可能定得那么高，一定要定那么高，使群众失了信心，这种损失也是很大的。"

谷文昌也批评了"大炼钢铁运动"。他批评上年"大炼钢铁运动"中，"报矿也是乱弹琴，看一块赤石子，就说是铁矿；看见一个蚝镜片，就说是云母矿，一夜报矿四十种，这真是无中生有"。谷文昌指出："一个小小的海岛县，居然有这么多的矿点，跟'浮夸风'有很大的关系。"

谷文昌还批评了"大跃进"中的急躁冒进："什么都要干，什么都要急，什么都要早日完成。扫盲要十天完成，除'四害'要十天完成，西港要扩建，田地要深翻，要密植，要复晒，要全民炼钢，工作量增加好几倍，时间要求缩短好几倍""十天消灭'四害'"，其实"'四害'遍地生"。

对渔业生产，谷文昌还就违背自然规律，冒生命危险下海捕鱼，不但导致生命损失，还无法使渔业产量增加的行为，在"算账整风"大会上予以痛斥。他认为："尽管县委做了大量工作，尽了最大努力，但是渔业的产量并没有明显提高，还是徘徊在常年的水平 26.2 万担。造成了相当大的经济损失，单搞养海带一项就亏本 100 多万元。"许多听众流着眼泪听着这位实事求是的爱民书记的讲话，心中充满感激。

实事求是拒绝盲目跟风

18. 雷厉风行真算账　退资整改捍中央

1959 年 5 月中旬，谷文昌在对"算账整风"做了大范围动员之后，开始了大刀阔斧的"算账整风"落实工作。他主持制定本县的《关于当前人民公社若干体制与具体问题处理的补充意见》（以下简称《意见》）。这个《意见》一个很重要的问题就是"旧账"处理问题。所谓"旧账"，指的是1957年秋在东山搞"大跃进"以来，大量资金和财物被上级调走，引起人民群众普遍不满的问题。

县委在《意见》中明确指示：当前要算的有7笔账：（1）1957年结转超支、剩余款；（2）1958年决算分配账；（3）1959年1—3月收入归公社款；（4）耕牛、农具、毛猪折价款（包括旧存盐）的处理；（5）金银、实物投资账；（6）社员投资粮食及对借贷账；（7）债权债务处理。

明确算账的目标之后，谷文昌带领县委领导班子开始分派工作组，到各公社开展"算账"。很快，工作组除了清理欠账以外，还查清各级应退还被占用的房屋241间、猪舍7103间、用具3116件、自留果树622株，退回自留地2243.67亩，占全县土地面积的2.28%，平均每户1.5分。

账算清楚之后，谷文昌带领县委领导班子狠抓各项账款的还款落实。全县1958年分配结算后没有落实的剩款8285户剩余的332170元逐步退还，6005户超支180955元也予以逐步收回；还落实过去公社乱调12个大队，大队乱调85个生产队的物资、劳力、土地。

为了维护党的威信、人民群众的利益，谷文昌带领县委班子先后制定《关于划分贪污多占、强迫命令、违法乱纪等若干政策界线的意见（草案）》《关于对贪污多占、强迫命令、违法乱纪等问题的处理意见（草案）》《干部要五破五立的决定》，纠正"大跃进"以来的不正之风。

执行这两个《意见》和一个《决定》内容，主要成果是：

一是纠正强迫命令和违法乱纪。"大跃进"尤其人民公社化运动以来，一些人被扣上"右倾保守""白旗""观潮派"等帽子，这些不良行政行为都得到较好纠正。

二是纠正浮夸和生产指标层层加码。谷文昌认为，正是领导者听好不听坏、报喜不报忧，才导致下层干部为讨好上级而搞浮夸；正是浮夸者受表扬，而讲实话、干实事者受批评，才更助长了浮夸风。

三是纠正官僚主义、贪污挪用和瞒产私分。查清部分大队和生产队干部共计 426 人贪污 14966 元，占公家小便宜总共 28375 元的问题。查清有 76 个生产队干部利用手中的权力瞒产私分粮食 339645 斤的问题。这些问题都得到及时纠正。

四是纠正教条主义和主观主义。使干部认清盲目宣传少种高产多收，忽视扩种多收，不惜生产工本造成成本高、增产不增收，甚至减产减收的错误；走另一个极端，凭自己的主观臆断搞所谓的"试验田"，造成得不偿失的错误。

谷文昌首先坦诚认为，各级干部出现的这些不正之风，与县委领导班子有关系。他说："群众对县委提出许多批评，大部分都是正确的，我代表县委表示诚恳接受，并决心改正错误，现在有的缺点和错误在改，有的正在改，今后还要继续改。""我们能改的就立即改，不能立即改的逐步改。"谷文昌批评的县委主观主义问题，而这些问题尽管是 1958 年他的前任应负的主要责任，但他还是勇于担当，视为自己的过失，这种行为确实令全县干部群众大受感动。

对于如何改正"算账整风"调查中发现的问题，谷文昌代表县委提出 24 条整改意见，其中生产方面 16 条、作风方面 5 条、经济方面 3 条，主要有：（1）包产指标不要求太高；（2）密植问题下放，由群众做主，不作硬性规定；（3）今后不"并丘"；（4）试验田不要太多，试验成功后才推广；（5）对外地经验和新品种不盲目推广；（6）自留地以高级社办法解决，每人 3—5 厘并立即执行；（7）不得随便向农村招工人或成批劳动力。可以说，这些改正意见，条条切中时弊。

针对经济上的问题，谷文昌代表县委决定：立即还给"算账整风"中查清的县欠社队款 182046 元；社员个人的旧存盐分 5 年还清，每年还 20%。

5 月 22 日，谷文昌领导下的"算账整风"运动，经过半个月算账，取得阶段性成果：基本算清了国家、公社和大队关系的 42 笔账，金额共 728121 元，经过各方协商，确定马上退还 18 万多元，扣除公社、大队欠国家 242362 元外，县委要求其余的 30 多万元分别在 3—5 年内还清。

5月下旬，通过"算账整风"和纠正干部的不正之风，落实了党的政策，初步解决了"一平二调"的"共产风"后遗留的问题，维护了群众利益，教育和挽救了犯错误的干部，改善了干群关系，提高了群众生产积极性，全县城乡的工、农、渔、盐业生产开始出现转机。

在"算账整风"紧锣密鼓进行的同时，粮荒问题也日益严重，谷文昌必须认真面对。谷文昌认为："解决粮荒，最重要的是发展生产，这才是根本解决粮荒的唯一出路。"

然后，谷文昌着手解决粮食紧缺和市场物资供应紧张问题。他呕心沥血采取了一系列措施来缓解这种困难局面。

一是开诚布公向群众说明当前困难状况，对于要不要向群众说明当前困难情况，有的领导认为还是不讲为好。谷文昌反对这种看法，认为困难是明摆着的，你不讲就是掩耳盗铃，反而使一些人趁机乱讲。群众和党是同心同德的，向群众讲清楚困难，只会使群众更增强战胜困难的决心。

二是限制社会集团购买力。就是县委、县政府要及时行文并在机关、部队、团体、企业、工厂、学校、街道、农村等广为宣传；严禁单位人员到市场去排队抢购、抬价，人为制造紧张局面，特别对某些紧张物资如工业品肥皂、煤油等，农副产品的鸡鸭类、蛋类等，做到少买或不买，使群众的紧张情绪缓和下来。

三是组织全民性增产节约高潮。恢复耕种因"少种多收"而抛荒的田地，同时增施肥料，保证丰收；实行将公养毛猪下放给社员饲养，采取分给自留地的办法，积极鼓励社员养猪，全县处理自留地2243.67亩，占全县耕地面积2.28%，每户平均1.5分；将全县农村毛猪下放给生产队养的有6460头，占24.38%；下放给社员养的16814头，占63.44%；同时在生猪采购和供应上采取新办法，社员私养生猪，在给国家收购时即付现金，留给社员10%的猪肉（发给肉票）。

四是缓解日常用品的紧张局面。逐步恢复小工具等商品的生产；恢复零星小商品生产的行业，如缝纫、五金、制补鞋、银饰、绳索等共166人组成8个手工业生产合作社，允许其自接业务；在城关调查摸底手工业产品的生产和组织形式之后，抽调铁、竹、木工人 55 人组成 26 队，自带工具挑担下乡流动修补；将手工业者调整归队，恢复流动服务修配担，如木器流动组，允许其固定设点或游街穿巷，自购自销，自负盈亏，但仍需按社章规定缴纳公共积累。

五是压缩公用经费开支。紧缩机关团体购买力，他通过县委决定，一切机关、部队、事业单位，所有办公杂支、器具购置等费用，必须尽力节省，从 6 月开始的 3 个月内，暂时停止拨发这方面的行政经费（特殊情况除外），坚决减少和停止可有可无的购置，坚决纠正和制止请客送礼、讲排场、比阔气等铺张浪费现象。

六是控制企业职工人数和工资总额。缩减多余职工 3167 人，使当年全县职工人数减至 5093 人；同时不增加当年工资，严格控制工资级别的调整。

七是严格控制农村货币投放。全县各地农业贷款指标一律不再增加，农产品预购金必须控制在指标范围内；国家对人民公社的财政补助主要用于扩大生产，不用于生活开支；商品赊销和预付货款的办法被坚决制止。

与此同时，谷文昌努力组织市场供应。在国庆节前，县委发文于各级党组、支部和机关、部队、团体、学校、企业、工厂领导，向所属单位职工讲清国家经济形势，说明在国庆 10 周年期间，保证市场正常秩序的政治意义，在 9 月、10 月非当前急需品暂时不要买，更不应到市场抢购物品，以免造成群众的恐慌心理。

事实证明，谷文昌采取的这些措施是行之有效的，到 1959 年秋，社会商品紧张局面出现好转，到年底得到较好的控制。但是这个时候，发现由于粮荒，部分社员身体健康出现问题。谷文昌决定下乡了解粮荒具体情况，他带着县委办新任副主任宋秋涓等人到樟塘大队蹲点，帮助各生产队规划土地种植生长期较短的小白菜，以补充食堂粮食短缺。不久，谷文昌将樟塘大队种植生长期较短的小白菜补充食堂的经验，在全县推广。农民出身的谷文昌知道，靠种菜填肚子，不是解决粮荒的根本办法，提高粮食产量才是根本。

19. 解散食堂尊众愿　事无巨细尽操心

　　东山人民公社化以后，食堂问题成为万众瞩目的问题。1959年6月中旬，谷文昌接到福建省委指示：是否继续办公共食堂，可以按"自愿参加，多种多样"原则，由社员自己选择。谷文昌闻之大喜，立即以县委的名义，把这个大好消息向全县人民群众通报。群众听到这个消息奔走相告，拍手称快。结果，随群众的意愿立即解散集体食堂。一下子全县189个食堂散伙178个，仅剩11个。

　　可是，随着形势的快速变化，反"右倾"运动来了。谷文昌和他的县委领导班子受到龙溪地委批评，谷文昌和县委遭遇挫折，可是工作还得照干，尤其是"算账整风"的未竟事业，还得继续完成。6月21日，在"算账整风"中，谷文昌以县委的名义转发宣传部《关于当前侨务工作中若干问题的处理意见》，认为"侨眷、归侨和其他社员的账一样算，一样清理"。具体是：对1958年以来在侨区中曾经连续搞工农业投资，搞金银首饰献售、捐献、存款运动，并动用了一部分华侨的房屋和家具，必须清算旧账，解除他们的思想顾虑。

　　对侨眷房屋问题，凡公社化前后向侨眷借用的房屋，应尽可能归还给原主。对侨汇或其存款问题，凡用搞运动方式强行吸收侨汇、存款储蓄资金，必须退还。侨眷、归侨用现金或实物，折价投资于农业社（包括初级社）和人民公社的，都应当清理，按期归还；到期不能归还的，应当和投资人协商分期归还。对归侨、侨眷财务问题，凡公社化后，强迫集中使用的缝纫机、自行车等，仍属于侨眷、归侨家用的生活用品，应坚决退还。

　　到了夏天，根据党的八届七中全会精神，东山也开始调整生产指标和1959年国民经济计划。粮食总产量由原定的4.7794亿斤下调为4450万斤，是原计划的9.31%；水产品产量原定200万担下调为33.6万担，是原计划的16.8%；盐业由原计划的15万吨，下调为7.5万吨，是原计划的50%。在谷文昌带领下重新修订的这些指标，虽然还是比实际产量高了，但他这种实事求是的做法，还是需要极大勇气的。夏天，为鼓励盐工积极生产，谷文昌采取逐步恢复原来的"三定"，即定面积、定人员、定产量等行之有效的生产管理办法，恢复职工的工资制度，同时限制资金的不合理上调，盐工生产积极性得到恢复。

同时，谷文昌也关注医疗事业的发展，重视培养知识分子医生。杨祖谦是县医院唯一的省医学院毕业生，1954 年分配到县医院工作时才 22 岁。因为他的医术精湛、医德好而备受人们的赞扬，尊称他为"大杨"。谷文昌年纪虽然比他大 19 岁，但出于对他的尊重，也称呼他为"大杨"。这让杨祖谦很难堪，求谷书记不要这样叫，不然他受不起，可是谷文昌出于对他的尊重，继续这样叫。有一回，杨祖谦出诊不小心摔倒，右眼眶被石头撞裂，伤势严重。听到这个消息，谷文昌马上带着水果、罐头和牛奶去医院看望他，待询问其伤势和受伤经过后，表扬他不畏艰苦，为东山人民服务的精神，让杨祖谦万分感动。

这时"算账整风"运动还在进行。6 月 30 日，县委由此发文于各公社党委和大队支部，要求领导者深入检查，和群众见面谈心，才能"近水知鱼性，近山识鸟音"，了解到实际情况，以利于指导当前的工作。

到了下半年，全县粮荒情况的日益严重。为战胜粮荒，谷文昌率领县委在全县开展全民大搞"代食品"运动，县成立"代食品办公室"。所谓"代食品"，就是用陆上植物如地瓜藤叶和蒲姜叶、艾叶、枳壳，海里的藻类如虎苔、虎茜、鬃菜、龙须菜、赤菜等 20 多种陆海野生东西，制成食品以缓解粮荒。全县共找出代食品 84 种共 225.5 万斤。

解决"算账整风"中也出现诸多问题。7 月初，谷文昌以县委的名义严厉批评：几年来"一部分干部的官僚主义、形式主义、命令主义的坏作风，有了滋长。他们高高在上，单靠会议、表报、数字来指导工作、发号施令，对上级党委指示决议不认真贯彻，对群众的实际思想和要求不认真了解解决，造成上情不能下达，下情不能上传，直接影响到社员的生产和生活。另一种是领导水平低，用高级社的领导作风来领导公社化的新形势。他们管了局部，失了大局；只管生产，不管生活；只管政治，不管经济，甚至有的政治也管不好，这就影响了生产'大跃进'"。

正在大力组织"算账整风"的时候，谷文昌接到林业部门请示：赤山沙荒防护林场刚建立，应该及时补充一批育苗造林技术员。谷文昌认为这个要求是对的，并亲自参与研讨此事，他向林业部门推荐：湖塘大队社员蔡海福可为林业队长兼技术员。这一说，有人质疑蔡海福是大老粗，恐怕不行。谷文昌说："我了解蔡海福，一方面，他是植树造林的土专家，非常熟悉植树造林技术；另一方面，他公而忘私，一心造林，是个德才兼备的人。"林业部门领导同意了谷文昌的举荐。这样，蔡海福成了育苗造林技术员。在之后的工作中，蔡海福兢兢业业，任劳任怨，被评为华东区造林模范。

为了强化对植树造林的领导，7月7日，谷文昌选择"沙虎"最肆虐、植树造林最为艰苦的山只村，将东山县赤山沙荒防护林场升格为"地方国营东山县赤山林场"，这是县里第一个国营林场，标志着东山县林业的新发展。林场的主要任务是改造沙荒自然面貌，建立苗木供应基地。土地面积11755亩，其中1959年度的造林任务，是育苗200亩，造林40000株（由于粮荒影响，实际造林亩数少于此数），并大力种植固沙的草类植物。7月7—9日，东山县召开防护林工作会议，谷文昌出席会议并讲话，提出"全党动员，全民造林，今年准备，明年突击，后年完成"的口号，号召全县人民开展人人植树造林，要求机关、学校、工厂、市民开荒建林苗地，每人植树50株到100株。在农村中开展家家户户育苗圃，家家户户栽果树，三年内彻底改变风沙面貌。

7月底，谷文昌又有了工作新思路：编写一部反映东山解放10年来各项工作成就的书《东山光辉十年》，歌颂共产党和社会主义制度，由县委办公室主任林周发主持编撰此书。经过5个多月的努力，《东山光辉十年》完稿并出版。全书共32万字，100多幅插图，分为"总结十年乘胜迈进""领导十年红旗飘飘""英雄岛上英雄人""春满人间喜事多"四个部分，分别记载了1950—1959年东山解放10年间的社会发展变化和历史经验，如1953年东山保卫战的英雄人物；全县干部群众在县委领导下战天斗地改造大自然所取得的成就；在建设新东山中涌现出来的先进人物等。谷文昌满怀激情为本书作序，热情洋溢地表达东山10年来的巨大变化："高举革命红旗，跨过十年征程。将荒岛勾销，把苦难埋葬海底……英雄东山岛，蓬莱怎能比！"在书中，谷文昌还发表《庆祝光辉十年，继续奋勇前进》的文章。

20. 身负压力不停止　甘为民生负重行

1959年夏天，正当谷文昌率领全县干群开展"算账整风"，同时想方设法地克服粮荒的时候，反"右倾"运动的突然到来，给谷文昌思想上造成极大的压力。好在这时候有令他得到些许安慰的家事：8月，妻子带着大女儿谷哲慧和已经5虚岁的谷哲英到河南济源和林县，让谷文昌心情非常好，因为她们可以代他为父母尽孝。临行，谷文昌再三叮嘱妻子：到家一定烧温水为娘洗脚，一定给父亲上坟。史英萍先到林县南湾村，完成丈夫的嘱托，然后带女儿谷哲慧、谷哲芬、谷哲英姐妹3人一起到济源她自己的老家，再带上她的侄女史水仙，然后5人一起返回东山。

9月1日开学后，谷哲芬到西埔小学重上一年级；谷豫闽和同龄的史水仙上东山一中读书。可是她因为家庭变故过于厉害，心理创伤严重，学习成绩不佳，高一时辍学到西埔木器厂做工。不久，史水仙嫌木器社当搬运工太累，想让姑父帮忙调换一下工种。谷文昌说："姑父是一县领导，不能帮亲戚搞特殊化，我们反对走后门，而自己又搞这一套，怎么去说服人家呢？"这样，史水仙接受姑父的意见，继续在木器社当搬运工。

很快，反"右倾"运动猛烈展开，以谷文昌为首的东山县委先后经过6次检查。谷文昌在人生道路上遭到严重的挫折，然而他为党为人民鞠躬尽瘁的信念没有改变，继续负重前行。

10月，谷文昌到底迎来了一桩喜事：西港海堤南（宫前村至山东村的宫前湾）、北堤（西崎村至港口村）工程全部竣工。两堤总长1340米，堤底宽27米，面宽4米，高5.5米，南北堤之间的海滩14平方公里，围垦面积 6 万多公亩，可建盐埕 19746 亩，投资 60 万元。至翌年底，垦造盐田 1299 坎，计 18159 公亩，挖卤井 2074 口，建防洪堤 7 条计长 11504 米；开纳潮引水沟 2 条和排淡沟 3 条。同时还建成小电厂，安装 3 台内燃机 480 马力。以上建设共耗资 186.74 万元。

还是在 10 月，谷文昌组织修建八尺门海堤指挥部领导班子，自任领导小组组长，樊生林为总指挥。这是樊生林因被打成"右倾机会主义分子"，撤销县委常委和县长职务后的新职务。谷文昌本想明天一大早，送朝夕相伴的老战友一程，没想到天刚蒙蒙亮，樊生林独自骑自行车走了。谷文昌望着通往八尺门空荡荡的公路，心里很不是滋味。

转眼到了秋季，反"右倾"运动之后，在全国出现继续"大跃进"的新高潮，为此，谷文昌在几个月前纠"左"时先后解散的集体食堂又被强行恢复。谷文昌下乡每看到人们拿着盆子、钵头往食堂走去，心里只觉得想哭。

这时，谷文昌头脑比过去更加清醒，他知道再也不能像以前那样，一下子表明对"运动"的看法，倘若如此，势必使一些干部产生模仿效应，最后在运动后期导致不幸，像老战友樊生林就是一个典型的例子。谷文昌汲取年轻时候在西行山西路上，遇到的那几个商贩"闷声发财"的经验，低调地、不声张地发展党和人民的事业：闷声大造林、大治水、大建盐场，大干一切事业。

这个时候，谷文昌收获一件令他十分意外的喜讯：龙溪地委批转《东山县委谷文昌关于东山县大战十月，工农渔盐各业生产突飞猛进的报告》，并加了热情洋溢的按语："各县市委并报省委：看了谷文昌同志的报告，使人精神振奋，心情舒畅，该县十月份工业生产比九月增长 91.5%；盐业生产比九月增长 6.15 倍；渔业生产比九月增长 1.7 倍；农业生产抗旱保秋收，抢种取得重大胜利；冬种比去年同期增加 3 倍……希望我区各县市都来个比干劲，争上游……使我们全区各项工作都能提前一个月跨进（19）60 年。"龙溪地委对谷文昌和东山县委高度赞扬，并号召全区各县市向东山学习，这是谷文昌始料不及的。但是谷文昌依旧默默地、实事求是地搞好各项工作。

又是喜讯。11 月 24 日,《东山报》登载了一篇既令人震惊,又令人振奋的文章。文章报道的是本县钱岗大队晚稻亩产 725 斤,高陈大队亩产 603 斤,前何大队晚稻 55 亩、平均亩产 550 斤的消息。这个消息与以前报道的"湖北麻城建国一社早稻亩产 36956.9 斤、漳浦农冲社干花生亩产 24176 斤"这些"全世界第一"的消息大相径庭。好多人对此感到奇怪,因为这是在继续"大跃进",继续搞浮夸风的时期。群众说:这才是真正令人振奋的好消息,实事求是的好消息!读报的人们感到奇怪:"谷书记看过这个报道吗?"知情人回话:"肯定知道。《东山报》的每一期,在出版前都要经过谷书记或者陈维仪副书记审阅,尤其是重要文章,都得经过谷书记同意后才能报道的。"更有人说,这实际是以事实在向浮夸风挑战啊!

还有一个喜讯。12 月 13 日,谷文昌接到福建省委指示,撰文《东山县是这样营造防护林的》,以便向沿海各县领导和相关部门做营造防护林的经验介绍。撰文呈送之后,东山造林在福建沿海各县再次产生强烈反响。谷文昌向县委同志们提出新问题:"大家都向我们学习了,我们该怎么办?"20 日,谷文昌以县委的名义召开全县军民植树造林誓师大会。会上,谷文昌代表县委发言,提醒人们说,我们不能因为已经取得的绿化成绩而陶醉。在新的历史条件下,我们应该有新的追求。他因此提出绿化东山的新目标:"举头不见石头山,下看不见飞沙滩。上路不被太阳晒,树林里面找村庄。"崭新的绿化新目标,激发着人们为绿化工作做出新贡献。

转眼之间年底到了,由于恢复后的大食堂每况愈下,到这阶段,发展到一餐都保证不了每人一两大米,而农民各家各户的粮仓也早已空空荡荡。为了生存,社员开始以"瓜菜代"过日子。靠瓜菜来代的食品,毕竟无法与粮食相比,时间一久,许多人由于营养不良各种疾病相继出现。县委委员、海防部部长王治国到西埔蹲点,发现西埔地区社员患水肿、肝炎人数很多,尤其是妇女子宫脱垂严重。原来是一些妇女和老人为了把仅有的粮食留给小孩吃,自己饿得疾病缠身。王治国赶紧给谷书记报告具体情况。谷文昌看到报告，立即调拨仅有的一点粮食到西埔公社，并派出县卫生院的医生、护士组成巡回医疗队深入全县农村，采取紧急措施救治水肿病人。

在粮荒年头，吃饭成了一件美事，尤其是吃好饭菜。冬季的一天清早，谷文昌来到白埕村解决木麻黄丰产林株距太窄问题。中午到林业队队长林龙光家吃饭。家人把午饭摆上桌：居然是两碟有肉的小菜，一条鲜鱼和一碗汤，还有热腾腾的白米饭。这样的饭食在粮荒的年月，是不可思议的奢侈。谷文昌见了随即沉下脸问林龙光："你家平时也这样吃吗？"林龙光愣了一下说："是啊，请谷书记快点吃，下午还干活哩！"谷文昌沉重地端起饭碗，林龙光还不时为他夹菜。临走，谷文昌掏了饭钱，林龙光不收，谷文昌真来气了，说："这是纪律，我得遵守！"林龙光看谷书记给的钱太多，要把大部分还给他，谷文昌按下他的手，还随意念叨一句："我改天会再来。"林龙光不相信，也不知谷书记讲这话是何意，就蛮高兴地答应了。第二天吃午饭的时候，谷书记突然出现在他家门口，发现林龙光家的伙食是一点地瓜汤和野菜。这以后，他再也没到林龙光家吃饭。林龙光每次盛情邀请他，他都婉拒了。

谷文昌坐自行车也很"另类"。年底有一回因为工作忙忘了给"专车"上锁，被儿子谷豫闽推出去学骑。谷豫闽骑着车，妹妹跟在后面跑。谷文昌发现了训斥孩子们："这是公家的车，你们没有权利使用！"谷豫闽不服气地向父亲顶嘴："不就一辆车，没有什么了不起！"谷文昌更气了，狠狠地训了孩子一顿。小女儿谷哲英被吓哭了，刚来不久的老岳母看着，也心疼得掉下眼泪。

待平静下来后，谷文昌安慰小女儿，说："爸爸态度不好，可公家的车确实不能私人用，已经对你们说过多少次了。你们要学车，等我有钱了，给你们买一部嘛！"后来县里给他配了一部吉普车，他却把吉普车让给了其他领导，说还是骑自行车方便和群众搭话。就这样，这辆"专车"陪谷文昌度过了一年又一年。

1959年是谷文昌领导东山人民取得兴修水利、植树造林和盐业出大成绩的一年：兴修水利取得显著成绩，建成包括杏陈前何牛仔林水库（库容 26.30 万立方米，1959 年 5 月竣工）、杏陈礁头西山岩二级水库（库容 70.70 万立方米，1959 年 12 月竣工）、前楼东英水库（库容 61.00 万立方米，1959 年 12 月竣工）等 10 个水库。东山县因此被福建省评为水利建设高功效红旗县。

又是这一年，全县产原盐 65007 吨，平均亩产 1082 公斤，获得国务院颁发的红旗奖和福建省轻工业厅 4 项第一的荣誉。这是谷文昌大抓盐业生产以来取得的最显著成绩。也是在这一年，全县共育树苗 1000 万株，占地 1004 亩，每个公社、大队都开辟了种苗基地。

这一年还有一件值得高兴的事，是东山县潮剧团赴广东潮汕地区演出《东山英雄八少年》获得很大成功，汕头市委宣传部号召各个学校专场观看，历时 7 个月，好评如潮。此后，聘请广东潮剧院顾问吴越光（潮剧作曲家）、河南豫剧团戏曲学校武术教练宋金山等人驻团做艺术指导，同时选派数人到广东潮剧院学习。之所以聘请河南武术教练宋金山前来做艺术指导，是因为观众看了潮剧团的表演提出意见，说潮剧团演的古装戏，武打场面不但少而且不真实，这个问题反映到谷书记那里，谷书记马上与河南豫剧团戏曲学校联系，并把宋老师请来。后来潮剧团又活跃在闽南地区许多县乡，也参加省、地会演，均获得群众的好评。

谷文昌体力上这么拼搏地工作，思想上这么负重前行，到底把自己给累坏了。他患上了肺病咳嗽不止，只好被强制在家休息。他怎能在家闲着？他受不了。可有妻子看管着他，让他走不出家门。谷文昌赋闲在家忽然想看小人书，就特地交代儿子谷豫闽到图书店里租借连环画。儿子问父亲租借哪部，谷文昌说要借《杨家将》《水浒传》《三国演义》和《岳飞》。谷豫闽好奇地说："这些小人书您不都看过好几遍了吗？"父亲说想再看看。儿子把小人书租借来了，不想谷文昌突然问儿子：你对古人说的"修身齐家治国平天下"的"修身"，是怎么理解的？还在读初二的儿子很吃力地想了想，回答说："好像是修好自身的德行？"爸爸认为这样的回答不完整，说："在当今，修身就是要修好自身，树立忠孝思想。对党，对人民要忠诚；对老师、父母长辈要尽孝道，才是一个人应有的品德。"谷文昌就是这样借助小人书增长历史知识的，同时思考人生的意义。

从河南回东山刚上西埔小学不久的谷哲芬，回家做完课外作业了，还要做"家庭作业"，就是和哥哥姐姐一起帮父亲卷土烟。说卷土烟，就是用图钉把一张长长的牛皮纸的两端钉在小木头板凳上，再用一根筷子横穿在卷着的牛皮纸上，然后把烟丝和抹上糨糊的烟纸放在上面，用筷子滚一下，一根土烟就做成了。谷文昌把卷好的土烟小心地收集到烟盒里，到县委会就把土烟分给同事们抽，打趣地说，这是他儿子、女儿卷的烟，还打开烟盒要大家尝尝看。女儿戏谑地称它是"文昌"牌香烟。干部们感慨：谷书记朴素得像农民一样。

21. 度荒苦苦谋良策 《报告》拳拳赤子心

进入 1960 年，东山的粮荒到了最严重关头。1 月初，谷文昌主持召开县委和人委领导参加的粮食会议，研究适当减少居民、干部和吃返销粮群众的粮食供应问题。谷文昌在会上噙着泪向县两委领导们开诚布公：在目前严重粮荒的情况下，有部分社员已经饿成水肿病、妇女病和肝炎等疾病，因此发动全体干部和人民群众患难同当，共同克服困难，战粮荒是形势所逼。因此，必须让吃商品粮的干部、工人和居民，以及吃返销粮农民的供应粮适当减少，挤出粮食来接济无粮的群众，达到最后战胜粮荒的目的。

参加会议的人好多都流下眼泪，表示理解和支持县委的决定。谷文昌提出，减少标准是：干部、工人每人每月大米 2 斤，城镇居民的供应量也根据不同年龄段，以保护少年儿童为前提相应减少。时间从 1960 年 1 月起。谷文昌说："我知道减少粮食供应是釜底抽薪，属于无奈之举，实在是不得已而为之。"谷文昌要求在群众中做大量的思想动员工作，使人民群众与党和政府同心同德，战胜粮荒。

还是在 1 月，随着粮荒的加剧，"大抓'代食品'，向荒野、大海要粮"被提上议事日程。县委责令商业局主抓"代食品"工作，以书记挂帅成立"大搞'代食品'领导小组"，专门领导代食品工作。认真贯彻"低标准，瓜菜代"的方针，充分利用野生植物和海生藻类代主粮，制作糕饼。全县又采集计50万斤代食品，制作35种花色多样的糕饼20万斤供应市场。

这时候，谷文昌一家也处于饥饿之中。他家中除了他们夫妇俩外，还有5个子女，再加上丈母娘、侄女史水仙，一共9口，还要不时寄钱给河南家中老母，因此生活相当拮据。在家中，谷豫闽兄弟姐妹正是长身体的时候，可早晨吃的总是食堂打来的地瓜稀饭配咸菜，还常常吃野外捡来的萝卜缨、地瓜叶、高丽菜壳以及野菜。每到中午放学，他们饿得连走路的力气都没有了。有一次，史英萍带着小女儿谷哲英到野外捡野菜，看到农民摘瓜后拔起来的南瓜藤，史英萍觉得那南瓜藤的头很肥大，就把它割了带回家，剥掉皮，煮熟了。母亲舍不得吃，让小哲英吃，想不到吃后腹胀便秘，非常痛苦，这事直到60年后她回想起来时还记忆犹新，声音哽咽。

缺粮缺物引起严重的社会矛盾。社员为了解除饥饿威胁，不少人偷公家地瓜或花生之类充饥，受到乡和大队领导的处罚。在古马大队（古港自然村和马坡自然村组成的大队），古港自然村全村177户，被罚款停膳的就有99户，占55.93%。为了充饥，一些人不顾自尊，只好到地里偷地瓜度日。

如此严重的局面，摆在县委书记谷文昌的面前。他认为："民以食为天，党应当和人民共患难。"在这段时间，他经常下乡，到樟塘，到礁头，到湖尾等村，到粮食欠缺最多、食堂办得最差的村，去和社员同吃一样的饭，感受缺粮的困难，培养人民群众共患难的感情。同时出台相应的安民措施以稳定民心。具体措施是：

（1）加强对全县春收作物38157亩大小麦和17500亩过冬地瓜的田间管理，力求增产521万斤；（2）精打细收，使全县13653亩番薯、晚番薯每亩多收200斤，总计可多收68万斤；（3）要求吃地瓜不剥皮，吃地瓜总干（生地瓜不削皮即切片或不削皮抽丝晒干），每百斤鲜地瓜可节约粮食2

斤，全县尚有鲜地瓜3413万斤，可节约粮食1.7万斤；（4）以青饲料代替粮食饲料，全县按饲料留粮标准，6个月留粮食饲料97万斤，采取海菜、青菜代用品，可节约49万斤；（5）以集体开荒为主，套种扩种瓜菜8300亩，做到八地皆青（山坡地、水库边地、路边地、厝边地、田边地、池边地、坟边地、岸边地）总计830万斤，折主粮41万斤；（6）扩种套种早熟作物500亩，可增产粮食10万斤；（7）整顿食堂，减少浪费；（8）在统销缺粮区组织副业专业队，通过增加收入来套购粮食；（9）发挥公社优越性，由公社先拨出备荒粮支持，等新粮上市后再退还。

谷文昌在率领全县人民度荒的同时，不失时机搞建设。2月9日，谷文昌到福州当面向省委书记叶飞汇报八尺门海堤工程。他报告：全县上年财政收入才288.09万元，而要修建八尺门海堤，得200万元以上，远超东山的财力。叶飞认为八尺门海堤不仅是民生所需，也是战备急需。因此他同意将工程列入支援前线的项目。这标志着八尺门海堤工程可以通过战备的名义得到支持，从而正式进入施工阶段。

正在这时，福建省委推出了诏安县太平公社开发"万宝山"的经验，随之在全省掀起高潮。龙溪地委发出"学习太平、开发山区经济"的指示，东山县委响应省委和地委的号召，从2月28日开始组织1.8万人的队伍实行大兵团作战，分段突击，在全岛掀起开荒运动。谷文昌希望能从中学到先进经验，好来解决粮荒的问题。可惜的是，他很快发现，太平是山区，有大片荒地可以开发，而东山是沿海，没有这么大片沙荒、山荒，仅有的一点山地，也早经过植树造林绿化了，把它毁掉来搞开荒是不现实的事情。再者，花那么多人力搞大兵团开发，实在是一种极大的人力资源浪费。于是谷文昌当机立断，对大兵团开荒采取"忍痛割爱"。

粮荒在进一步加剧。3月12日，为战胜粮荒，谷文昌要求全县食堂实行"按人定量，计算到户，集中保管，按月发票，凭票吃饭，节约归己"的分配原则。这样，全县320个食堂全部实行粮菜混吃。同时发动全县人民开荒3967亩，种菜5888亩，种瓜50万株，找"代食品"（海藻）10万斤。

节约粮食，首先必须开展精打细收运动、提高出米率和对粮食的综合利用。对已收获的农田，普遍组织第二次、第三次收获，共多收原粮 168 万斤。提倡节约用粮，吃粗吃饱。大种瓜菜，在全县范围内掀起一个全党全民齐动手大种蔬菜的运动，组织 186 个共 1158 人的种菜专业队，平均每人种 3.8 厘地，加上越冬地瓜套种萝卜 1868 亩，到是年 10 月 30 日已种下各种蔬菜 2499 亩，共生产蔬菜 1861 万斤，每人每天能吃上 1 公斤以上青菜。

但是粮荒日益加剧，谷文昌万不得已而求救于上级领导。3 月 14 日，谷文昌以县委、县人委的名义，第一次向地委、龙溪专员公署发出《（东山县）粮食生活安排情况报告》（以下简称《报告》），请求上级帮助东山人民战胜粮荒。《报告》称："全县 44 个大队，其中每人每月达到原粮 30 斤的有 16 个大队 19855 人，口粮达不到 30 斤的有 28 个大队 43874 人，现有家底存粮 272 万斤（3 月 10 日库存），每人可分 62 斤。如果计算到 6 月底，平均每人每月才达到原粮 17 斤，如果按省委、地委指示标准，每人每月尚欠 13 斤，全部计算下来尚欠 208.8 万斤，扣除 2 月 25 日地委分配增加我县 20 万斤统销指标，尚欠 188.5 万斤。"原来早在 1959 年，《报告》记载："地委分配我县统购任务 554 万斤，截至 2 月底实际入库 744.69 万斤，超过分配指标 190 万斤，对超过部分并非超额完成数，系我县一些统销队品种兑换。为此，特请示上级批准该 190 万斤品种兑换退还大队。"

然后谷文昌再次把眼光投向食堂的公平公正上。3 月 16 日，为准确掌握全县在食堂吃饭的人数，谷文昌通知全县各公社统计当日在食堂就餐者。统计结果，当日在全县 320 个食堂中就餐者达 12940 户 62436 人，即 100% 农村人口均在食堂吃饭。谷文昌深知，这么多人在食堂吃饭，如何继续保持公平是一个极大的问题。他亲自挂帅成立安排群众生活委员会；采取县委领导分片包干，各公社、大队书记挂帅，政治进食堂，各层干部下食堂。大抓食堂和生活安排，组织 140 个干部到各个食堂深入大检查；成立食堂管理委员会，抽调党团员 135 人搞食堂，充实炊事员力量。实行"农忙多吃，农闲少吃；重劳力多吃，轻劳力少吃"的粮食管理和计划用粮的办法。而后又在每个大队食堂普遍建立副食品生产加工基地，养生猪1202头，家禽家畜3671头，腌三角鱼（即"廸仔鱼"，一种产量较多的浅海小鱼）357825斤，平均每人5.2斤；腌制多种瓜菜80805斤。

3月16日，县委对确实缺粮的农户，发动社员支援、粮菜混吃，依靠国家补助办法解决，全县由国家解决补贴原粮200万斤。结果全县320个食堂中的282个，占88.13%得到巩固；全县44个大队，每人每月口粮平均在30斤以上的有3个大队，25—30斤的5个大队，20—25斤的36个大队。

可是谁也没有想到，在这个饥饿的3月，龙溪地委决定到龙岩地区漳平县一个叫大深的山沟里，建造龙溪专区大深钢铁厂（即潘洛铁矿）大炼钢铁。地委决定由东山派出750人的队伍，并由一个县级领导到钢铁厂担任主要领导。这些人从海岛到几百里外的深山，工作环境和生活环境差别巨大，肯定会带来极大的麻烦。谷文昌思之再三，决定由他的得力助手、东山县委副书记陈维仪前往。

但这时还是有令人欣慰的好事情的：4月15日，八尺门海堤建设开始动工兴建。一听说要修堤，全县生产队的男女老少踊跃报名参加，上场民工达1800人。谷文昌提出："艰苦奋斗，自力更生，村村建打石队。"石匠出身的谷文昌看到当地的工匠不太在行，便手把手地教。为了不影响工期，还特意从河南林县请来了石匠。钢钎、铁锤、竹竿、麻绳、铁丝、独轮车……虽然用的全是农耕社会简陋的工具，但大家干劲十足，每天从早到晚都是整齐划一的口号声。

4月下旬，粮荒越发严重。谷文昌怀着尽早解决人民群众粮荒问题的渴望，于4月25日以东山县委、县人委名义第二次撰写《（东山县）关于当前农村粮食情况调查报告》向上级告急。谷文昌爱民的拳拳赤子之心，可见一斑。

暮春，传来龙溪地委补销东山粮食的特大喜讯：龙溪地委和专署决定给予补销（由国家以平价补充销售给农民）东山县粮食186.5万斤。谷文昌闻讯喜极而泣：这是人民群众的救命粮啊！

八尺门海堤等
重要工程建设

22．"靖卫"填堤尚节俭　身先士卒战台风

1960年5月，春收刚结束，从农业部门传来令人振奋的好消息：全县粮食种植面积47505亩，比上年的22271亩增加113.30%；收获粮食56316担，比上年30669担增加83.63%！谷文昌万分高兴，渴望着下一季有一个更好的收成，如果真如此，那东山人民的粮荒问题就可以缓解了。

春收获得好收成，田间管理上轨道，谷文昌心情舒畅，他想到另一个问题：解放这么多年来，县委、人委每每召开大型会议，都是苦于没有场所——是解决这个问题的时候了！谷文昌召开县委会，决定在西埔建一座县级大会堂。对这一决定，所有与会者都很赞同。干群们都说：建一座会堂，让全县有一个开大会的场所，让群众有一个文化活动中心，是大喜事！其实谷文昌早通过扩大盐业生产，加强核算，已累积了40万元作为建设资金。于是开始动工兴建县人民会堂。

又到初夏，谷文昌惦记着在南门修海堤的事，忽然心生一计，于是带上通信员何坤禄前往八尺门工地。谷文昌见到老战友，将一袋子饼干搁在他的办公桌上。樊生林问来者有何贵干。谷文昌向老战友诉说："俺想在城关南门修海堤，可是兜里没钱，希望老战友帮忙。"樊生林一听笑了："老谷，你是书记，又是修建八尺门海堤工程的领导小组组长，我得听你的！"谷文昌也笑了，说："可你是总指挥呀，我得尊重你的意见！"樊生林一听摊开双手："老谷你知道，国家拨给八尺门海堤的修建款只有200万元，我还担心不够呢！我确实无法帮这个忙。"谷文昌说："只要老樊你把修八尺门的钱，从牙缝里抠一点给我，我保准把城关的南门海堤修起来。"经两个老战友一番密谋，谷文昌与樊生林达成默契。

第二天，八尺门工地上，高音喇叭不停地播送《勤俭是咱们的传家宝》的歌："勤俭是咱们的传家宝/社会主义建设离不了，离不了/不管是一寸钢还是一粒米/一尺布一分钱咱们都要用得巧/好钢要用在刀刃上……"工地上，工棚里，大路旁，到处张贴有关勤俭节约、省用巧用劳

动工具的标语。每一根铁钉，每一条麻绳，建堤者都不轻易浪费；每一根竹杠、扁担，每一条麻绳、铁丝，每一辆土车轮胎，每一根钢钎，每一把铁锤，都珍惜保管……

这个时候，粮荒还在肆虐，部分干部以权谋私的问题出现。谷文昌闻讯而怒，6月3日，县委召开四级干部会。会上，谷文昌亲自作《改进干部作风　提高工作水平　确保全面丰收》的长篇发言。这篇发言，体现了谷文昌对贪污、浪费和官僚主义的零容忍。他在发言中公布了对杏陈公社及其3个大队的代表会情况，以及党员干部以权谋私问题的调查结果：发现由于粮荒，副食品和日常用品匮乏，部分公社、大队领导层和财务人员，利用手中的权力为自己谋取利益。浪费行为也相当普遍，公共食堂和公养毛猪成了部分干部和财务管理人员中饱私囊的场所。谷文昌也公布了对这些问题采取的处理办法，同时形成公众监督的环境。

谷文昌还做食堂用粮问题的重点调查。调查结果又发现，在全县各公共食堂，一些人或者"偷斤扣两、重入轻出"，或者"多收少报，或不记账"，或者"虚报冒领"，或者"特权享受"，或者"少下米，多分饭"，或者"假公济私，冒吞公款"，或者"收客餐不记账"，或者"利用职权，分多记少"，或者"吃东西拿实物不给钱"，等等。对此，谷文昌下令：对贪、占公家或群众利益者，一旦相关部门查实，就坚决退赔；同时，该教育的教育，该撤职的撤职，该查办的查办，绝不能敷衍了事。

早在1950年5月，谷文昌进东山岛以来，就十分关心和爱护渔民兄弟，可是一些干部，就是对渔民的生命财产不当回事，以致发生一件严重的恶性事故。1960年6月初，刮大风天气依然强令渔民出海生产，谷文昌实在忍无可忍，愤怒的情感彻底爆发了，他于6月7日召开四级干部会（县、公社、大队、生产队）。会上，谷文昌对不顾渔民生命的恶行严厉谴责："陈城公社有一个副书记胡作非为，命令渔民下海捕鱼，每次每人得捕获500斤才能上岸，否则海做地，船做棺材，死也不能回，胡闹至极！"谷文昌说话时，语气严厉，眼光深邃，情绪激动，令在座的干部振聋发聩，"战争年代，我们才号召战士不怕牺牲；现在是和平建设年代，需要的是社员安全生产，安全第一！说'死也不能回'，如果是你自己在这条船上，死的人是你，你会这么说话吗？人命关天哪！"谷文昌的话令许多领导干部热泪满面。

"人祸"刚处理完，一件更大的天灾骤降东山。

6月9日，适值农历五月十六的天文大潮，福建、闽南尤其是龙溪地区遭受了一场百年不遇的特大风洪灾害。来自南海的强台风，从香港经广东入境，横扫全龙溪地区，东山首当其冲。台风来袭时，狂风大作暴雨交加，30多小时内普遍降雨200—300毫米。全龙溪地区共有930个大队受灾，受灾户239773户1159179人，死亡329人，伤4707人，倒塌房屋51734间。灾情牵动了党中央和福建省委。中共中央、福建省委派飞机运送大量馒头、饼干、米饭；省委候补书记、省委常委、副省长亲临灾区指挥抗灾，兄弟地市人民支援抗灾。令人不可思议的是，处于台风最猛烈的地区东山县，几乎达到人员零伤亡；财产的损失也降低到最小限度。

这是由于谷文昌带领地市县委在灾前做了充分的抗灾准备，组织大规模的人员和财产转移、对不能转移的项目如海堤、水库、桥梁等做了及时的加固；抗灾中党委一班人走在抗灾第一线，及时高效指挥全县人民英勇抗灾，才创造了抗台风史上的奇迹。

在暴风雨尚未到来之前，谷文昌接到省、地委抗灾紧急电话指示之后，立即召开机关领导和公社党委第一书记紧急会议以及全县各大队的电话会，部署抗灾事宜。谷文昌指示立即从县到公社、大队层层成立抗灾指挥部（所），要求各级党委书记必须亲自挂帅，身临第一线指挥抗灾。他把正在开四级扩干会的1000多名干部调出，并从机关抽调大批干部，马上深入公社、大队，加强抗灾领导。这样从县委按公社分片领导，公社党委包大队，大队主干包小队，层层分工负责，一包到底。

在抗灾备战中，县委采取"以防为主，以早取胜"的战略，带领全县人民开展"十查十保"（群众、船只、牲畜、海堤、水库、桥梁、房舍、农作物、盐堆、仓库等）的抗灾备战工作。在短短3小时内抢修海堤12处4100米；抢修水库28处；转移群众861户2665人；转移414间猪舍中的毛猪 1556 头和 360 间牛舍中的耕牛 819 头；给大船加锚，把小船抬上沙滩深埋压沙，两种船共计 1104 只；给 21 堆共计 5 万担的盐堆加盖；开挖排水沟 1500 条。

在抗灾备战中，谷文昌带病上阵，昼夜不眠，督战通宵；县委副书记杨随山、靳国富、王治国 3 位冒着倾盆大雨，奔赴各公社，坐镇最危险地区，与社员一起抗灾。商业、交通、粮食、医院也立即组织供应队、运输队、医疗队，分头深入各地，投入抗灾斗争。驻岛部队更是组织 1200 多人的抢救队深入各地，帮助抗灾。

6 月 9 日午后，台风来袭，风力达 11 级，阵风 12 级，海潮水位超过警戒线 0.34 米。整个东山岛风雨交加，海潮汹涌，巨浪咆哮。在抗灾斗争中，东山岛上全体党政军民在谷文昌带领下，迅速投入战斗。抗灾队伍采用 6 大措施，就是查，即查清海堤、水库等情况；移，即有危险马上转移；加，即各种堤岸加厚加高；开，即开排水沟、溢洪道；堵，即堵塞漏洞；抢，即建筑物不牢固抢修牢固等，激战两天一夜。终于战胜来势凶猛的狂风暴雨和海潮的袭击，取得巨大胜利。

68 岁老社员高亚毛，通夜看管水闸，坚持到天明。许多人看他年老体弱，劝他回去休息。他说："县委书记、支部书记都干通宵，我怎能去睡？看管好水闸，才能保证农作物不受侵害。""6·9"台风，给东山造成了一定的损失：全县死 1 人，伤 2 人。18 个大队严重受灾，倒塌房屋 56 间，损坏 94 间。冲失或沉没船只 9 只，破 5 只等。这些损失当然不小，但比起台风在全龙溪地区以及其他地区造成的损失，东山的损失已经是微乎其微了。

23. 子孝难为慈母饿　仆贤善解万民饥

"6·9"台风刚过一星期，连续下了 3 天雨，这无疑是植树造林的好时机。谷文昌再次发动干部群众，全县出动 3.3 万人次，植树造林 10093 亩。谷文昌又走到植树造林的"前线"。经过这个夏季的苦战，终于把一里多宽 200 多条林带完全造成，加起来共长 368 里。但是这时却遇到了一个新困难：在一些高达数丈的沙丘上种树，树根根本吸收不到地下水，而且沙丘遇到风就移动，树木更难种活。这个时候，造林土专家蔡海福创造沙丘植树新高招，用"沙穴灌泥""带土移植"办法，在沙丘上直接种活了木麻黄。于是，各个公社把全岛最主要的40多个沙丘全部种上木麻黄。过去年年移动的沙丘从此固定下来。

在白埕大队，一年多前栽种的木麻黄长势良好。谷文昌隔三岔五爱到这里观赏木麻黄。他来时也不告诉大队领导一声，悄悄地来，把自行车架在路旁径自走到林地，蹲下身子，像抚摸自己的孩子那样，摸摸这棵，摸摸那棵。这天，他照样来到这里，却突然发现赤土自然村的林带少了两棵树，急忙叫来村支书和林业队队长。经过调查，原来是一个村民建房子时因为小木麻黄挡了他的路，便砍掉了。"这还得了！"谷文昌大发雷霆，"这件事的性质非常严重，必须按'村规民约'严肃处理！"大队支书和林业队队长见自己的社员砍了树，让谷书记气成这样，觉得很对不起他；又想起这个砍树的社员，实在是给大队领导丢面子，所以同意按"村规民约"给予罚款处理。可是砍树罚款是最好的处理方法吗？树已经砍了，要几年才能长大啊！最后，大队长想出了一个办法："谷书记，您看这样行吗——在村边还有一块空地，按大队规划也需要造林，我看就罚他到那边按每棵种1000棵树，这样既有利造林，又能惩戒他……"

"罚种树？这个办法好！"谷文昌脸上露出满意的神色，"实话对你们说吧。不是我不讲情面，实在是造林不易，护林更难啊！这样吧，树啥时种上，你们啥时告诉我。"谷文昌走了，大队领导把意见告知砍树人。砍树人自知为了自家盖房砍树，实在理亏，不合情理。正愁没法弥补自己的过错，见大队准备这样处理，不但不生气，反而高兴起来："好，我明天就补种。"

树种上了。大队书记把消息告诉谷书记。谁知第二天一大早，谷文昌卷着裤管，两脚是沙，风风火火出现在大队领导面前，大队领导们丈二和尚摸不着头脑，愣了，不敢面对一脸严肃的谷文昌。谷文昌说话了："好啊，你们敢欺骗我！"

"谷书记，真的是种上了。"大队书记和队长都显得有点急，"是我们林业队看着他种的。"

"你知道他种了几棵？"

大队领导们你看我，我看你，回答不上。

"我刚才算过了，是 1998 棵！"

大队书记听了，松了口气，但也十分惭愧认错："谷书记，我们工作确实不细致，我们马上叫砍树人补上。"

谁知，砍树人死活不认自己少种了两棵。他发誓说："做人要讲信用。我少种两棵做什么？一则对不起谷书记；二则损了自己的信用；三则种两棵，不就是几分钟的工夫吗？"砍树人说到激动处，说什么也要让大队领导和他一起实地计算，还他一个清白。于是大队领导带着砍树人实地察看。原来是其中有两处，都是树苗太弱小，一个坑种了两棵。大队领导感慨谷书记的认真细致，也把这难题推给了砍树人。两棵树终于补上了。

事情终于解决了，然而这件事给大队领导太多的思考：在谷书记的身上，需要学习的地方实在是太多了。

也是这个时候，全国性的"大炼钢铁"已接近尾声，谷文昌审时度势，认定到龙岩专区漳平县潘洛铁矿炼铁的做法是官僚主义的表现，下令潘洛铁矿停止冶炼生铁；到翌年底，宣布钢铁厂下马。至此，东山"大炼钢铁"画上了句号。

也是在这年夏天，粮荒还未消除。干部们饿着肚子渴想着美食。县委食堂作出重大决定，早餐改膳！何谓"改膳"？就是吃好东西。具体是在食堂吃饭的人每人 2 根油条。谷豫闽到食堂买了两份 4 根油条，炊事员见是谷书记的儿子，多给了 1 根。吃饭时谷文昌发现有油条很高兴，问是怎么回事。谷豫闽把食堂改膳的事说了。谷文昌又问："买 2 份给 5 根是怎么回事？"谷豫闽说："我也不知道。"谷文昌不高兴了，要儿子把多出的一根退回。

一个月后，谷哲慧端着一盘从县委食堂打来的炒白菜回家。谷文昌发现女儿端的菜是满满一盘，问她："你买了多少？"女儿说："和别人一样买一份。"谷文昌说："一份哪有这么多？这是揩公家的油。"于是谷文昌和妻子商定：从此不到食堂买菜，自己炒就行。

粮荒在继续发展。谷文昌决定到最困难的大队去看看。一天，他出现在礁头村。吃午饭时，他和大队领导一起来到食堂用餐。这时大队长端来一碗白米饭放在谷书记面前。谷文昌一愣，望着热气腾腾的大米饭站起来询问："这是做什么？让我吃白米饭，让社员吃番薯汤？"谷文昌又严肃告诉大队长："我们都是党的干部，也是群众的干部，就得和群众吃一样的饭，受一样的苦，干一样的活，群众才会信任我们。"然后，谷文昌缓和口气说："既然饭已端来了，大家就一块儿把它吃了吧。"然后谷书记让炊事员打来一份地瓜汤，又让他把这碗米饭分给在食堂用餐的每一个人。

这个时候，河南省也遭遇饥荒。一天，谷文昌接到弟弟谷文德来信。信中说母亲已经饿得不行，身体快支持不住了，希望二哥帮忙想想办法。谷文昌接信后想，尽管东山的日子也不容易，但总比老家强，应当把母亲接到自己身边，尽儿子的一点责任。可是想到母亲已是 74 虚岁高龄，风烛残年，身体极为羸弱又是缠足，哪里能够受得了从河南最北边到福建最南端这 2000 公里的颠簸之苦？

该如何解决母亲的难处？思之再三，他写信给远在山西长治北郊黄碾村牛铺自然村的兄长谷程顺，询问他家中生活情况并提出请求：如果那边有口饭吃，希望把母亲接到兄长那里，一切费用由他负担。侄子谷永良（小名谷有才）很快回信："二叔，俺家比老家南湾村好很多，可以让奶奶到俺这里生活。"就这样，由谷文德护送母亲桑氏，到百多里外的黄碾村牛铺自然村生活，谷文昌才安了心。

粮荒仍在肆虐，城镇人口的吃粮问题显得尖锐。上级领导提出：继续压缩城镇人口。曾经是城关区工委书记的谷文昌，非常清楚城关区人口现状：全县人口 95120 人，其中城镇人口高达 29504 人，占全县人口的31.02%，远远高于全国 18.66% 的水平。这么多人在吃商品粮，是全龙溪地区少有的。是月 14 日，谷文昌以县委的名义发文《动员家属回乡参加生产的通知》，将属于本县 135 个来自农村的干部家属，动员回乡参加劳动生产。然后又根据上级要求，动员其他对象下乡。这工作一直持续到这年年底。

面对粮荒和物资严重匮乏，谷文昌还出新招。8 月 16 日，谷文昌发表《全党抓农业　全面大丰收　贯彻"以农业为基础　工农业并举"的方针的几点体会》文章，指出：紧紧贯彻"一手抓生产，一手抓生活"的方针，全党动手，办好食堂，管好生活。谷文昌把"生产"和"生活"相提并论，并着手干好这两个工作。为了使全县每人达到每月平均 30 斤主粮水平，或者相当于这个水平，他绞尽脑汁：眼下不可能马上达到每人每月30 斤口粮的水平，就在全县的食堂建立 2453 亩蔬菜基地外，还腌制各种瓜菜 13.4 万斤，以瓜菜代粮食。

谷文昌考虑到群众单吃瓜菜，营养不够，容易发生水肿、肝病和妇女病，因此必须增加蛋白质等营养。他再次把眼光投向大海，让大海为战胜粮荒做贡献：他分派任务给各个渔业大队，要求各渔业大队腌制咸鱼给全县食堂。这一举措得到渔民们的积极响应。很快，各渔业队超额完成县委为食堂腌制咸鱼的任务。这样，在全县食堂吃饭，既有"山珍"，也有"海味"。

为了鼓励农村干部积极开展生产自救以解决群众生产、生活问题，谷文昌于 8 月 16 日，召开县委扩大会，强调所有农村干部"大胆地抓、一马当先地抓（群众生活）……革命的目的，生产的目的，都是为了生活问题。如果我们不关心群众生活，就是没有群众观点，就无所谓革命"。

在与饥荒的斗争中，谷文昌没有忘记后进大队。20 日，鉴于全县在继续"大跃进"中出现不少后进的农业大队，谷文昌下决心改变其现状。他派出工作队，以后进大队樟塘为典型深入调查，形成《关于康美公社樟塘大队劳力问题的调查报告》。调查结果发现全大队 445 户 1722 人，累计全半劳力 792 人，占总人口的 46%。因上调、脱产、外流、内迁、劳改等原因，劳力减少 209 人；在本大队内从事后勤从事食堂工作的 141 人；从事各种专业如放牛、林业、农具制作、搞副业等 187 人，其他占 3.3%，实际搞农业的劳力只占 37.4%。因此，农田出现"前头做，后头荒"现象。社员在背后说："出不出工由你，干好干坏由我。"谷文昌由此得出结论：是继续"大跃进",才使大量劳力不是用在农业生产上,而是用在服务行业上,甚至用在其他方面,才导致田间劳动力严重不足,进而使农业减产。对此他引用东山俗语"千般武艺,不值锄头落地",要求尽量减少不必要地使用劳力,最大限度地把劳力用在田间。

9月,谷文昌终于看到一件可喜的事:盐业完成生产的两件大事。一是撤大产大队,建地方国营大产盐场;二是经省盐务局批准,成立东山县最大的盐场,即地方国营东山县西港盐场。到年底,西港盐场共垦造盐田1299坎,合计18159公亩,挖卤井2074口,建防洪堤7条计长11504米;开纳水沟2条和排淡水沟3条。同时还建成小电厂,安装3台内燃机计480马力。以上投资共计186.74万元。从此,西港盐场的生产进入一个新的发展时期。

可是想不到盐业的丰产,让一些人有了异样的想法:现在农业是基础,以后农业和工业一样工业化了,农业还有什么基础可谈呢?就此问题,谷文昌10月3日在县扩干会上做《用最大决心集中力量,大办农业,大办粮食》的报告。谷文昌提出:"东山要不要以农业为基础?还有人怀疑……这思想不解放,就会影响大办农业、大办粮食的态度和行动。我们说:农业现在是基础,将来也必须是基础,东山毫无例外,也要以农业为基础。其原因是:农业是人类衣食之源,生存之本。衣人人要穿,饭天天要吃;没有农业根本谈不上'衣'和'粮',谈不上'生'和'存',将来实现工业化……人还要吃饭、穿衣。因此,无论什么时候,离开农业都不行。"为此,谷文昌要求迅速采取措施压缩其他劳力,用于加强农业生产第一线。

在谷文昌率领下,东山人民战胜饥荒的努力,开始出现好转的势头。这本是一件大好事,可是一些干部不以10天前谷文昌就敲过的警钟当一回事,认为粮荒很快就要被克服了,该歇一歇了。谷文昌担心这种思想一旦蔓延,最后战胜粮荒的努力将前功尽弃。因此他于10月上旬召开县委四级干部会议,在会上作总结报告指出:"粮荒还没有被我们完全战胜,群众的生活还很艰苦。关心群众疾苦,这是我们党一贯的优良传统作风。临阵退缩，想把生活担子往社员身上推，是不对的、错误的，当领导的应该勇敢地挑起来！"

10月12日，谷文昌再次召开县委四级干部会议，再次强调战胜粮荒、大抓粮食问题的重要性。谷文昌说："'民以食为天'，吃饭第一，粮食是第一重要……'嘴动三分力，有粮肚不饥'，粮食是'天字第一号'重要的事……'要吃好，向土讨'是一条真理。"

24. 中央急信虎添翼 "指示"执行除"五风"

1960年11月3日，中共中央发出《关于农村人民公社当前政策问题的紧急指示信》（以下简称《十二条》或《紧急指示信》）。文件规定了农村人民公社十二条政策，其核心是要求全党用最大努力纠正"共产风"。重申三级所有，队为基础，是现阶段人民公社的根本制度；彻底清理"一平二调"；允许社员经营少量的自留地和小规模的家庭副业等。同一天，中央还发出《关于贯彻执行"紧急指示信"的指示》文件，指出贯彻执行《紧急指示信》的关键，在于提高干部的思想觉悟，提高他们的经济理论水平和政策水平。

中央这两个文件是扭转东山农村严重形势的新起点和及时雨。谷文昌在接到中央《紧急指示信》后，兴奋异常：这是他盼望已久的旱地甘露！他立即召开县委会，在全县农村组织传达贯彻。东山县委纠正"一平二调"在行动上的雷厉风行和显著效果，成为福建省委全面调整经济工作的典型，并成为指导下阶段全省落实中央《紧急指示信》的榜样。在省委召开的会议上，省委办公厅将东山县委的做法作为典型材料，印发给全体到会同志参考。省委办公厅于12月11日下发的《贯彻政策 集中劳力 以粮为纲 全面跃进》文件认为：东山在遭遇了180天旱灾之后，还取得粮食大增产和多种经济全面发展及出口任务超额完成的成绩。其原因是县委认真落实中央《十二条》紧急指示，认真纠正平调、偿还欠账、集中劳力加强农业战线、改进干部作风，"因而社员生产情绪日益高涨"。

之后，省委将学习贯彻中央《紧急指示信》这么重要的会议放在漳州召开，然后才回到福州继续开会；同时由省委办公厅把东山作为典型推了出来，这两件事都和东山县委在落实中央指示精神的典型做法和突出效果有关系。这也是谷文昌带领县委领导班子取得的一项重大成果。11月4日到12月25日，谷文昌以杏陈公社先为试点，开展以彻底纠正"共产风"为中心的"五风"不正的整风整社运动，历时52天方告结束。

11月27日至12月17日，谷文昌参加省委先后在漳州和福州召开的省委三级干部会议。会议着重批判了以"共产风"为首的"五风"（即"共产风"、浮夸风、强迫命令风、生产瞎指挥风和干部特殊化风），并针对福建存在的问题，制定了《省委关于执行中央〈关于农村人民公社当前政策问题"紧急指示信"〉的补充规定》，将中央指示精神具体化为8条补充规定。

12月，又吹来春风。国务院再次发出《有计划有领导地恢复农村集市贸易，活跃农村经济》的指示，谷文昌带领县委领导班子学习和领会指示，认为这是缓解东山县粮荒和物资紧缺的好政策，并很快在全县恢复农村集市贸易。谷文昌选择杏陈公社圩场，作为恢复集市贸易的试点，然后在全县5个主要市场恢复集市贸易。与此同时，恢复国营商业、供销合作、集市贸易3条流通渠道，扩大商业网，在全县增设42个门市部和35个流动货担。

可是这时候，又发生了一件令人不快的事：11月初，龙溪地委给东山县下达冬种作物计划任务。这个任务要求东山县必须在当年完成78500亩冬种任务。谷文昌接到这个指示，深感棘手，因为全县可用来冬种的田地根本就没有这么多。由此谷文昌于12月10日让县委办撰写给龙溪地委《关于冬种作物计划任务偏大的请示报告》，请求地委批准予以把冬种面积减少为60916亩。因为这才是东山可冬种的实际数字。

从12月20日开始，根据中央《紧急指示信》和省委8项补充规定，谷文昌派出调查组到全县调查各公社在3年来，以"共产风"为首的"五风"，对全县各行各业的生产和人民群众生活所造成的损失做调查和评估。

在对全县的"五风"情况有了基本了解之后，谷文昌于 12 月 28—30 日又召开县委会议，落实中央《紧急指示信》和省委 8 条补充规定的工作。他到梧龙大队召开现场会，就自留地、养猪、食堂生活、冬种和三包等问题作东山县委的 8 条指示：（1）关于自留地问题。食堂菜地、自留地面积应占耕地面积的 7%。自留地种植何种作物由社员自定，收成和收入归个人所有。（2）关于养猪问题。采用公私养并举，私养为主。（3）关于土地充分利用问题。允许生产队利用田边地角和其他闲散土地或小片荒地种农作物，收成大部分归生产队所有。（4）关于口粮标准问题。每人每月平均保证在原粮 20 斤以上，一般是 25 斤左右。发动群众开展生产自救。（5）关于食堂问题。食堂规模大小以便利群众、便利生产、便利管理为原则。群众要求分开的可分开。（6）关于分配问题。坚决执行中央规定的 65% 分给社员等。（7）关于社员抽烟问题。社员可在自留地或屋前屋后等"十边"土地种植自用土烟。（8）关于达不到分配要求的问题。坚决执行中央规定的 65% 分给社员。这结合东山实际的 8 条规定，受到群众的热烈欢迎。

1961 年元旦到了，谷文昌在新年之际，满怀喜悦心情通过有线广播，代表县委向全县人民和全体干部，致以新年的问候并宣布："全县党政军民上下团结一致，充分调动生产的积极性，我们即将战胜粮荒！"

2 月 8 日，县委召开五级扩大会议，旨在扫清胜利道路上的障碍。谷文昌代表县委作《贯彻政策，总结经验，力争 1961 年更大的全面跃进》发言。他根据中央《紧急指示信》的十二条政策和省委 8 条补充规定，采取边学习边对照东山 3 年来"五风"的实际情况组织讨论，然后形成既体现中央和省委指示精神，又结合东山实际的结论，进而提出改正措施和方法。

其一，揭发批判"共产风"。

谷文昌指出：3 年来全县共被县、社刮去土地 1692 亩，房屋 2113 间，各种农家具 32328 件。在大队一级，单陈城公社 8 个大队就被平调资金 54756 元，劳力 83974 工，土地 144 亩，各种工具、车船 1850 件。他说：

"'共产风'刮得人心惶惶，制度混乱，财产损失严重，挫伤了社员的生产积极性，严重地破坏了农业和渔业的生产力。"

其二，揭发批判浮夸风。

谷文昌说，浮夸风的一个典型就是制订农业生产计划的浮夸。按正常年景，全县粮食产量在 3000 万斤到 3300 万斤之间，1960 年制定粮食产量竟高达 1.2 亿斤，甚至定到 4 亿斤，是正常年景的 4—13 倍。最后，谷文昌追究搞浮夸风的责任。他先自责说："浮夸风计划偏高，县委应负责任。社、队和各部门的浮夸风与县委有关系。浮夸的人受表扬，踏踏实实工作的人受批评……三年来春季的计划，年终都没有实现。"

其三，揭发批判强迫命令风。

谷文昌指出：1959 年 9 月有一天，刮 9 级大风，海上波涛汹涌，领导下令出海生产，结果出海沉船溺死 1 人。宫前驻队一名副社长说："打仗嘛，死一两个没关系。"谷文昌厉声说："这不是战争年代，这是和平建设年代，人命关天，安全第一！"谷文昌的严厉令与会者汗颜。

其四，揭发批判生产瞎指挥风。

谷文昌指出：我们一些领导往往凭自己的主观意识指挥生产；或只顾模仿外地的所谓"经验"，忽视当地老农意见。如指挥大兵团统一收种、在寒流中插秧以及在三抢三夏时盲目强调"打破队界统一指挥"。谷文昌根据群众检举揭发的这些生产瞎指挥问题，要求他们吸取教训，积极到生产第一线参加生产，了解生产的实际，避免再次犯错。

其五，揭发批判干部特殊化风。

谷文昌指出：由于国民经济的困难，尤其是食品的不足，干部利用手中权力谋私大搞特殊化，多吃多占行为普遍存在，"条子"满天飞；供销社、粮站、水产收购站凭借行业优势互通有无。群众最有意见的就是领导多吃多占。谷文昌要求当事者：不但要检查所犯错误，还要检查造成这些错误的原因，到所在单位向群众检讨并加以退赔，对其中行为严重者依法惩处。

再把"五风"的劣迹"晒"出来，主要工作就是退赔。对此，谷文昌采取如下措施：

一是组织兑现退赔。在退赔问题上，谷文昌采取全程跟踪。他明确表态："只要是不义之财就得还人家。只有退赔，群众才理解我们用心良苦，才支持拥护共产党。"

1月20日，谷文昌指导县委制定退赔标准和办法：（1）兑现退赔实物必须在80%以上。（2）原物还在以原物退回；原物若不存在，在征得物主同意后可用同类实物退赔。（3）原物损坏者必须修理好退回，并付给合理的租金和折旧费。（4）原物如果已经丢失，必须等价赔偿。（5）平调谁的就退还给谁，而且必须在清查核实后予以张榜公布。

二是解决干部违法乱纪问题。

1月15日，谷文昌召开县委常委扩大会。在会上，他针对古马大队干部胡作非为，体罚甚至侮辱群众的不法行为，再次进行严厉批评，重申："对一般社员自私自利拿公家一些东西的都不叫小偷，叫贪小便宜。因为这个现象是我们给人家搞出来的，大集体生产搞不好，个人小私又弄得光光，叫人家不偷才有'鬼'。这次要把矛盾搞清，造成矛盾是我们的错，不是工人、农民的错。"而后，谷文昌和县监委责成古马大队书记和大队长做深刻检讨，并将大队书记调离古马大队。群众闻讯拍手称快，说："这次把他调走时，群众很满意。55岁的老社员何勤仔说：'这次政府把他调回去，我要拜24个壁角（意思是非常真诚地感激党和政府），感谢政府。'"1月17日，谷文昌代表县委的自我检查指出："每个领导干部都必须懂得自己的职责。如果群众不敢接近，干部不敢向我们提意见，这叫脱离群众。现在我们有些领导干部不懂人民的心，在一个村驻了一年还不懂得这个村有多少户、多少人，土地有多少高产田、多少低产田，该种什么作物都不了解。这样工作就无法做好。这是很危险的。"

三是做农村政策调整。

1月18日，在谷文昌主持下，县委就农村政策做调整，形成重要文件《中共东山县委关于坚决贯彻执行中央十二条政策指示和省委八条政策补充规定的有关若干具体问题的处理意见（草案）》，对3年来发生在东山的

"共产风"做一次彻底的纠正。具体是：

（1）土地问题。凡因基建征用生产队耕地（282亩），按国务院规定付给征用费。（2）山林问题。国营西山岩林场山权是国有的（林场），由国家统一管理、统一经营；对沿海沙堤、沙漠除了国营造林外，实行谁种谁经营、谁收入办法。（3）平调企业问题。已并入国营的，经国家投资扩建，今后仍继续采取合营的办法，盈利按比例分成。（4）劳力问题。各单位凡因基建无偿调用劳动力的，均由调用单位按原定工资标准付给报酬。（5）平调生产和生活资料问题。占用社员房屋的分三种情况处理，能退还的马上退还，已经拆毁的应合理折价赔偿，坚决执行还款规定，不得无理拖欠。（6）收益分配问题。1959年公共积累扣留比例，仍按当年规定不变；1960年的分配必须保证在春节前分清兑现，不留尾巴不打欠条。（7）社员自留地问题。社员自留地一般每户平均一分五厘，但对于土地特别少的宫前、澳角等大队可按高级社时的标准，不足的补足。

四是做渔业政策调整。

1月20日，谷文昌以县委名义下发《关于渔业几个政策问题的意见（草案）》，提出政策意见供各大队参考执行。

五是解决群众生产生活。

给社员予大集体下的小自由。自留地长期不动；社员房屋、家禽家畜、个人种菜、银行存款、侨汇等必须保护，永远归个人所有。

25. 粮荒解脱党群喜　农贸繁荣百业兴

1961年，当全国还在为战胜粮荒而艰苦奋斗的时候，东山县却已好事连连。1月下旬，谷文昌以县委名义先后发布《关于发展林业生产政策的处理意见》和《关于造林护林和处理林业政策的初步意见》，对山林所有权、经营管理与分配、林业专业队报酬问题，从政策上加强对林业生产的管理，使之达到保护森林目的。针对个别社员群众因为缺烧柴，偷砍木麻黄问题，县委决定："开展林木速生丰产运动，是当前造林运动中的一个新课题，是加速解决我县烧柴、用材，巩固食堂，促进农、渔、盐业各项生产的有力措施。"

2月17日，传来党的八届九中全会关于国民经济实行"调整、巩固、充实、提高"八字方针的佳音。谷文昌春风得意马蹄疾，随即召开县、社、队三级扩大会议，并明确提出要尽快在农业方面做调整。正在这时，龙溪地委书记洪椰子放心不下粮荒的"困难户"东山，与地委办公室和报社人员一起，于3月7日到东山调查。地委调查团先后在山口、梧龙、九街、马銮、白埕、前何和后林等村调查春耕生产、群众生活安排和市场商品供应情况。这实际上是一次突击检查。调查组在东山一共驻了6天，对东山县委战粮荒的成果甚感意外："目前全县农村口粮标准每票（食堂）每月吃30斤原粮的较多，原来标准较低的山口大队也吃27斤。预计在春收之后还可适当提高一些。春菜不仅食堂有，社员家家户户有……市场商品大大增加，价格不断下降，小偷几乎绝迹……干群关系更加密切。"

调查组为此给中共龙溪地委打了报告，汇报在东山的调查结果。中共龙溪地委转发了该报告，显示了"整风整社贯彻十二条指示在东山的初胜"。3月11日，谷文昌怀着兴奋的心情授意县委向龙溪地委发文《一切从充分调动群众积极性因素出发　东山县关于整风、生活、生产三结合情况报告》（以下简称《报告》)。《报告》称："几个月来，我县广大农村经过贯彻以中央十二条紧急指示为纲的整风整社，出现一派大好形势……春耕生产热潮滚滚，春收作物丰收在望……由于去年（1960年）秋收后就抓紧生活安排，因此目前农村生活普遍较为稳定。全县现有存粮有538万斤，农村人口64111人，每月每人25斤原粮计算，可以安排到6月10日，接上过冬地瓜，有15个大队安排到6月底还有44万斤余粮。食堂的燃料、吃菜基本能适应春耕需要。由于正确处理社员小自由政策，农村集市迅速活跃起来，小商品大量增加……纵观全县，当前农村总的形势是好的。"

谷文昌觉得有必要向全县人民宣传东山的大好形势，以激励人民群众再接再厉，争取更大胜利。3月17日，谷文昌又召开全县小队长以上干部会议，代表县委坦诚向各级领导亮家底。会上，他的喜悦心情不减，代表县委坦诚向各级领导亮家底称：由于正确处理社员小自由政策，农村集市也迅速活跃起来，小商品大量增加。这种变化，当然使谷文昌心里产生从未有过的幸福感。

然后，谷文昌发动各公社、大队积极备春耕，到春耕前，全县各种农具已备116120件，其中主要农具锄头、犁头、水车等基本满足春耕生产需要。县委把工业支援农业的重点，放在以增加小农具为中心的农机具生产和生活必需品的生产上，大力组织春耕、春汛生产资料供应的做法，得到龙溪地委的赞扬肯定。地委由此发文到本地区各县并上报省委称："东山县委关于大力组织春耕、春汛生产资料供应的情况报告转给你们一阅。看了这个报告使人感到：像东山这样竹、木、铁俱缺的海岛县份，生产资料供应工作，能够做得这样好，的确是成绩突出，具有很大说服力。现春耕大忙，望各级党委认真检查一下春耕生产资料供应工作，并像东山一样，组织有关部门，大力发动群众，从各方面来克服农具不足的困难。确保三春全胜。"

3月27日，县委对全县的农贸市场做了调查，形成《情况简讯之自由市场开放前后蔬菜上市情况》文件。调查显示市场上市的蔬菜品种和数量大增，价格大减：统计上市蔬菜10617担，比上月同期1548担增长近7倍；品种由原来的7种增为25种；价格方面也随之下降，如大白菜每斤由2角降为5分，高丽菜由2角5分降为8分，萝卜由1角5分降为7分，其他如葱、蒜、韭菜、菠菜也降至原价的二分之一以下。

在大好形势面前，谷文昌想做得更好。针对过去把手工业全部收归国营，造成"集体变国营，流动变固定，门市一合并，经营不热情"的结果，给人民的生产和生活造成很大不便。因此他决定对城乡手工业实行三种所有制，即全民所有制、集体所有制和个体所有制并存，调整手工联社（组）计20个542人，分散经营以便利群众，便利农业生产。

经济的逐渐复苏，农贸的不断繁荣，也促使退赔工作的进展。3月30日，谷文昌以县委的名义，公布"整风整社"平调与退赔的处理情况：

（1）退赔类型：根据全县 5 个公社 54 个单位（包括城关 4 个街道在内）调查结果，搞平调的单位有 48 个（6 个没平调单位是城关公社各渔业大队），占开展运动单位的 89%。据 48 个单位的统计，到目前为止大体分为三种类型：① 平调已经彻底兑现的有 27 个单位，占 56.25%，其中实物退赔达到 80% 以上；② 平调已经彻底澄清，兑现基本结束的有 15 个单位，占 31.25%，其中实物退赔的占 60% 以上；③ 平调尚未完成的有 6 个单位，占 12.50%。

（2）各级退赔进度：根据省、地、县、公社、大队和队部六级统计，合计平调总金额 1298853 元，已兑现总金额 1122452 元，占平调总金额的 86%。其中平调耕地、房屋、耕牛、毛猪、农渔盐具等各种物资 30510 件，已退赔实物 22575 件，占 74%。从退赔的类型和进度看来，东山的退赔工作又取得新的成绩。

谷文昌领导下的东山县委，经过贯彻《紧急指示信》、整风整社，终于把东山带上经济复苏的道路。谷文昌总结说："《十二条》解决了'一平二调'的'共产风'、清算退赔、自留地、大集体下的小自由、劳逸结合、包产、干部作风等问题，因而包产较落实，社员积极性调动了起来，解决了今年春天生产的很多问题……贯彻《十二条》以后是安定了人心，初步调动群众积极性。"

26.《农业六十条》春风送暖　新规定热浪升温

1961 年 4 月中旬初，谷文昌接到中央《农村人民公社工作条例（草案）》（以下简称《农业六十条》）。文件依据农村人民公社 3 年来的经验，为纠正社、队规模偏大，搞平均主义，民主制度和经营管理制度不健全等问题，做出系统的规定。可以说，这是 3 年来中央最重要的文件，被誉为最权威也是最重要的文件。

谷文昌接到这个文件，深感其分量之重，迅速在全县干群中传达，文件精神很快在全县引起巨大反响。他想根据文件精神，了解人民群众最为迫切的要求是什么。经调查，群众意见最集中的莫过于公共食堂。4月14日，谷文昌召开县委扩大会。会上，他根据《农业六十条》，就办公共食堂问题向与会者说："可以办全部人参加的食堂，也可以办一部分人参加的食堂；可以办常年的食堂，也可以办农忙食堂；在居住分散或者燃料困难的地方，也可以不办公共食堂……如果群众要求回家做饭也是不犯法的。"与会者听了掌声雷鸣经久不息。谷文昌的讲话被迅速传达，到春夏之间，全县除了前坑洞村之外，所有食堂都一"轰"而散了。

5月之初，谷文昌还组织县委领导干部，深入各生产大队，调查社员群众对当前人民公社三级管理体制下的生产关系、分配供给制、山林如何分级管理的看法，得知广大社员迫切要求尽早解决这些问题。谷文昌非常清楚，社员迫切希望在粮荒消失后，农业尽快得到发展，而现有的生产队建制规模过大，阻碍了生产的发展。因此必须遵照《农业六十条》精神研究解决。

5月14日，谷文昌主持召开县委贯彻《农业六十条》的扩大会，强调必须根据《农业六十条》文件精神，结合东山实际发展生产，解决群众想解决的各种问题，从而调动农民和渔民的生产积极性，恢复和发展农业和渔业生产。会上，谷文昌指出："因为《十二条》贯彻以后尚未完全解决农村中所存在的问题，所以中央又制定了《农业六十条》。现在农村中最突出的问题是存在平均主义……主要是生产队规模还很大，没有得到彻底解决。农业生产能否搞好，生产队是主要的。"针对各公社和生产大队领导干部中存在的"一大二公"平均主义的思想认识，县委召开各种不同类型的会议，号召干部们深刻领会《农业六十条》精神，面对全县农村实际跟上形势，为下一步农业政策调整做好思想准备。可是一些领导就生产队规模问题心存顾虑，提出要不要宣传，宣传了是否会造成社员的思想混乱的问题。

谷文昌开诚布公："社队规模问题要不要宣传？讲了以后会不会乱？肯定答复：要大张旗鼓地宣传，而且要讲到家喻户晓，尽人皆知。我们东山情况，生产队规模一般可在30户左右，领导再强也不能超过40户……这个问题千万不要回避，这是个纲。前何大队9个生产队，规模大的都减产，规模小的都增产。"

针对一些人从"大跃进"以来，狂妄地认为"人定胜天"的言论，谷文昌再次在会上发出他对大自然认识的强音："农业生产一半靠天，一半靠人，或者一大半靠天，一小半靠人的环境还没有改变，生产很不稳定……气候和人比还是气候胜于人，人定胜天也要有前提，有时候能胜，有时候不能胜。例如红旗水库现在蓄水很多，再五六十天不下雨，我们能保证作物生长，抵抗过干旱，这是暂时战胜了天。但是假如一下子下 1000 公厘（毫米）以上的大雨，我看下湖整个村庄也要被水冲掉；或者一两年不下雨，你也没办法下个命令叫老天下雨，这就天胜了人。今天我们所有的干部要懂得这一点，在指导生产中要教育群众懂得气候变化，懂得不违农时的道理，要树立每时每刻与自然灾害做斗争的思想。"

针对一些人对政策多变，当前贯彻《十二条》和《农业六十条》，担心以后或许又出现反复的问题，谷文昌解释说："现在贯彻《十二条》《农业六十条》，有人就联系到 1959 年反'右倾'，1958 年拔白旗，1957 年反'右派'的问题……只要我们按《十二条》《农业六十条》认真进行贯彻，都不左不右……"

为了更好地执行中央《农业六十条》，谷文昌决定扩大传达和调查试点，5 月 19 日，以杏陈整个公社为试点，然后在全县推广。调查组临行前，谷文昌写了一封信，即《给杏陈公社贯彻〈农业六十条〉工作条例（草案）试点工作的一封信》，表明了他对贯彻中央《十二条》和《农业六十条》的思考。

谷文昌指出："贯彻《十二条》以后是安定了人心，初步调动群众积极性。但问题还未全部解决，'整风整社'的尾巴还留得很长，所以现在必须再贯彻《农业六十条》……"这封信体现了谷文昌对生产队规模体制，对各种不同体制下社员劳动功效的专注和思考，其敏锐关注力令人惊叹佩服。

同月，根据中央《农业六十条》政策，谷文昌带领县委一班人，进一步对全县的农业大队和渔业大队的生产队体制加以调整，取得显著成效。这些调整，主要有：

一是对生产大队和生产队体制规模的调整。将全县原来 44 个大队扩大为 61 个（其中渔业大队 9 个），即增加 17 个大队。生产队由原来的 348 个增加到 530 个。

二是对全县农村的自留地政策的调整。决定社员自留地一般每户平均 1 分 5 厘（到 1960 年 12 月 29 日，社员自留地按占生产队土地的 5% 分配）。这以后，逐渐扩大社员自留地的面积，根据省委《关于社员自留地的规定》和《关于在人多地少地区社员自留地可达 10% 的通知》的规定，县委于 10 月又对自留地问题做了政策调整：以大队为单位，每人耕地平均 2 亩以上的留 7%；1—2 亩地留 8%，一亩以下的留 10%。

由于调整后的小自由生产大发展，市场贸易迅速恢复和发展。上半年社员小自由生产的粮食，一般占大队分配口粮部分三分之一左右。集体、个人有了粮食，家禽家畜猛增，不少个人养家禽家畜已超过历史最高水平。粮食分配提高了，收入增加了，干群关系、党群关系也大为改善。曾经一度在农村流行的"干你们政府的""吃你们政府的""干不干，四两饭"，这些话很少听见了。

三是分配政策的调整。在谷文昌的指导下，县委采取缩小供给部分，使多数人多劳多得的办法……这种分配政策的调整，保证了多数人通过多劳而获得更多的报酬，从而激励了社员的劳动积极性。

四是对生产资料的政策调整。这是"大包干"的中心问题和关键所在。采取"基本不动，个别调整"原则，从是年 11 月份开始，由点到面分期分批开展"大包干"。其中土地调整坚持"四固定"为基础，基本不动，个别调整的原则。

很快，全县农村政策调整取得显著效果。社员劳动积极性大大提高，夏收粮食大丰产，《东山县 1961 年上半年农业生产工作总结》对丰产情况做了具体说明："粮食总产比去年（1960 年）增产 22.8%……全县各公社社社增产，增产幅度为 17.2%—31.2%；在（全县）所有大队中，增产者有 48 个大队，占 94.1%，减产者 3 个大队，占 5.9%。粮食增产后，社员口粮较为充裕了。全县农村人口夏季口粮每人每月平均 28 斤，比去年同期增加 21.7%……社员收入也普遍增加。夏季分配结果，上半年总产值比去年增长 32%……"农业收成增长使人民生活得到改善，水肿病基本消灭，育龄妇女怀孕数增加。

在贯彻执行《农业六十条》时，谷文昌又有新发现，就是如何保持政策稳定的问题。5 月 21 日，谷文昌专门成立调查组，对城关九街大队和地处县境中心地带的港西大队做调查，最后形成《九街大队为什么年年增产、年年增收》和《港西大队为什么连年减产》的调查报告。之所以要做这个调查，是出于年初毛泽东向全党提出大兴调查研究之风，使之成为实事求是年的倡议；再者是中央要求县级以上党委领导人员，深入基层蹲下来亲自进行系统的典型调查的要求进行的。调查组对这两个大队从 1957 年以来的粮食作物、经济作物、牲畜等各项事业增减产情况及其原因，做了具体的分析。

九街大队之所以粮食增产（1960 年粮食总产比 1957 年增产 38.3%，收入比 1957 年增加 73.03%，1960 年社员纯收入每人平均 70 元，比 1957 年的 66 元增加 6.3%），一是因为因地制宜抓高产、坚持按劳分配抓评工记分、挖掘劳力集中于生产第一线；二是该大队生产队体制稳定、领导干部少变动、坚持"四固定"等。

而港西大队之所以连年减产（1960 年粮食生产比 1957 年减少 49.4%，社员每人每年平均纯收入由 1957 年的 40.29 元减少为 26.47 元，每人口粮也由 1957 年的 520 斤减少为 263 斤，降低 50.5%）。原因一是因为生产不因地制宜，不认真贯彻"三包一奖"、"评工记分、按劳取酬"而影响了社员生产积极性；二是生产队体制年年变：1957 年有 6 个合作社，1958 年分为 12 个，到年底又合为 3 个生产连；1959 年又分为 12 个生产队，到年底又再合为 6 个生产队；1960 年夏收又再分为 3 个战区统一指挥。这样分分合合，搞得大家对生产队没有感情，认为不是在给自己种地，干劲也没了。

调查的结论是：生产队体制规模应保持相对稳定，坚持按劳取酬，如果体制年年变动，不按劳取酬，势必影响生产队经营管理的积极性和社员劳动的积极性；如果搞"一大二公"，社员收入被平均、社员养猪积极性大减，肥料减少等，势必导致生产发展受制约。

谷文昌又针对集体生产和社员个体小自由生产的利弊，到坑北大队做调查，并于 6 月 22 日形成《坑北大队社员个人开荒扩种调查报告》（以下简称《调查》）。《调查》称，发现"去年早季没有很好地执行党的政策，自留地归公，社员工余时间白白浪费，集体劳动……工效提不高"；社员利用工余时间进行开荒扩种，所生产的粮食竟占全大队产量的 9.4%，从而"证实中央政策指示正确，充分证实了社员小自由生产是社会主义经济的必要补充""看来，社员个体小自由生产搞得好，不但能调动社员积极性，促进搞好集体生产；而且对改善社员生活，繁荣市场更为有利"。

同时，调查还发现：社员因为开荒而忽视水土保持；为自己的自留地而与集体争夺肥料的问题。因此，必须加强对小自由生产的领导，开荒扩种必须保证不妨碍水土保持；必须发动社员积极积肥，以保证集体生产与小自由生产两不误。不久，县委就大兴调查研究之风，形成《东山县 1961年上半年农业生产工作总结》，其中有一句："是为了发现问题，解决问题，正确指挥生产"，这使县委的工作更加实事求是，减少了生产上的瞎指挥和命令风；也改善了干群关系。

6 月，谷文昌又做出重大决策。他开始解决全县 5 个人民公社规模偏大问题。经过县委会研究后，形成统一意见：将全县 5 个公社分成 7 个公社，即析西埔和康美两个人民公社的部分生产大队，组建樟塘公社和前楼公社。这个决定得到上级的批准。一个月后的 7 月 10 日，两公社成立揭牌之日，谷文昌率领县委和人委领导全部到场，举行揭牌仪式。县委书记谷文昌在揭牌仪式上强调：根据中央《农业六十条》规定，缩小管理范围对加强领导，提高管理水平，有利于增加农业产量，进而对提高人民群众的生活有重大意义。同时他勉励两公社党政干部，在新的岗位好好为人民服务，争取更大贡献。

27. 调整红花开遍地　调查硕果香八方

1961 年，谷文昌根据中央调整国民经济"调整、充实、巩固、提高"

八字方针，在对农业进行调整之后，开始对工业、侨务等其他方面做调整。

对工业的调整。其一，停产关闭地方国营东山县玻璃厂，原因是产品单一（只生产玻璃瓶）且亏损严重。其二，将漳平潘洛龙溪专区大深钢铁厂东山分厂的 150 名干部职工，调到龙岩苏邦煤矿挖煤，后又将余下人力从事采煤、石灰石，烧木炭和砍木柴等工作，以供应东山急需的工业生产和民用燃料。

对侨务工作的调整。从 5 月 5 日开始组织有关人员对这些情况进行调查，坚决退还占用和统筹调剂的华侨房屋、财物以及所占用的家具、自行车、缝纫机等。在农业生产上，对少数还不习惯参加劳动生产的归侨和侨眷，允许他们继续依靠侨汇为生；对居住在城镇的侨眷、归侨，不动员其回乡；对侨眷职工和 1960 年回国安排在城镇的新归侨干部，也不下放农村。在粮食、副食品和国家供应商品的分配上一视同仁，同时分给他们自留地，帮助他们发展家庭副业生产。

归侨和侨眷为表达对共产党和政府的感激之情，捐献用于农业、渔业生产和其他行业发展所需尼龙丝 2.5 吨，救护车 1 部，此外还有卡车、摩托车、录音机等物。

对八尺门海堤投建时间和资金的调整。八尺门海堤原本定于 1959 年 9 月动工，可是由于粮荒，只好暂时搁下，调整到 1960 年 4 月才动工兴建。到 1961 年 6 月底，八尺门海堤基本建成。海堤底宽 110 米，堤面宽 13 米，大堤高出水面 5 米，全长 569 米。堤身为砂石土混合结构，不透水。堤线走向东北。沿堤线底部均有岩层，最深处为海平面以下 10.9 米，海床表层为灰黑色沙贝壳淤积，厚 2—3 米。共投入 46.8 万个工日，完成砂、土、石 45.8 万立方米（其中石 14.1 万立方米）。东山孤岛从此孤岛变半岛，天堑由此变为通途。建造这道海堤原本定两年完工，实际仅用了一年两个月的时间；原定需花费 200 万元以上，实际只花了 173 万元，结余 27 万元，为今后修建南门海堤提供了资金帮助。

对商业、手工业的调整。7 月 19 日，中共中央发出《关于城乡手工业若干政策问题的规定（试行草案）》和《关于改进商业工作的若干规定

（试行草案）》两个文件。前者旨在纠正手工业政策中"左"的错误，其所有制形式本应是集体所有，前几年已改为全民所有制。后者旨在"发展生产、繁荣经济、城乡互助、内外交流"。谷文昌对照中央文件，认为东山的手工业国营化以后，弊端百出，已严重影响了农业的发展和城乡人民的生活需求。商业必须树立为工农业生产和人民生活服务的宗旨，否则就不是社会主义商业。

正在这个时候，谷文昌碰到了一件非常棘手的事。

人民会堂建设只剩下最后封顶时，谷文昌收到上级文件，要求减少基本建设投资，停建楼堂馆所。谷文昌仔细研究上级文件，认为上级的指示肯定要执行，但是如果在这时把即将封顶的人民会堂停下来，东山每年夏季必然有台风来袭。那么前面的施工投入将前功尽弃，花费40万元的投入将遭受毁灭性损失；如果跑上级请求继续施工，时间也已经来不及；如果加快封顶，保住了工程，但个人将冒"顶风搞基建"风险，很可能被上级处分。思之再三，谷文昌决定抢，选择后者。结果打了个时间差，台风与封顶后的会堂"擦肩"而过。到10月，县人民会堂终于落成。会堂建筑面积3715平方米，主体楼两边各有30米的活动场地。会堂前立面为三层楼结构，中厅高18米，会议厅高10米，宽25米，长40米，面积1020平方米，座位1794个。过后，谷文昌主动承担责任向地委做检讨，并在县委召开的农村社会主义教育预备会上做了检查。

"实事求是"说起来容易做起来难，有时甚至得冒风险，谷文昌坚持实事求是、勇于负责的态度，得到东山干部群众的理解、支持和拥护，最终也得到了上级的理解和赞扬。

正当谷文昌为调整后东山的大好形势而高兴的时候，一个令谷文昌十分意外的事情发生了。

夏季的一天，有一位干部找到谷书记，要向他提"重大意见"。谷文昌一听马上表示欢迎。想不到这位干部所提的意见令谷文昌十分震惊。这位干部说：当前大讲阶级斗争，但是他发现县委办的干部们，不少是出身于剥削阶级家庭，或家庭有这样或那样政治问题的人！谷文昌听了心中十分震动。他开始分析这位干部提出的意见：有没有这回事？如果有，是什么原因造成的？今后该怎么做才能避免这样事情的发生？

谷文昌整夜睡不着觉"调查"自己：把县委办干部一个个在头脑中过滤，发现这位干部所提的意见，有一定道理：他们当中一些人确实是出身有这样或那样的问题。于是谷文昌"调查"自己用这些人的动机：我怎么会这么使用人呢？结果发现这些人的家庭，新中国成立前大都是经济条件相对比较好，才能上学；新中国成立后政府急需人才才把他们招来的，也就是说招收这些人到县委办工作，并非出于主要领导的政治偏见，而是工作需要。谷文昌"调查"从他担任组织部领导以来，到担任县长、县委书记近 11 年来所坚持的用人标准，都是以用人唯贤为原则，但是现在既然有人提出来了，说明客观上已经造成不好的影响。这种情况在越来越强调阶级斗争的当今，如果不很好地解决这个问题，将会造成更大的误解，进而对党的事业不利。

谷文昌开始考虑改正的办法。他认为县委办这些人，都是德能兼优的干部，绝对不能因为他们的家庭有这样那样的瑕疵，被人提出不同的意见就不使用他们！不是说出身不由己，道路可选择嘛！但是既然已经有人提出这个问题，说明有人已经不满意了。现在改正的办法只有一个："掺沙子"！就是以后录用干部，必须强调家庭出身好、道德品质好、能吃苦，工作能力强的青年。让这些人进县委办或政府办工作，提高家庭出身好干部的比例，也就不会有用人偏向之嫌了。这样想定之后，他交代人事科：今年务必挑选符合以上条件的青年到县委办工作。

根据谷书记的指示，人事科长柯锦章和公安局副教导员李炳坤，到东山一中展开不公开调查，从应届高中毕业生中挑选了 4 个完全符合以上条件的青年到县委办工作。他们是：黄振桂（家庭出身贫民，学生班长，已录取上海水产学院）、陈福林（家庭出身贫民，已录取厦门大学）、黄汉添（家庭出身小贩，团干）、林海民（家庭出身贫农，团支部书记）。这些优秀学生，虽然有的已被大学录取，可是都因为家庭经济情况不好，无法到大学报到，现在成了县委办公室试用干部。到 10 月 20 日，以上 4 位同志正式入伍。

可是问题又来了：这4个新干事一到县委办，正看到一位干事拿着一份稿件在挠头抓耳。原来他写的稿子被谷书记退回重写。4个新干事看了心有余悸：这碗饭不好吃！然后大家围在一起，探讨谷书记对干事写文章的要求。谈来谈去，大家统一看法：谷书记对文章的要求有三：一是文章观点必须正确，就是必须符合中央文件精神；二是写文章之前必须先做调查，用实际事例和数字说明问题；三是尽可能引用工农群众的话，包括他们的口头语，甚至打油诗，才能真正了解群众的意愿。

调查解决用人问题之后，谷文昌转向对老大难东赤港的调查。1961年的春夏之间，降雨量多，加之排水不畅，东赤港再次发生内涝，东沈村前一片泽国，当地公社大队赶紧将灾情报告给县委、县人委。报告最终放在谷文昌的办公桌上。谷文昌详细看了报告，随即派人调查，之后亲自与水利专家、副科长陈文桐前往现场调查办公。

调查的结果是：东赤港位于东山岛中东部的东沈湾，地势低洼，周边是东沈、樟塘、南埔、湖尾和梧龙5个村共8.2平方公里土地，是18条坑的出水处。过去下大雨或遇到天文大潮时，遍地浸水，农户们在各自地头挖土堵水，由于只堵不疏导致越来越淤塞。其中最受其害的就是东赤港出海口东沈村，当地有"三社十八村，水往东沈奔"之说。1952年曾经由附近数乡东沈、南湖（南埔和湖尾）、樟塘合作清理港道，但也只是初步改善生产条件而已。

谷文昌下决心治理东赤港，并于8月成立东赤港治涝工程指挥部。由指挥部规划新港和测量，于9月17日动工兴建，同时又让周边各村配合，先行全面清理，开挖新沟485米，改造旧沟1015米，并于海边修成一条长5000米的护港长堤；又建2个水闸，总排水量380立方米/秒；又围海10万平方米做调节池。这样，遇到暴雨水面高于海平面时，则开闸放水；遇到天文大潮时则关闸控制海水倒灌。

工程于当年11月5日竣工，共用劳力36.75万个工日，完成土石方23.25万立方米。为解决资金困难，国家投资7万元予以补助。东赤港治涝工程使 1087 亩耕地摆脱内涝，同时在下游两岸开垦耕地 500 亩，并在中游建 2 座抽水机站，增加有效灌溉面积 1200 亩。

28. 城镇居民谋减少　轻工服务望增加

1961 年 8 月 17 日，福建省委根据党中央、国务院指示精神，下发《中共福建省委关于减少城镇人口和压缩粮食销量的方案》的文件。又是减少城镇人口，又是压缩粮食销量！谷文昌联系东山的实际，去年全县人口已有 95120 人，今年更达 96331 人，其中城镇人口又创新高，达到 30370 人，占全县总人口的 31.53%。减少城镇人口势在必行。

为减少粮食的统销量，谷文昌指示相关部门先对几年来全县统销人口做全面调查摸底，核实 1957 年全县统销人口供应粮食 7890 万斤；1960 年增加到 11300 万斤，增加 43.22%。前后对比，证明抓紧压缩城镇人口是当务之急。由此，县委根据省委和地委相关文件精神，提出 1961 年压缩城镇人口的工作目标：力争全县全年压缩城镇人口 2624 人，其中回农村 1509 人。至 8 月底全县压缩城镇人口回农村 1333 人，占地委下达全年任务数 1200 人的 111.08%。减少城镇人口，压缩了商品粮的销量供应；又增加了农业战线的劳力。谷文昌说："根据中央精简机构，压缩劳力的指示，我们坚决缩短基本建设，压缩职工，压缩城镇人口……回到农村'不加斤也加两'，这就大大加强了农业、又减轻了农业负担，粮食征购就会稳定下来。"

忙完压缩城镇人口，又忙工业。9 月 6 日，有群众反映轻工业产品质量欠佳、价格偏高的问题，谷文昌认为：为了使工业调整得以健康有效地进行，需要对工、农、渔、盐的生产工具质量做全面调查了解，并做出切合实际的改变。在县委扩大会上，谷文昌要求各级党委、工业部门要"肯定成绩，总结经验，吸取教训，为农业生产服务"。县工交部根据谷书记的指示，先后组织了 8 次 285 人的下乡调查，了解农、渔、盐业服务生产的情况，鉴别生产工具质量；了解这些行业对生产工具的需要和价格，等等。在调查中发现，由于 1958 年以来的"大跃进"，忽视了手工业者的优良传统，撤并服务网点过多，打乱了原来的供销关系，造成产、供、销脱节，不利农业生产和群众生活；手工业原材料基本没有列入国家计划，供应没有保证；由于产品质量差而报废，造成严重损失；由于产品价格过高，加重了群众负担；由于经营管理不善，服务作风不好，造成供需关系紧张；也由于手工业专管机构撤销后，各行各业手工业生产虽有分口管理，但领导力量分散，管理效果差等问题。

为加快工业支援农业的步子，县委决定恢复手工业合作社，并对工业局领导机构做调整。具体是将原来工业局手管股析出并恢复手工业管理科，使之更便于直接对手工业生产的领导，最大可能地生产为支援农业和为群众生活需要服务的产品。

从 10 月开始，谷文昌带领县委领导班子，学习中央《关于城市手工业若干问题的规定（草案）》文件，首先将"大跃进"以来集体所有制厂坊转为地方国营工业企业打回"原形"，恢复集体企业，调整为手工业体制。将全县工厂由原来的 95 个撤并为 42 个，分布更加合理；手工业由过去的全民所有制改变为主要是集体所有制。原有的 3 个国营生产社，调整为 18 个社、11 个小组。如将通用机器厂改名铁工厂，又从中析出木器车间，改名城关木器生产合作社；将县农械厂的木器车间析出，改为西埔木器生产合作社；将生产渔具的原县水产造船厂渔具车间，改名竹木渔具生产合作社；将紧索厂（绳缆厂）改名为紧索生产合作社。以上合作社，全部回归手工业联社管辖。

其次是加强手工业人员队伍建设。加快"五匠"（木匠、石匠、泥瓦匠、铁匠、竹篾匠）的归队，充实和加强为农业生产服务的修造技术力量。为各合作社培训各级管理人员；从合作社中挑选思想素质好、业务内行的人担任采购员，在管理部门即手工业联社的指导下，学习和开展业务。

最后，解决小农具、生活小商品的原料供应。各合作社如有国家调控物资，如钢材、生铁、煤炭、水泥、木材、毛竹、黄麻、苎麻等的需要，则通过手工业联社上报有关部门，纳入计划，给予优先调拨。

谷文昌还强调从事轻工业产品生产的工厂，尽最大可能扩大生产，多制造为农业生产服务的产品。如在东山造船厂增设铸造、机床、钳工、锻工、电焊等车间，提高渔业生产工具的生产能力；农械厂生产各种适合农业生产的用具，如切丝机（切地瓜成丝）；铁工厂打造各种农具，如锄头、镰刀、犁、耙和渔业生产工具以及群众生活用品；木器厂加工生产各种木制农具和生活用具；促地方国营东山县陶瓷厂，努力生产为农业服务的陶瓷涵管，为水产加工用的缸、瓮，群众日常生活用的砂锅、砂罐等产品；等等。

这一系列的调整很快收到显著效果：为农业生产服务的产品丰富了，农业生产发展了（1961年农业生产总值1074.51万元，比上年的973.96万元，增加10.32%）。其中，在关停不切合东山实际的重工业的同时，加强轻工业尤其是为农业生产服务的支农产品，对缓和市场商品供应的紧张状况，对城乡人民生活的方便，都带来很大的好处。

同月上旬，谷文昌带领县委领导班子，在全县工交企业普遍开展以整风整顿企业为中心的讨论和试行《工业七十条》，并先在东山造船厂和大产盐场重点试行，一阶段后在全县各县营企业实施。试行的结果，县委不仅初步摸索了全县工厂的基本情况，同时加深了在工厂企业加强管理、建立制度、健全组织、提高产品质量的认识。

工农业的发展，让谷文昌心里充满喜悦。11月15日，县委召开三级干部会议。会上，谷文昌带着喜悦地说："……今年（1961年）我们遭受干旱、台风、暴雨、大潮、虫五大灾害，但与邻县灾区比较，全县基本还是个丰收年……东山是形势大好，一片光明。走进八尺门，看到的是一片丰收景象……不论农村与城市，工业与农业，各个战线形势都比去年好。应该肯定，今年政策好，领导作风好，工农生产好，大集体和小自由也好，现在群众生活比去年稳定……社员家家户户鸡、鸭、鹅、兔子、蔬菜发展很多，家底雄厚。由于生活较稳定，所以农村'低标准''瓜菜代'不讲了，许多人也没有这个思想了……农村社会治安工作比去年这时好，小偷小摸减少，干群关系进一步密切……今年农村集市很繁荣，这体现中央开放自由市场是完全正确的。"

为进一步巩固已经取得的成绩，谷文昌代表县委又提出新的举措："根据省委精神，县委千方百计扩种冬种；将冬种任务大包干到生产队；分配方面……口粮由生产队定死。"就冬种问题，谷文昌以县委名义提出由社员向集体"借地"的方案：把冬种当作一季粮食狠抓并提出具体措施：（1）无灾地区每人借给一分地；（2）轻灾地区每人借土地一分半；（3）重灾地区每人借地二分。这些都不计产、不计征、不计购，给明春生产打下基础；（4）每人一分自留地，按7%计算，一分以下按一分算；（5）发动集体和个人，靠山吃山，靠海吃海，东山面向海洋，（资源）取之不尽用之不竭，以生产队和个人组织搞小海产，在冬季前要抓一下，大力发展家禽家畜；（6）提早做好明年良种准备；（7）所有国家机关、部队、学校、工厂、企业单位都应充分利用开荒地、十边地，大种杂粮、蔬菜，力争解决半个月或一个月的粮食；（8）分级包干，互相支援……社与社、队与队互相帮助；（9）保证灾区有最低限度的口粮标准，轻灾或非轻灾也可以适当高些；（10）做好秋收分配工作，基本口粮压到最低标准，15斤、18斤、20斤，不超过20斤，其余按劳动基本工分分配……

这种借地给社员搞生产，使社员尽快增加粮食产量，又是谷文昌一个大胆的独创。

29."摘帽"平冤均落实　队为基础"大包干"

1961年10月28日，中央下发《关于改造右派分子工作的指示》，要求"对于资产阶级右派分子的改造工作，已经进行了3年多，他们中的不小一部分，确实已经表现悔改，或有相当悔改，应该再给一批右派摘掉帽子"的指示。

这是谷文昌盼望已久的好事。11月2日，谷文昌决定由成立"东山县委改造右派工作领导小组"，并指派县委副书记王常保任组长，副县长陈舜宗任副组长。到年底，全县共有10名右派分子得到摘帽，占全县被划为右派分子人数的27.78%（到1979年，全县的右派分子全部摘帽），这些摘帽的右派分子，在工作中发挥重大作用，像沈玉生，摘帽后在政府中工作，恢复党籍，成绩显著，享受"5·12"干部待遇；像林建德，摘帽后被安排在县供销社工作，百岁高龄了还在为法制建设做贡献，成为全国道德模范。

随着给部分右派分子平反，12月18日，谷文昌又执行省委批转《省委组织部、省委监委关于甄别纠正错案和农村整风整社运动中组织处理工作的意见》文件，即甄别纠正1959年"反右倾"整风运动的错案，也对1957年以来在历次政治运动中造成明显的错案甄别平反。谷文昌指示把甄别工作的重点，放在县级以下农村基层干部和群众上。凡是在1958年拔白旗、1959年"反右倾""整风整社"运动中批判和处分完全错了和基本错了的党员、干部和群众，均予以甄别平反。谷文昌以县委的名义下发通知："今后再不准在非脱产干部、农民群众中开展'反右'或'反右倾'斗争。过去被戴的帽子全部摘掉……"

然后，谷文昌下令，由县监察委员会负责具体甄别工作，同时在县、社、机关建立甄别纠正错案领导机构，配备专职干部25人，根据先近后远、先易后难、先领导骨干后一般干部的原则甄别，重点放在各级机关干部和农村基层干部及群众上。

初冬，当谷文昌在为以生产队为核算单位的"大包干"顺利实施，并取得显著成效而高兴的时刻，传来一件令他十分诧异的事情：城关市郊大队居然在偷偷尝试包产到组，而相邻的铜钵大队居然闻风而动，有3个生产队真正地搞了起来！然而令谷文昌感到不解的是：中央已经对农村进行了诸多政策性调整，广大农民也已经从中得到了很大的实惠，为什么要有人搞包产到组的尝试呢？谷文昌认为必须坚决执行中央的决策，并实事求是完善它，才是正确的。

那么，需要完善什么？怎么完善？这就必须深入调查才能知道。11月5日，由谷文昌亲自率领，抽调县级干部6人、区级干部22人、一般干部27人，共计56人。选择不同特点地区，先后在6个大队进行农村人民公社体制下放和"大包干"执行情况的试点。试点内容是根据党中央、福建省委关于农村人民公社体制下放和"大包干"的指示后，全县执行的情况。谷文昌选择的试点单位是：代表纯农业的有坑北、顶西2个大队；多种经济（农、渔、盐并举）的探石1个大队；受灾严重，连续几年减产的东沈1个大队；纯渔业的宫前、澳角2个大队。同时县委要求各公社党委也搞试点。据此，公社党委搞5个试点大队。县、社共试点11个大队。

10天以后的11月15日，谷文昌以县委的名义召开县、社、大队、生产队以上四级干部扩干会，总结体制缩小的工作经验交流会。在讨论会上，谷文昌发现一个大问题：大家指出现行的"三包一奖"实际是继续以大队统一核算，由大队实行"四统一"（统一计划，统一分配，统一口粮标准，统一工分值），造成队与队之间存在着多产不能多吃、多劳不能多得，生产与分配不统一。同时实行的"三包一奖"制手续繁杂，不便操作。因此大家要求改变现有的以大队统一分配核算的"三包一奖"制，实行真正的体制下放，即由生产队为基础实行大包干，同时以生产队为单位分配核算。

谷文昌认为群众的这个意见是符合中央精神的，但它是不是具有普遍性？11月19日，谷文昌又派出调查组，对东沈大队进行跟踪调查研究。发现社员对"三包一奖"同样很有意见，而且是最大的意见。社员说："'三包一奖'是包不死，奖不准，年头包，年底漏。""千把锄头不顶用，几支钢笔会超生。扶梯子看不清（队里的）'花花账簿'，队里分配良心物，社员就干良心活。""今年生产队虽然实行'大包干'生产，但大队却套下四个框框：统一计划、统一分配、统一工值、统一口粮标准。社员多劳多得、多产多吃的要求并没有得到完全解决，平均主义并没有彻底克服……"

调查组还发现更加离奇的事：大队、生产队干部居然不了解中央有关"大包干"的政策，在对25个干部的测验中，了解"大包干"政策的仅仅有6人，占24%；不了解或只部分了解的19人，占76%。社员生气地说："师公（指农村中搞封建迷信的巫师）记不住咒语，怎能替施主（指民众）祈福？"

由此看来，体制下放和"大包干"还存在不少问题，必须根据中央文件精神完善它。12月13日，谷文昌以县委名义下发文件到各公社并上报龙溪地委，反映康美公社东沈大队《关于"以生产队为基本核算单位"若干问题处理初步意见》（以下简称《意见》）。谷文昌给《意见》加上按语：
"在处理体制下放过程中的一切问题，必须根据中央、省、地委的有关政
策为主，根据自己的情况，充分发动群众，交群众讨论决定，防止生搬硬
套。"《意见》还对"分配大包干"若干问题处理初步意见做了部分修正，
即"耕牛随土地，犁耙随耕牛"的办法；粮食分配其消费部分和超产部分
由生产队分配，按人口月口粮 20 斤，其余口粮部分作为劳动粮，按社员
劳动工分分配。

12 月中旬，为使以生产队为基本核算单位的做法更完善、更具有普遍
性，谷文昌认为应该扩大试点范围。因此在西埔公社坑北大队和陈城公社
澳角渔业大队搞试点。21 日，县委调查组形成坑北大队的调查总结《坑北
大队关于实行以生产队为基本核算单位的情况报告》（以下简称《报告》）。
《报告》陈述其做法是：（1）实行以生产队为基本核算单位，各负盈亏；
（2）土地按劳力与人口"五五"对开搭配，土地划分等级，按级定产。

社员普遍欢迎以生产队为核算单位的办法。坑北大队第八生产队的
王家春说："核算规模小才好，俗语说：'尿得着（意思是在小便都尿得到
的范围内，即范围小），一斗胜一石（小范围内收获一斗粮，比大范围内
收获一石粮，得到的利益更大）；看得见，一丘胜一片（意思是社员看得
到的东西，即使是一小丘田的收获，也比看不见的一片地的收获来得实
惠）。'"老农王有番说："过去大队核算，我们扶梯子还看不着账簿，现在
队里种多少、收多少、分多少，一算就清，心中有数了。"可以说，谷文
昌对中央以生产队为基本核算单位的指示，是坚决执行且有独创，深受社
员群众的欢迎。

当然，以生产队为基础，实行"大包干"生产到底好不好，一切得凭
事实说话。很快，事实来了——

1961 年全县农业总产值达到 1074.51 万元，比上年的 973.96 万元，增
加 10.33%。农业总收入 575.50 万元，比上年的 477.96 万元增加 20.41%。
农业纯收入 389.69 万元，比上年的 311.64 万元增加 25.04%。分配给社员
326.63 万元，比上年的 239.43 万元，增加 36.42%。人均集体收入 52.32

元，比上年的 39.57 元，增加 32.22%。社员每个工值 0.55 元，比上年的 0.34 元，增加 61.76%。人均口粮 329 斤（1960 年缺数字）。总的来说，社员收入和口粮分配都有很大提高。

事实证明，以生产队为基础的"大包干"是正确的。

有中央的好政策，谷文昌工作顺利；人民群众生活水平大大提高，令他十分高兴。谷文昌在思考下一步如何保护社员的利益。1962 年 3 月 3 日，谷文昌主持县委领导班子制定《关于基本核算单位下放和"大包干"若干政策处理情况和意见》，摘要如下：

> 对"队为基础"的生产队实行"一定六包"政策：所谓"一定"，即定全年产量；所谓"六包"，即包征购、包机动粮、包公积金、包公益金、包管理费、包经济作物统购。"一定"是"六包"的基础。指标不宜定偏高，也不宜定偏低。"六包"的具体内容是：1. 包征购：是年国家征购任务 805 万斤，占定产 22.46%。这些任务如何合理分摊到队，是"六包"的中心问题；2. 包机动粮：按征购任务 3%—5% 提留，全县共提留 8829 担，占定产 2.46%；3. 包公积金：按基础产值提取 5% 的 44 个大队，其他分别占 4%、3%；4. 包公益金：按基础产值提取占 3% 的 39 个大队，其他占 2% 或 1%；5. 包管理费：按基础产值提取 2% 的 48 个大队，其他占 1% 或 2.5%；6. 包经济作物统购：全县花生定产 22.63 万担，比计划高出 2.36%；甘蔗定产 102978 担，比计划高出 1.4%……定购办法：扣除种子、自留量（花生油每人 2 斤，糖 3 斤），余下部分花生统购 90%，甘蔗统购 80%。

谷文昌在对农业大队实行体制下放和"大包干"之后，把眼光投向渔业生产。12 月 27 日，谷文昌也先派出工作组，对澳角渔业大队做相应的先期调查。然后由调查组形成《澳角渔业大队试行体制下放和"大包干"的情况报告》（以下简称《报告》）。该《报告》指出：渔业大队原来的分配办法是"实行'统一核算，统一分配'的制度，即把各生产队各种作业的生产收入统统上交大队分配，赚钱大家分，亏本大家出，导致渔民生产消极，五六级风就不出海生产，搞个人副业去了，而天天冒风顶浪出海的竹桁（作业的渔民），认为'要死大家死'，就产生偷鱼私分"。这样，其他作业的渔民知道了，认为"你偷我也偷"，这就造成混乱现象和不良后果。

针对这些问题，谷文昌于 12 月 29 日，针对全县渔区社员生产积极性低下和私分渔产现象，根据中央《农业六十条》和省委《渔区十一条》的指示精神采取不同体制：（1）竹桁定置作业，实行四权（所有权、生产权、分配权和管理权）下放，以生产队为核算单位；同时，生产队同大队固定上缴公积金、公益金和管理费，其余收入一律为生产队所有。（2）流动作业，实行三权（分配权、生产权和管理权）下放和分配上"大包干"，大队对生产队在三定（定产、定成本费用和定工分）基础上，实行五扣留（公积金、公益金、奖励金、管理费、折旧费），其余归生产队自己分配。（3）规模小、居住集中、协作性大的单位（如虎屿头渔业大队、跃进渔业大队），既是一个大队，又是一个生产队，在经营上可以实行统一经营，统一核算。由于渔业实行体制下放和"大包干"，当年全县水产品产量达到 24.80 万担，比丰产的 1957 年的 21.41 万担增加了 15.89%。

谷文昌就是这样，一个新的做法的实施，总得小心谨慎，到群众中去，到实践中摸索，然后形成正确的意见，再予以实施。

（四）求真谛

30. 同赴北京聆国是　护林供给共前行

1961 年底，福建省委要求东山县委把植树造林情况好好总结出来，作为典型带动全省沿海的绿化。12 月 29 日，县委向省委呈送《关于四年来"征服自然建设海岛"的情况报告》（以下简称《报告》）。

在《报告》中，县委提到东山海岛建设的构想：先改造自然环境，再发展农业，又再美化家乡的构想，即"以林为主，因地制宜，综合治理，全面制服"的方针，使东山变成"苍松翠柏长满山，溪河到处流清泉，狂风避路空中过，沙滩变成米粮川，果红花香遍地绿，海岛变成大花园"的规划目标。当然在谷文昌思想上，他相信的是顺应自然规律，改善自然环境。

文件指出几年来的造林成果：到是年底，东山"在东北海岸20公里35000多亩的沙滩上，我们修筑起了56条长达38000公尺的挡沙堤，157条150000公尺的防风林带，全岛412个山头有70%绿化。这样从山上到海滩，从城市到乡村，从田野到村路旁，到处翠绿，构成了完整的防风沙体系，初步制止了沙害，保护了5万多亩农田，扩大8000亩耕地，使单熟变双熟，双熟变三熟。在西南海岸，筑起了长达35000多公尺的海堤，挡住了狂暴浪潮，保护了7万公亩盐田和3万多亩农田。在林带海堤环绕内，修了3000多个大小池塘水库，使我县60%的土地抗拒了七八十天旱灾"。福建省委把这份报告印发给全省沿海各县，对沿海的绿化又是一个大的推动。

东山一个海岛县，对敌斗争形势那么严酷，生产条件那么差，却能干出这么多显著的成绩，东山县委让省市领导十分看好。1962年1月11日—2月7日，谷文昌和副书记靳国富荣幸参加七千人大会。

在大会讨论期间，周恩来总理专门到福建组参加讨论，谷文昌等参会代表深受鼓舞。会议主要精神是总结经验，统一认识，加强团结，加强民主和法制，切实做好国民经济的"调整、巩固、充实、提高"工作。谷文昌目睹了党中央在这个会议上的民主风气，很受启发，觉得回家以后，很有必要通过召开班子民主生活会，发扬党内民主，开展批评与自我批评，纠正领导干部作风方面存在的突出问题，使班子成员思想和工作回到实事求是的轨道。

谷文昌在赴京参加七千人大会后，于2月8日，农历正月初三乘车到山西省长治市黄碾村牛铺自然村。这里是他哥哥谷程顺定居之地，前年母亲桑氏从河南林县到此后便居住于此。谷文昌在赴京前与家人约定到此看望母亲。这天便与先期到达的妻子史英萍、儿子谷豫闽和女儿谷哲英，以及从河南赶来的三弟谷文德会合。

谷文昌见到近4年未曾谋面的母亲，因为这几年来的粮荒和其他各种艰辛，母子都老了很多。两人见面都惊异于对方的憔悴，因此相拥而泣。由谷文昌夫妇为母亲桑氏洗脚捶背，换裹脚布，真诚地听老人絮叨，以尽为人子人媳之孝。同月15日，谷文昌夫妇携子女同兄长谷程顺夫妇，以及侄子谷永良（小名谷有才）夫妇，还有他们的子女等共计16人，在牛铺照相馆照全家福。照片题字："长治市牛村春节四代同堂留念1962.2.15"；然后是谷文昌与兄弟3人的合照，照片题字："长治市牛村留念1962.2.15"。从全家福照片中，可看到他们四代同堂其乐融融，看到谷文昌老母亲的安详与满足；看到谷文昌哥哥谷程顺的满头白发，夫妇俩的喜悦和自得；尤其看到谷文昌夫妇的孝顺和恬适，以及谷豫闽的风华正茂、英姿勃发；还有漂亮的谷哲英的天真无邪。这是一个传统普通家庭的生活照，一个人世真情难得的会合！从三兄弟合照的相片上，可见他们兄弟的表情迥异：哥哥似乎心有忧愁和不舍，谷文昌却是满脸惬意恬适，弟弟谷文德满脸透着满足的微笑。三兄弟小时曾朝夕相处，而今天南地北，怕难再有团聚机会了。

当谷文昌还在山西长治兄长家的时候，东山发生了一件事关谷文昌未来的大事。2月17日，福建省农委主任张冀到东山考察，发现东山岛上到处绿树茂盛，张冀被眼前万顷绿波惊呆了。这个曾经到过东山岛的省部门领导，对昔日东山岛的荒凉印象深刻，因此感慨地说："3年前我曾来过这里，那时遍地赤土白沙，树木极少，灾害十分严重。但现在山地大都树木成林，沙荒都被防护林制服，很多地方都已变成木麻黄林带和成片林木组成的林海。"

他还说，东山县委书记谷文昌发展林业，保护和促进农业丰收的经验很值得广泛地宣传，特别是造林，大多利用木麻黄很适合沿海的特点，造林工作相当出色。随后张冀亲自撰写《关于东山县造林准备情况的汇报》，作为典型材料报送省委。回省城后，他把在东山的见闻写成文章，向省委主要领导汇报。省委领导十分重视东山县造林制服风沙灾害的经验。这事引起了省委领导，尤其是省委书记叶飞的关注，并表示有机会要亲自到东山看看。

2月中旬末，在看望母亲之后，谷文昌乘火车抵达广州站，通信员何坤禄随司机到火车站接他，看到谷文昌坐了一天的火车很疲惫，劝谷书记："随便找一家旅馆早点休息吧？"可是谷文昌非要找一家比较便宜的旅店，直到很晚才找到一家很便宜的小旅店住下来。

第二天一大早，谷文昌便风尘仆仆地赶回东山。他回忆在参加会议期间看到毛主席和中央领导人的幸福时刻；回忆大会总结经验，统一认识，加强党内民主集中制，大力纠正"大跃进"以来工作中的错误，切实贯彻调整国民经济的方针所带来的积极效果；想着如何把民主座谈会的这种形式运用到东山县委领导班子中，使东山的经济建设有更大的发展。

谷文昌知道，眼下东山的困难还很多：虽然从1961年开始才有较大好转，但整体形势依然十分严峻：从东山的经济状况看，虽然1961年粮食总产量达到3611.28万斤，比1960年3048.93万斤增加18.44%，但是粮食问题还是无法令人放心。

在政治思想方面，一些干部群众思想上还存在各种疑虑，尤其是3年来，不少人的积极性受到了挫伤，有不少人被戴上各种"帽子"。尽管已经做了甄别平反，但仍给部分干群造成思想上一时难以磨灭的阴影。这种状况一时还难以消除。

如何消除干群中的思想疑虑，使之心情舒畅，团结协作搞好各项工作，成了谷文昌必须加以解决的大事。因此他决定：宣传贯彻七千人大会精神，首先在县委领导班子开展民主生活会，统一县委领导干部的思想，进而统一各公社大队乃至群众的思想，党政干群团结一致，才能解决这些问题。他在寻找适当的时机召开县委的民主生活会。

可是这时有一件事情必须马上解决，就是再次出现损林毁林现象。谷文昌认为要解决群众烧柴的具体困难，单靠思想引导和政策约束等措施，并不能完全制止毁林行为，因为群众的生活缺不了燃料。因此要为群众想出新的解决燃料问题的办法，才能有效制止群众乱砍滥伐问题。

谷文昌想到了新举措：让群众改变烧柴草的旧习惯，"促商业部门调进煤炭，零售给群众代柴烧"，这样不管在城镇，在农村，群众买煤炭炉，改烧煤炭逐渐形成风气。毫无疑问，这样对保护树林效果十分明显。这件事，谷文昌在当年 8 月 26 日召开的省林业工作会议上，对此作了详细讲解。

1962 年春天，粮荒早已过去，但是部分物价依然较高，商业部门汇报：今年全县社会购买力估计达到 1700.3 万元，即扣除非商品性回笼 135.81 万元之外，商品性的购买力还有 1564.49 万元，比上年增加 181.73 万元。因此市场上势必出现货币多、物品少、轻工业品不能满足需要、物价上涨等问题。谷文昌知道：物价上涨问题一旦出现，势必严重影响东山的社会稳定，因此必须抓紧采取措施及时予以抑制。他根据全省商业计划会议精神，力图使全县社会购买力与商品可供量进行平衡，大力开拓产品供应渠道。

但是他碰到了两大困难：

一是根据全省商品计划会议决定，减少拨给东山县省管商品资源，将比上年减少 10.6%。这给全县市场安排带来困难。

二是根据省减少给东山县的商品资源后，加上本地产商品，以及本县向外地组织的三类物资，再加上一部分消费品实行高价出售等，满打满算全年商品可供量只有 1396.6 万元。就是说全县还有 167.89 万元没有商品资源保证。不处理好这个问题将引起市场供应紧张。

为保证全县的市场供应，弥补省管分配商品货源的不足，谷文昌带领县委一班人采取多种做法，抑制物价上涨。

一是挖掘地方潜力。努力增加本县地方性的商品资源。首先加强农副产品采购，组织市场最紧俏商品如猪、禽、蛋等销量达到 45.3 万元，比上年 24.5 万元增加 84.90%。

二是开展对部分消费品高价出售。共组织高价商品 94 万元，比上年增加 6 倍。这些商品是：糕点、盘菜、面食以及单车、手表、钟表及外地名酒。

三是努力生产市场需要的工业、手工业产品。增加品种、提高产量，当年安排工业手工业部门的产品自销 60 万元，比上年 28 万元增加 32 万元，增加 114.29%。

四是积极组织货源。组织小商品货源和调拨；恢复与邻县和省外的协助关系，增加三类水果、小竹木农具等商品货源供应市场。

五是及时调整国营、供销社体制。合理安排过渡人员组织合作商店、合作小组，使之既可扩大零星供应点，又可发挥小商贩的积极性，向县外组织货源弥补国营、供销社商业货源不足（结果全年合作商店、小组的零售额达到 160 万元，比上年 28.7 万元增加 131.3 万元，达到 457.49%）。

六是大力组织非商品性的货币回笼。全年非商品性的回笼 135.81 万元，比上年 102.41 万元增加 32.61%。

在疏通商业渠道、保障市场供应的举措中，谷文昌再把眼光投向渔区。决定从 2 月 13 日起，在扩大渔业生产大队自留鱼比例的同时，允许渔民将自食剩余的部分拿到市场销售，这样既增加了商品流通，也活跃了市场。

这时，传来喜讯：中央政策允许一、二类物资（指粮、油、糖、棉花等和生猪、鱼、烟、茶等）进入市场，集体单位和外埠物资可以参加集市贸易。城乡集市贸易因此很快活跃起来。县委、县人委又在城关、西埔、陈城、杏陈建立 4 个农贸部，为农副产品的贸易服务。

自此，全县集市贸易持续发展，上市人数、商品种类、成交金额逐年增加，商品价格逐年下降。对农村生产体制、自留地和分配政策的调整，加上集市贸易政策的调整，使农村的生产和城乡间的经济流通越来越活跃。谷文昌取得了抑制物价上涨的初步胜利。

31. 召开民主生活会　继续调研又核资

1962 年 3 月 3 日，福建省委下发《关于各地区传达扩大的中共中央工作会议的通知》，要求在指定的党员干部范围内，组织传达刘少奇在七千人大会上作的报告，以及大会的决议。3月7日和4月18日，省委又发文要求继续组织宣读毛泽东、邓小平在七千人大会上的讲话文件，以求通过对上述文件的宣读和讨论，使干部初步领会会议精神，统一认识。上级党委对七千人大会精神传达如此重视，更坚定了谷文昌在县委召开民主生活会的决心。

4月7日，谷文昌主持召开县委民主生活会。这是一次别开生面的、活跃的民主生活会。谷文昌要求"总的要根据这次中央会议精神来开，不论集体或个人，对事不对人""畅所欲言，目的是达到更进一步的团结"。

谷文昌率先发言，自我检查在历次运动中、工作中的缺点和不足，尤其是对在历次运动中受处理干部的问题上，谷文昌代表县委主动承担责任："下面违法乱纪，县委是要负责任的。"谷文昌尤其强调领导者的清廉问题，认为在走后门问题上"领导一动手，就影响下面。领导干部稍不注意就会影响到下面乱搞"。在谷文昌的率先垂范下，其他领导也各自坦诚地做了自我批评。同时也大胆指出3年来在工作中出现的一些不正常现象。

县委们坦诚分析了出现不正常现象的原因：（1）上级领导发扬民主作风做得不够，民主生活不正常，对领导提意见有思想包袱，怕被认为是目无领导甚至是反领导，因此无所适从。所以干群关系、上下关系不正常。（2）各级领导思想上总怕立场出问题，导致有"左"的情绪。反"右倾"后思想压力较大，尤其是一些家庭有历史问题的干部心有余悸，不知什么时候会反到自己头上来，因此工作得过且过；每次运动总担心自己：这次运动就要完蛋了，等到运动过去了，就担心下次运动也许就轮到自己；同时又很同情被反下去的人，他们也是辛辛苦苦办事，一下子就犯了错误，所以整天惶惶不安。（3）上级领导忙于繁杂事务，忽视了对下级干部的教育和引导。（4）上级领导制定政策、搞规划、定指标犯主观主义错误，产生乱指挥；下级领导在执行中明知不对也不敢纠正，怕犯错误，结果影响了事业的发展。

谷文昌总结发言说：这次会议"确实是做到知无不言，言无不尽，畅所欲言，真正地过了党的民主生活。大家都是忠心耿耿搞好工作，因工作压力很大，特别是反'右倾'以后，大家工作提心吊胆"。谷文昌还表示："做错了就坚决纠正。"

县委民主生活会后，各级党员民主生活会成为一种制度，县委规定：今后县委每3个月召开1次民主生活会，公社党委半月1次，大队支部每月1次；机关、学校、工厂、企业每月1次。自此，从县委到基层党支部，从党内到党外，从城镇到农村，民主氛围蔚然成风。谷文昌说："今年2月中央扩大会议后，党的集体领导、分工负责、党内外民主作风有很大进步。""我们不但在经济上取得很大成绩，在政治思想上和组织建设方面也取得很大成绩。"

民主生活会使县委领导班子空前团结，全县各公社党委、各大队党支部也都积极响应践行民主作风，并普遍收到很好的效果。例如樟塘村38个党员，群众认为工作积极肯干、在群众中威信高的就有25人。被群众选上"五好干部""五好社员"的多达17人。其原因是谷文昌倡导在各公社、各大队支部，贯彻民主集中制，强调"特别是支部书记要当好班长"。因此党群同心同德，心情舒畅，生产积极性大大提高。

谷文昌还觉得，一个领导者要做到决策正确，搞调查研究，倾听群众意见非常重要。因此调查研究之风成为这个时期的工作特点。经过调查研究，谷文昌也发现，原先对全县生产大队和生产队的划分，还不适应新的生产实际。

1962年4月上旬，谷文昌还召开县两委会议，根据《农业六十条》政策，确定对农业生产大队规模偏大动"手术"，在获得上级批准后，将全县原先的61个大队改为66个。再者，东山全县生产队也由原先的530个改为545个，即增加5个大队和15个生产队。

此后，为了提高调查研究效果，4月29日，谷文昌抽调专人组成3个调查组，分别固定在山后、前梧、埕英3个大队，作为指导全县工作的依据，并开辟《调查研究》不定期文件，发给公社党委书记、县委各正副部长，作为交流情况、提供领导参考之用。谷文昌批示："望你们注意每期的内容，对照本地区情况，因地制宜加以解决。"与此同时，在谷文昌领导下，县委决定就其中澳角、宫前、冬古、岐下4个大队实行渔、农分开核算，各负盈亏，单独分配。

从3月25日到11月4日，在谷文昌这位"第一书记"（中央文件的称谓）的指导下，东山大兴调查研究之风，成为一种优良传统一直延续下去。当年11月4日，县委组成的调查组对引起县委注意的问题，诸如农村社员弃农经商、保护耕牛、社员分配、农村干部定工生产定额补贴、农村大队企业管理工作、社员积肥奖励办法、农业包产到组、调整整顿大队企业和压缩机动粮、集体经济与小自由关系、渔业生产物资及水产品价格变化对生产的影响、手工业体制问题等，深入农村公社、城镇、工厂、渔业大队和其他有关部门，进行细致的调查研究，然后形成书面调查报告。又由县委对这些问题作出具体批示，要求所在单位和有关部门加以解决；再编成《调查研究简报》下发各有关部门。这样的《调查研究简报》共编写了37期，对指导生产生活，起到不可低估的作用。

从4月中旬开始，即县委民主生活会以后，领导干部参加劳动被提上议事日程。县委领导班子统一认识，为克服领导干部在工作中瞎指挥，县委在干部中实行"定工劳动、定额补贴"，促进各级干部深入基层，蹲下来搞调查研究。20个县委委员人人都要带头下田劳动。

谷文昌历来主张干部必须参加集体劳动，他自己就是这种典范。经县委组织研究作出决定，由县委向全县各公社发出通报，介绍谷文昌长期蹲点的宅山大队，干部实行定工参加劳动、定额补贴的做法并向全县推广。把农村干部定工参加劳动、定额补贴作为改进领导作风的一个重要工作来抓，并作出决定：大队党支部书记每月劳动10天，大队长每月劳动7天，副支部书记每月劳动15天，会计人员每月劳动8天，统计人员每月劳动6天，出纳人员每月劳动12天，其他干部参照增减，定额补贴。大队党支部书记、大队长每月补贴20工，副支部书记每月补贴7工，会计和统计人员补贴16工，保管出纳人员补贴7工。

这样，从县委、公社党委到大队支部都拿出大部分时间帮助办好生产队。既有集中领导，又有群众路线。一扫过去硬任务、铁纪律，弄得生产队无法安排生产的做法。县委副书记陈维仪在 5 月 5 日的县扩干会上说："1962 年以后，由于大队干部到生产队共同商量研究生产、解决问题，工作好做多了。"

这个时候，鉴于全国性的物资紧缺尚未被彻底战胜，而不少部门却守着大量物资无处用的问题，根据中共中央、国务院及省委、省人委关于彻底清仓核资，充分发挥物资潜力的指示，谷文昌认为这个问题在东山同样存在，必须坚决执行中央和省委、省人委文件精神，对东山全县做一次全面彻底的清仓核资，因此他在 4 月 19 日对这一工作提出如下意见：

一是成立清仓核资领导小组和办公室。全县划分为工交、财贸、农林水畜、文教卫生、机关团体和学校 6 个口；口以下的各单位也成立相应的领导机构和办事机构，各口、各单位有一个领导抓清仓核资工作。

二是明确清查范围：生产企业（包括国营企业、集体企业和公社企事业）、建设单位（包括停、建、缓建）、事业单位、机关、团体、部队、学校、林场的生产资料（包括通用设备和专用设备）和积存消费资料。商业企业（包括县供销社及基层社，粮食、物资部门）所经营的生产资料和消费资料。车站、港口、码头积存的无法交付的物资及各部门的在途物资。各企业单位储备仓库中已损坏、变质、残次以及不合储备要求的物资。

谷文昌根据中央的部署将清仓核资工作分为 3 个阶段，即清查、处理和总结阶段。总的来说，全面清仓效果显著：全县共清出物资价值 908.47 万元。到 1962 年底，清仓核资基本完成，大量积压的物资得到充分利用，其中小农具基本满足市场供应，特别是铁、木类农具可以自由买到，一些紧张物资开始缓和。与此同时，谷文昌也指示县委、县人委在全县 13 个纯渔业大队开展"清查清理"运动。至 9 月底，清查出各种机动物资如机动粮、香烟、肥皂、食糖、布鞋、酒、肉票等；清理出仓库积压物资 96 项 28800 件，价值 113783 元；清理压缩非生产性基建开支总计 284660 元。

清理后进行后勤人员裁减，由 1031 人压缩为 749 人，减少 282 人，占 27.4%。在清查中社员对某些干部作风生硬、办事不够民主、贪小便宜、财务制度不健全等也作了批评，干部也作了诚意的检查，消除彼此之间的意见和怀疑，进一步改善了干群关系，调动了社员的生产积极性。

谷文昌带领县委一班人，对全县进行清仓核资，就其清查的成效看，对于一个家底很薄的小县来说，这绝对是一个天文数目，而对全县党政干部和广大人民群众来说，更是一次生动的爱护国家财产教育。

6 月下旬，刚放暑假，谷文昌要谷豫闽到赤山林场劳动锻炼，参加植树造林。在去林场之时，谷文昌当着儿子的面告诉林场场长赵应春："一定不能让人知道他是我儿子，不然大家都会挑轻松的活让他干。"交代完，谷文昌以殷切的眼光望着儿子说："种树也是辛苦活，再苦也得咬牙坚持。你要找最重的活干，才能锻炼自己。"儿子坚定地点头。可是第二天赵场长却分配他干轻松的活：按规定的株距和行距，给沙丘做记号，让大家按这个记号挖坑种树。谷豫闽觉得干这活太轻松，得不到锻炼，就要求和大家干一样的活。赵场长拗不过他，允许了。可是一到放树苗的地方，大家一哄而上争着拣小树苗。谷豫闽就只能拿大树苗。大树苗很难种，要拿它，很吃力；更糟糕的是坑要挖大而且深，更吃力。谷豫闽想到这正是父亲对他的殷切希望，就咬牙坚持到种树的最后一天。

也是在这一天，赵场长偶尔发现谷豫闽正扛着 6 棵裹土的木麻黄在艰难地爬沙坡，才知道谷豫闽原来是在干最重的活，怒气冲冲大骂其他种树者："你们忍心让一个文弱学生种大树苗，自己挑小的种？你们知道他是谁吗？他是谷书记的儿子！"这一说，大家愕然，有的惭愧地低下头。谷豫闽见状，赶紧为大家解围："赵场长，不能怪他们，是我父亲要求我干最重的活。"

32. 打碎"反攻"痴心梦　安抚民心固海疆

1962 年上半年，台湾国民党当局把大陆暂时的经济困难和中苏分歧，看成是反攻大陆"千载难逢的机会"，叫嚣"今年是反攻成败决定年"，妄图对我东南沿海地区再进行一次冒险进犯。台湾当局先后成立"反攻大陆行动委员会"等机构，修订了所谓"反攻大陆"作战预案，三军加紧战备训练和演习；台湾当局军方提前5个月下达1963年度征兵动员令，准备洗雪1953年进犯东山大败之耻。

台海形势骤然紧张。谷文昌作为东山县民兵师政委，遵照龙溪地委和龙溪军分区关于组建民兵武装基干团的指示，提出东山县组建民兵武装基干团的编制方案：全县组建一个基干团，下辖7个步兵连、一个机炮连，计1000人。经县委研究确定：

（1）强化民兵武装。由陈城公社、西埔公社梧龙大队联合组建步兵第一连；城关公社组建步兵第二连；康美、樟塘两公社组建步兵第三连；杏陈公社组建步兵第四连；澳角大队组建步兵第五连；冬古、双东、坑北、坑内组建步兵第六连；东沈大队、钱岗大队组建步兵第七连；前楼、西埔、樟塘3个公社组建一个机炮连等。

（2）明确基干团的任务：①随时补充主力部队；②担任反空降、防暴乱和治安警卫；③配合主力作战。谷文昌要求各民兵组织，在这特殊时刻要心中有敌情，要加强海防巡逻，要加强军事训练，常备不懈才能克敌制胜。同样重要的一个问题就是安定民心，也就是团结一切可以团结的力量，齐心协力和敌人作斗争。

可是在这个对敌斗争非常紧张敏感时刻，一些领导干部的做法却在为渊驱鱼——4月22日，谷文昌收到县委海防部部长李景棠的一份报告，说的是在海防对敌斗争中"一件十分复杂"的事情：渔业大队一些渔民在海上作业时，被敌人"抓靠"（渔船被敌人的军舰拦截，渔民被抓到军舰上）了，而后这些渔民从敌占岛送回来，也没有发现他们有破坏活动，却受到不公正对待：①被边防部队吊打；②作为敌特嫌疑被迁到内地县；③不允许他们再下海捕鱼；④干部怕丧失立场不敢接近他们，不敢信任他们，不敢培养他们；⑤凡是当船夫释放回归的人都被称为"回归渔民"，政治上受怀疑甚至歧视。

李景棠部长认为：①渔民被"抓靠"，我们应该把他们视为是渔民的一种不幸遭遇……把放回来的人员都一律看成是中了毒、不可靠的人，是不妥当的。这不利于我们的对敌斗争。② 凡是被抓捕放回来人员，经审查和长期考察没有问题的，就要信任他们，大胆使用他们。如确有政治问题弄不清的，交给渔业大队审查，再审查不清，就放在生产上长期去考察他们。③ 经审查有打击错了的要通过谈话、道歉、释疑，消除他们的思想抵触，并在职务上做妥善安置。④ 要总结经验，接受教训，以后凡是被敌人"抓靠"回来人员，一律由所在渔业大队出面热情接待，妥善安置，如有一时搞不清的政治问题，可放在生产中长期考察，严禁逼、供、讯。

对于海防部部长李景棠的这个报告，谷文昌甚是吃惊，而对他的观点，却是赞赏。之后，谷文昌以县委的名义给予肯定的批复："处理回归渔民的问题是一件十分复杂的工作，必须十分慎重，讲究策略，分别对待，乱戴帽子，甚至用简单粗暴的方法都是错误的，今后必须坚决制止。对以前已处理的回归渔船民应重新进行一次检查，对错戴帽子和处分错了的，应该严肃认真地加以纠正，以利团结多数。"谷文昌给了各公社党委、政法党支部以严肃的政策指向，尤其给了广大渔民一颗定心丸，广大渔民无不拍手称快。

到了 7 月 7 日，对敌斗争形势越发紧张，地处斗争最前线的东山岛，需要有坚强的民兵力量，以适应对敌斗争需要，福州军区党委与福建省委书记叶飞，根据东山特殊战略地位，指示成立东山岛战时军政委员会。由谷文昌兼守备 89 团第一政委，县长、武装部副政委、守备 89 团团长、守备 89 团副政委、守备 89 团参谋长、海军东山巡防区政委等 7 人为该委员会成员。主要任务是统一指挥东山岛陆、海军和人民武装的整体力量。

台海对敌斗争需要有一个稳定的社会环境，可是这时候市场物资紧张还没有完全彻底缓解，这会成为社会不稳定的因素。为此，谷文昌主持召开县委、县人委领导参加的会议，针对市场货币多，物品尚不丰富，轻工业品还不能满足需要，影响到人民群众的经济生活的问题，积极开展农村集市贸易。很快，这些措施的实行取得显著成果。谷文昌因此欣慰地宣布："自从去年（1961 年）开放农村集市贸易以来，对繁荣市场、活跃农村经济起了很大作用。"社员养猪养禽、种瓜种菜，增加了很多收入，上半年平均每个农户有 150—200 元收入。市场上的物品也日益增多，物价也逐渐下降稳定，如大米，开始每斤 1.80—2 元，现降为 0.80—0.90 元；花生仁由 3—3.2 元降为 1.60—1.80 元；鸭子由 2.80—3 元降为 1.50—1.80 元，烟叶由 30—35 元降为 3.50—4.50 元……物价的平抑，对社会的稳定起到了显著作用。

市场物价是平抑下去了，但是服务于渔业生产的渔需资料供应价格还在上涨，这对于身处对敌斗争最前沿的渔业和渔民，显然非常不利。可是这些渔需品的主产地并不在东山。为此，谷文昌以县委的名义向龙溪地区和省相关部门的上级党政报告，建议上级在领导生产时，多考虑购售双方的利益。具体是：（1）渔业生产资料与水产品的价格必须稳定，水产品保持现有价格水平，而对于今年才提高价格的渔需物资也应作适当调整；（2）加强渔业生产资料的调拨供应工作，当前亟待解决的有尼龙丝、苎麻、杉木、软铅线等渔需商品；（3）由省调拨给县的造船用材应保证质量规格，并把棉纱等渔需物资直接分配到县，由县自行加工，保证质量以利生产发展；（4）加强三类物资的收购工作，对收购不起来的三类物资和部门特殊用材，如樟木、柯木、桅杆、竹篾等，允许渔业大队持有公社证明就能直接到所产地采购。这样，"既能适应于山区和沿海的经济交流与协作，又有利渔业生产发展和海上对敌斗争"。上级领导赞同东山的建议，并付诸实施。这样，渔需品的价格也平抑下来了，渔民们的情绪也稳定了。

正在这个时候，老大难问题又来了：全国性的精简职工和压缩城镇人口、粮食销量的指示又传达到东山。6 月，谷文昌先后接到中共中央、国务院、福建省委省政府及龙溪地委下发的有关精简职工和压缩城镇人口、粮食销量的文件。尤其是地委的文件，要求县办工业企业至少应当关掉三分之二；来自农村的职工一般地应当精简回乡；在城镇人口中，到农村去的职工家属，原则上要与职工一起下乡；城镇居民，农村有亲朋帮助而又愿意到农村落户的，可以下乡。地委更具体要求东山的任务是 1962 年应从 1961 年末 6226 名职工中精简 1217 人，占全体职工的 19.55%，即到

1962 年底，全县全民所有制职工数是 5009 人。同时要求东山县到 1962 年底，要减少粮食统销人口 925 人，减少粮食销量 28 万斤；压缩城镇人口 646 人（1961 年末全县城镇人口 30370 人）。

接到上级的文件，谷文昌清楚，作为下级党委必须坚决执行上级的指示。可是压缩城镇人口下乡，是一件极为难办的工作，因为动员城镇居民到农村已经是一而再、再而三做过的事，可挖潜力非常有限；前几年每次要求缩小城镇人口，总是把眼睛盯住城中的老工商业者，可是这些人能够动员的大多动员了，剩下的都是老弱病残者，或是有各种各样具体困难的人，再动员这些人到乡下几近不可能了；还要动员他们从生活了几十年，甚至几代人的地方到完全陌生的乡下，这些人在生活上、劳动类别上完全陌生，势必给他们的思想带来巨大负担，给他们的生活带来极大的不便，尤其是台海形势非常紧张的时候，直接关系到社会稳定问题。怎么执行这些文件，既能完成上级的任务，又不会给对敌斗争造成负面影响，是个极为难搞的工作，谷文昌在苦苦思考着良策。

令谷文昌感到惊奇的是：中央仿佛知道他的难处，他接到中央统战部在 5 月 28 日向中央汇报的《关于全国统战工作会议向中央的报告》文件。中央决定对工商业者采取新政策，一改以往让工商业者及家属下农村，因关厂、并厂而必须精简下来的工商业资产阶级分子下农村的做法，改为："在精兵简政、压缩人口措施下，做好对各界党外人士的安置工作""因关厂、并厂而必须精简下来的工商业资产阶级分子，不要下放农村；应当根据实际工作需要和他们的工作能力，区别对待，对其中有技术能力的，应当转厂录用；有业务专长的，可以安排为顾问或其他适当职务；一时确实不能安置的，在等候处理期间，如果因为工资打折扣，生活发生实际困难，可以由工商联从互助金中给以补助。在保留下来的企业中，一般不要精简资产阶级工商业者"。县委根据中央文件采取相应措施，令工商业者大为感激，表示要与共产党站在一起，珍惜当今，好好工作。

老工商业者不用动员下乡，让谷文昌舒了一口气，然后，谷文昌带领大家学习《中共福建省委转发省委精简工作领导小组"1962 年减少城镇人口精简职工方案"的指示》。让群众明确："在大力进行企业调整，减少城镇人口和精简职工的工作中……1. 凡是建设规模过大，又和工业、农业基础不相适应的，应即进行调整；2. 就是将来需要的，现在不适应的，也应该坚决进行调整；3. 那些浪费原材料、燃料，质量差，生产效率低以及长期亏损的企业，必须进行调整；4. 原来由集体所有制转为全民所有制，经济上不合理，不利于生产经营的，应该转为集体所有制……坚决缩短工业生产战线和基本建设战线，关闭、合并、缩小一批工厂，拆掉那些用不着的架子，收起那些用不着的摊子。"这就是说，根据福建省委的文件精神，减少城镇人口，精简职工的主要对象，"转换角色"，成为"建设规模过大，又和工业、农业基础不相适应的""将来需要的，现在不适应的""浪费原材料、燃料，质量差，生产效率低以及长期亏损的企业"，以后这样的工作就好做了。

由于各行各业都得到了妥善安置，民心稳定，社会安定，市场繁荣。1962 年的台海局势紧张关系也缓和了。

33. 绿化蜚声全闽省　修堤幸得有心人

随着时间的推移，谷文昌带领东山人民植树造林的事迹传遍八闽。1962 年 6 月 17 日，《福建日报》头版刊登通讯《东山巡礼》，详细介绍谷文昌带领东山人民植树造林防治风沙的经验。东山人民植树造林事迹越来越被福建省委和全省人民所了解。

木麻黄在迅速成长，植树造林的队伍也在迅速壮大。到 1962 年 8 月中旬，全县国营赤山林场已发展干部职工 140 多人。全县还有公社办林场 3 个，队办林业专业队 29 个共 426 人。人多力量大，这是搞好造林、养林、管林和护林的强大队伍。

可是这时谷文昌遇到一件不愉快的事。8 月中旬，长女谷哲慧在东山一中高中毕业后参加高考，遗憾的是没有考上。对此谷哲慧甚是伤心，可是作为父亲的谷文昌，对这件令人不快的事却十分淡定。他认为：到哪里都能为党为人民工作。他开导女儿：上大学不是年轻人唯一的出路，行行出状元。路在自己脚下，路靠自己走出来。在父亲的开导下，她到县财政局当一名助征员临时工。之后，谷哲慧作为社教工作队队员先后三期前往南安、漳浦、东山，因为表现好，被吸收为共产党预备党员，闯出一条属于自己的路。

家中不愉快的事马上被令人高兴的事冲淡了。8月26日，省委书记叶飞，率领沿海各县市部分负责人到东山考察林业工作。叶飞一踏上东山岛，见岛上到处生长着木麻黄，其长势正如省农委主任张冀所汇报的那样，"山地大都树木成林，沙荒都被防护林制服，很多地方都已变成木麻黄林带和成片林木组成的林海"，因此非常高兴。福建《党史》中写道："当叶飞一行车过八尺门海堤，只见林木葱翠，秧苗青青，全县400多座山头披上绿装，在43个流动沙丘上，傲然挺立着已经长至两三米高的木麻黄。长达30多公里的海岸线上，筑起了绿色长城，千年肆虐的风沙，已被抵御在海岛之外。叶飞为这沧海桑田般的变化深深地感叹着。"

随后，全省林业工作会在东山召开。谷文昌代表东山县委和政府以《东山如何发展林业》为题作长篇发言，谷文昌首先介绍县委领导东山人民植树造林的艰苦经历，包括经受了多次挫折的东山县委，更加注重科学种树的经历。县委组成了由领导干部、林业技术员和老农民三结合的造林试验小组，由县委书记亲自担任组长。试验小组采用"旬旬造林"的办法，随时观察记录着不同节气、不同天气、不同风向、不同风力、不同湿度、不同土壤种植木麻黄的不同结果。然后实事求是地说："上面号召春天是闽南造林最好的季节。可是我们在实践中却发现，春天种木麻黄不一定行，因为春季时常有寒流袭击，气温低，种一株冻死一株。我们又发现种木麻黄掌握在4—7月份，即'立夏'后'处暑'前，逢下雨阴天最合适。这个时候冒雨栽树，成活率高；而雨后晴天栽树的成活率低。"

然后，谷文昌对东山的植树造林之所以能成功作总结：

（1）调查研究，同人民群众商量。东山海滨过去有沙荒3.5万多亩，历年岛上的风沙灾害就源出于此。历史上没人能在此种树，现在共产党人要在此植树造林，是前无古人的壮举；要想获得成功，就得深入群众，调查研究沙地无法种树的原因，寻找最合适的树种，并且研究怎么才能种活、怎么管理才能成长等问题。这些问题，党委干部不是神仙，就得同群众商量，找出最好的办法。

（2）坚持试验，由点到面逐步开展。"我们先在沙荒造林成功后，继续进行沙荒造林的尝试。山荒造林历史上有，可是沙荒造林历史上不曾有过，所以就得坚持试验。1957年春天，东山人民在白埕村种活了9株木麻黄，并且能苗壮成长，这对我们是极大的激励，让我们看到沙荒地上可以种活9株，就可以种活900株，9000株，90000株，就可以绿化东山岛。希望就可以成为事实……我们就以此为典型，总结经验，又借鉴广东电白的经验，及时推广。"

（3）注意解决种苗问题。在沙荒上植树造林，必须解决种苗的问题。种苗不够，不能等、靠、要，必须自己想办法。"我们县委领导成员，包括县长樊生林在内的领导，指挥采种队到各地采集木麻黄种子；我们顶着压力偷偷培育木麻黄苗木的经历，至今让我们记忆犹新。"

（4）强调造林栽培技术问题。介绍东山人民在实践中学习栽培技术，从不懂到懂。

（5）强调护林问题。谷文昌说："1957年、1958年我们在石埔、坑北村召开现场会，共同讨论护林问题。起初对损害树林者予以批评、处罚金、判刑，很快发现这不是办法。1958年后在各大队组织林业专业队管理中，很快又发现光靠管理还是不行，关键在发动群众，教育群众，进行算账对比，宣传护林的好处，形成群众性自发的护林运动。让社员制定护林公约，执行奖惩制度。白埕、后林村群众提出砍1株罚栽10株，后来发展到砍1株罚栽1000株。群众认为这种办法很好，大家拥护，互相督促，共同执行。"但用久了，这个办法又不灵了，就发现了用烧煤代替烧柴的办法，这个办法使护林工作得到最大巩固。谷文昌告诉人们，植树要靠人民，护林同样得靠人民。

东山人民刚取得战风沙的初胜，可是天有不测风云，另一场天灾马上来了。8 月 31 日，时值农历八月初二，天文大潮之时，又有台风袭击东山岛。在第 13 号强台风的先期影响下，南门海遭受狂风、暴雨、大潮的猛烈袭击，风力 10 级、阵风 12 级，以致海潮暴涨，海水冲过岸顶，海岸崩塌，海水泛滥，岸边 2800 多户、12000 多人的生命财产和 2000 多亩农田受到了严重威胁。

翌日，强台风正面袭击东山，风力 10—12 级，暴雨终日，海浪高达 6.5 米，巨浪咆哮，汹涌翻腾的海浪冲进南门澳沿岸的南门大埭、石鼓街、实验小学等处一片汪洋，民房倒塌 27 间。谷文昌在城关公社党委书记李景棠陪同下，披着斗篷，冒着倾盆大雨查看南门澳受灾最严重的地段，马上组织抢险，出动 3000 多人次，用了不少木材、石料和 4000 多条麻袋装沙堵住决口，经过两昼夜搏斗，初步战胜了风潮灾害。

谷文昌面对漂着船板、家具的海面告诉李景棠说："不能再等了！"随之成立南门海堤建设指挥部并亲任总指挥，具体由城关镇镇长许铗负责（不久由许瑞旺接任）。根据依靠群众、少花钱多办事的原则，经过勘测规划设计结果，知道修建南门海堤需要土石方 8.46 万立方米，其中所需石方 20086 立方米，包括条石 6518 立方米，块石 5045 立方米，乱石 2921 立方米，片石 2347 立方米，碎石 3255 立方米。兴建高六七米、宽 3 米的防浪墙，高 1 米、宽 80 厘米的防潮堤 1204 米。供需投入劳力 25.5 万工日，所需资金 42.5 万元。如果资金到位，能在 1964 年底完工。

南门海堤以真君宫（也叫"先生公庙"）为中界点，分为南段和北段，南段长 720 米，北段长 484 米。真君宫是明天顺二年（1458）铜山人民筹建的，为的是纪念保护民众的北宋神医吴夲（也叫吴真人，尊号"保生大帝"）。现在党和政府要修建南门海堤，群众赞扬："政府是现代的吴真人！"

经了解，修建南门海堤，南段容易北段难。谷文昌决定："先易后难，先修南段。"可是这么大的工程，资金从哪里来？1961 年的全县财政收入只有 293.51 万元。这些钱，全县干部和事业单位职工的薪金要靠它，实在难啊！

上苍总是把机遇留给有心者。

恰好这时福建省水利电力厅厅长曹玉崑带着包括技术员在内的一行人，前来视察东山的水利建设情况。谷文昌获知这曹玉崑厅长当年也是长江支队南下干部，便紧紧抓住契机，请客人到南门湾视察。但见南段所处位置土地平坦，庄稼翠绿，生机盎然。在"以粮为纲"的年代，这个田园图画恐怕比画家笔下的山水图画更美、更吸引人。谷文昌向厅长道："修南段海堤，就可以保证这一片 2500 亩良田安然无恙。"说完示意东山水电科技术员展开设计图。曹厅长看后问按修南段海堤设计所需要资金。谷文昌忙回答。曹厅长回答干脆："按你说的这个数，省厅给你十万五千元，分两年拨付。另外，每个工日补贴粮票半斤。"在那个粮食紧张的年代，粮票和钞票同等重要。

有了资金保证，南段立马于 9 月初开工。谷文昌与县委领导研究决定，为了节约资金，修堤采用公办民助的形式，所谓"民助"，即民工报酬只能领取一半，另一半作为"民助"形式捐献。没想到的是，民工不仅没有怨言，全城男女老少不计报酬齐上阵；连中小学校的老师也带着学生捣碎石、挑沙做义务劳动。因此南段进展顺利，半年时间已接近完工，可是谷文昌并不满足于此，他的眼睛已瞅着北段。

治沙成果

34. 调查调整相结合　诸事和谐众望归

在修建南门海堤南段的同时，谷文昌惦记着：铜钵大队去年的包产到组已经过去了一年时间，结果到底如何呢？他暗中派出调查组前往铜钵大队。结果得知：包产到组的先是第十、第十二生产队，后跟上的是第七生产队。生产结果令他吃惊：上半年总产 643986 斤，比上年同期 517345 斤增加 24.48%，比"大包干"的 603295 斤增 6.74%；经济收入上半年达 89206 元，比上年同期 69981 元增加 27.47%，分配给社员 46480 元，比上年同期 35120 元增长 32.35%。从主导思想看，干部群众都认为包产到组可以刺激社员积极性，也便于领导和管理。

调查组认为，包产到组归纳起来有 5 个好处：一是社员生产积极性提高，从 1961 年冬开始，实行包产到组，冬种面积扩大 500 亩；二是责任感加强，社员反映包产到组以后，"看得见，摸得着，分得更现"，因此更出力拼；三是有利于粮食收清收净；四是有利财产、农具管理和爱护，减少成本支出；五是有利劳力安排，组长直接派工安排生产。

当然包产到组也有不少矛盾：不利团结协作，抗旱期间各组争水严重，生产队协调不了；账目复杂，计算不便，社员接受不了；出现"五增"，即理事人员增加、账目增加、危险性增加、社员争执增加和负担加重等。

调查组还到对包产到组有尝试想法的石埔大队调查，反映的问题同样深刻。这个大队几年来集体生产由于自然灾害和工作中的缺点而减产，社员生活有困难。大队主要干部认为：几年来集体生产受了创伤，损了元气，唯一办法是发挥个体积极性，多搞点小自由来复原。甚至有大队领导干部说："集体生产像条受台风打击的船，破漏了，幸福生活靠不住。"生产队长形象地说："集体生产是鸬鹚箍颈，吃不饱也饿不死，发家还是靠自己。"群众直言不讳："小自由是根本，收成一粒是一粒；大集体是漂浮，收成十粒只得五。"

上级的精神与现实的调查结果出现这么大的差距，如何处理好这些矛盾，谷文昌更加慎重。他认为："必须不折不扣地执行中央决策。应通过艰苦细致的思想教育，使干部群众认识到得走集体化道路。"但是包产到组的干部，他们的主观愿望是好的，都是为了发展生产，增加产量，提高社员的生活。因此，"教育方法应从内到外，以内为主，不批判、不斗争、不戴帽子、不处分的自我教育为好"。

据此，谷文昌又指示县委班子对全县的生产关系发展情况作更全面的调查。调查结果，获知全县包产到组的有 14 个生产队，少量零星作物包产到户的有 13 个生产队。但是尚不知道普通党员干部对这种生产关系的变化持什么观点。谷文昌指示县委再调查，专门调查党员干部对这种新的生产关系的变化态度。调查组具体对康美、美山和马銮 3 个大队的 61 个党员做了调查，结果发现：认为应该坚持按原模式即生产大队为核算单位的有 24 人，占 39.34%；对以生产队为核算单位模式的有 28 人，占 45.90%；积极主张和支持包产到组，甚至包产到户的有 9 人，占 14.75%。可见主张和坚持包产到组到户的百分比少。

谷文昌对此再进一步调查分析，各级干部看法不同的原因是什么？原来公社党委和生产大队支部在认识上是矛盾的：（1）一方面，他们既看到这种包产的细化，更能激发社员生产积极性；（2）另一方面，他们又看到了这种细化是源于中央的指示精神结合本生产队实际产生的；（3）尤其看到了包产到组给社员带来的积极性，这种积极性非常有助于农村早日度过困难阶段；（4）公社党委和生产大队支部将这些生产队的这种做法与当时中央的政策对照，感到"做过了头"，怕被追责，因此思想上产生了顾虑。

对这种大胆的尝试和党员对生产体制的看法，谷文昌和县委其他领导继续保持极为谨慎的态度，既没有明确表示支持，也没有强行加以取缔，而是作为一个出现的新事物，于 1962 年 10 月 26 日形成《向国务院工作组汇报提纲》，积极主动地向国务院下派的工作组做了如实的汇报。《汇报提纲》如是说："（包产到组）原因是多种多样的，不能全归资本主义思想这一条，主要有 4 个方面：第一，合作化时随大流，未经彻底改造；第二，农村政策贯彻不好，社员有意见。社员说：'多劳没多得，评工没公开，拼到死还不如一支笔，倒不如分到户好。'第三，干部作风不好，多吃多占。第四，领导薄弱，管理不善，年年减产，社员分红少，倾向单干。"

谷文昌处事的慎重，对党忠心耿耿，对群众爱护备至的秉性可见一斑。

这一年的下半年，随着国民经济的不断好转，谷文昌根据中央"调整、巩固、充实、提高"政策，把"触角"伸向各行各业，以期民生福祉的提升和社会的全面发展。

其一，对东山的各行各业进行调整。10 月 16 日，他针对县商业局

《关于我县工商界精简安置情况和有关问题的请示报告》，以县委名义批示："近几年来，商业体制变动大……几年来部分人不适当地被开除、清洗，已不从事商业。这对于资产阶级思想改造和对于社会主义建设事业是十分不利的，应坚决纠正……应团结一切力量，充分调动一切积极因素，共同克服困难，争取社会主义建设新的胜利。"为此，县委将1956年全面公私合营高潮期间和以前纳入国家各种经济计划轨道的，有棉布、粮食、百货、京果等22个行业，当时在职人数计463人……男年满60周岁、女年满55周岁、体弱多病而不宜继续工作的，经本人申请可允许退休，发给本人工资60%左右；不具备退休条件，但因病或非因公残废完全丧失劳动力的，可允许请长假，列为编外，并根据生活情况按月发给本人工资40%的生活费等。

县委的这个做法，对老工商业者无疑是天大的福音。许多老工商业者热泪盈眶地说："苍天有眼，看着我们这些老生理（生意）人了！"工商业者的家人、亲戚朋友、左邻右舍，也都为之交口称赞。

其二，对符合相关政策的工商业者实行调整。对1958年才改造进入国营医药公司的工商业者，给予享受国务院文件规定的待遇。又对1956年公私合营高潮期间和以前纳入国家各种经济计划轨道的22个行业（棉布、粮食、百货等）463个在职人员，采取"统筹兼顾，适当安排"的方针，并实行和平改造赎买政策。特别是1958年公社化以后，工商界大部分成员被动员参加农业基本建设，其中体弱多病而不宜继续工作的和因病或非因公残废完全丧失劳动力的，经本人申请允许退休，这类对象共有250人。对在1961年处理"不纯"运动中，因历史问题、一般社会关系、贪污等问题受偏重处理的31人，继续安排工作。对被定为历史不纯、危险分子而被内迁现已回来者，分别情况，对部分对象给予安排。

其三，对若干"特殊群体"实行政策性调整。根据龙溪地委指示和龙溪专署公安处《关于彻底处理内迁问题的意见》，在1956年、1958年和1959年，根据当时的形势和沿海对敌斗争的需要，内迁一些被视为政治历史问题、表现不好的"反革命阶级基础"和"治安危险分子"，被迁往内地的人，缩小内迁对象，即只限制在地主、富农、反革命分子中表现不好，又难以控制，不迁移对对敌斗争不利者才给予内迁。

其四，对农村自留地再做政策性调整。秋末，根据中央《农业六十条》和省委《关于农村社员自留地问题的指示》精神，结合本县的具体情况，谷文昌对农村自留地作了新的政策调整。具体是：一般地区每户可达5分地（即平均1人1分地左右）；在地少人多地区，社员自留地一般占耕地面积的10%，土地特少的地方稍多于10%，据此全县农村社员有自留地7797亩，占全县耕地面积的8.53%。

谷文昌贯彻实施"调整、巩固、充实、提高"政策，也使各行各业取得重大发展。

1962年社会总产值达到4210万元，比1957年的3102万元，提高35.72%。盐业生产总产大增，达到96779吨，比1961年61243吨增长58.02%；毛猪存栏数27012头，比上年17442头增长54.87%；主要农产品收购总值480万元，比上年427万元增加12.41%；商品零售额1677万元，比上年1383万元增加21.26%，其中主要商品纯销售量为粮食，计2275.89万斤，比上年增加25.94%；食油20.97万斤，比上年少0.62%；食糖64.53万斤，比上年增加28.01%；猪肉52.19万斤，比上年增加127.31%；鲜蛋1.71万斤，比上年增加61.32%；财政收入由上年的293.51万元，递增至350.77万元，增加19.51%。同时，商店和市场上的生产用品和生活用品日益增多，物价也逐渐下降。一些农产品如大米、花生仁、鸭子、烟叶等也在继续降价。市场商品的丰富和价格的降低，群众的心踏实了，进而也促进了社会的稳定。

这一年如果说还有什么遗憾的话，那是上天不作美：到年底已有两个半月没有下雨，小旱已酿成大旱。谷文昌派出强将陈维仪副书记，让他负责全县的抗旱工作。这是一项艰巨而复杂的工程，要靠智慧和毅力，靠各级领导发挥表率作用，还要靠相当的物质力量才能战胜旱情。在抗旱之初，县委发动全县人民"挑水抗旱保冬种"，要"抗旱抢收保收成"。为此，谷文昌与县委领导共同制定抗旱纲领性的口号，提出："抗旱保种、保活、保管、保收成！"

还有一个遗憾，是谷文昌身体累垮了。上级领导来东山视察，看到谷文昌脸色苍白，嘴唇上没有血色，要他去漳州检查身体，说身体是革命的本钱，要是把本钱输光了，还怎么革命？这一说，谷文昌同意了。

通信员陈耀水陪着谷文昌到漳州。找旅馆的时候，谷文昌嫌漳州接待处住宿贵，结果找到北京路大众旅社，住一晚每人1元2角的房间。小陈为此而皱眉，谷文昌开导他："我是来看病的，有地方住就行了。"小陈说："既然是病人，就需要住舒服一点的。"谷文昌说："人家干一天活工资才多少钱？一块多嘛。为啥要浪费这冤枉钱？"

当然，这一年谷文昌也和家人发生了一些矛盾。

头一件是谷文昌与二女儿的矛盾。一天，女儿谷哲芬看电影回家，眉飞色舞地向家人介绍电影《上甘岭》有多么好看，说得兴致正浓，谁知谷文昌冷不丁问她："是谁给你买的票？"谷哲芬一愣，照实说她没钱，收票的叔叔知道她是谷书记的女儿，就放她进去了。谷文昌听后生气地告诉女儿："看电影怎么可以不买票呢？县委书记的孩子也得按规矩买票。"说罢，拿出1角钱（当时小孩看电影买半票是1角）让谷哲芬明天去补票。

再一件是谷文昌和侄女也发生了矛盾。他们夫妇为侄女史水仙找到一位条件不错的河北籍现役军人，即东山驻岛部队团部机要科的一个参谋魏克俭。两个年轻人一见钟情，并很快确定了恋爱关系。谷文昌夫妇完成了哥哥史振东临死前的重托，深感欣慰。可是不到1个月，因为新婚洞房只有10平方米左右，春天来时地板又十分潮湿，史水仙找姑父谷文昌帮忙换大一点的房间。姑父说："你们还年轻，要好好工作，别忙着讲享受。"史水仙夫妇开始心里不是很愉快，但最后想通了，就毫无怨言地生活在一起。

35. 齐心合力抗奇旱　百计千方找地泉

1963年刚开春时，已经两个多月没有下雨的天空，照样天天艳阳高照，光芒刺人。由此，以谷文昌为代表的县委领导班子，领导全县人民进行了一场旷日持久又艰苦卓绝的抗旱斗争。

时值冬种作物生长的关键时期，大小麦正拔节抽穗，豌豆正开花结荚。面对严重旱情，谷文昌以县委的名义发文给各公社、大队支部："冬旱已持续近百天，这段（时间）是冬种作物生长的关键时期……为此，必须把抗旱冬管作为当前农村工作的中心……"

2月下旬，旱情加剧。23日，县委向龙溪地委呈文告急《关于当前抗旱抗霜冻情况报告》，指出："从去年10月下旬以来，我县连续120天无下透雨……在这4个月期间，我县仅降雨16.3毫米……目前全县各种水利设施的蓄水量不足460万立方米，占应蓄水量19%。如果再有1个月不下雨，3万多亩大小麦，有收成的仅1千亩左右，连种子也保不住……"

可是旱情似乎要和东山人民较劲。3月初，全县水库干涸28个，其余3个仅剩少量库底水，山围塘全部干涸，蓄水量仅剩302.6万立方米，占常年蓄水量的12.4%。面对严重灾情，谷文昌再以县委的名义提出"天不下雨，抗旱不止，依靠集体，确保三春胜利"的号召；又提出"哪怕只剩下一担水、一分地、一株苗，也坚持抗旱到底"的口号，自此全县平均每天出动劳力抗旱，占农业第一线劳力45%以上。

到3月底，水源急剧下降，如果这时强行插秧，水的问题没办法解决，秧苗必死无疑。谷文昌与县委领导们针对这个实际问题，决定在生产上应做退一步打算，提出"从思想、土地、保苗、生活上做好两套准备、两套安排"口号。谷文昌召集县委领导班子成员未雨绸缪，召开以"发扬抗旱伟大胜利，确保夏季生产大丰收"为主题的会议。谷文昌强调："在思想上从坏处打算，往最好处努力，提出'天不下雨人下雨，天上无雨地上找，地上无水地下挖'，开展'一担水、一分地、一株苗'运动，把损失减少到最低限度；然后集中力量，大战秋季，确保秋季生产大丰收。"

这时候传来好消息：东山县最大的水库红旗水库建成并投入使用。水库库容量达329万立方米，可为西埔公社和樟塘公社的11个生产大队6069亩田地提供有效灌溉；同时又是县自来水厂的水源基地，为城镇居民、工厂、码头港口提供用水。可惜水库修好了，上天还不下雨。

4月3日，旱情在继续发展。全县农田受旱土地面积近9万亩，占全部农田的93%，其中导致收成减少或绝收的面积达3万多亩；春播和人畜用水都严重困难。为此谷文昌又再以县委的名义紧急动员全县人民集思广益，广辟水源。

这时，世代居住在海边沙地的老农，向谷文昌提出一个新奇的见解："有沙必有水。"谷文昌随即让县委请职能部门论证这个说法，并得到了证实。于是县委提出："向沙地要水！"县委副书记陈维仪受谷文昌之命到探石村，同大队领导商量勘探水源的各种办法。功夫不负有心人，抗旱的干群们终于在官路尾自然村一个叫下林的路口（即山边），找到了"沙泉"。当他们挖到2尺深的时候，地下水就冒了出来，由此可知其储量相当可观。这个消息，轰动了周边群众，震动了谷文昌，令他兴奋异常。大家决定马上开采这一带地下水。可是怎么开发这一带地下水？老农们说："得挖个大水池，才方便蓄水和取水。"县委领导们觉得有道理，探石大队党支部书记柳大头和副书记陈木长立即组织350人开挖。

经过连续7天的奋战，挖出一条宽45米、长80米、深2.5米的大泉水池。接着又挖了3条水渠通到农地。共挖沙9000立方米，出水3000立方米！这些生命水救活了大豆、甘蔗700多亩，还用它来浸种、育秧和抢种大豆。探石大队为全县人民寻找泉水树立了一个好榜样。

与此同时，又有一个好消息：谷文昌借助与省水文地质大队关系密切的有利条件，邀请工程师白凤翔向县直机关干部讲授寻找水源的基本知识。机关干部听课后，即"现买现卖"到抗旱第一线，把学到的知识传播到群众中去，广辟水源，寻找捷径。终于，在樟塘公社湖尾大队的一片荒沙滩上，发现蕴藏量丰富的地下水，然后马上请水利设计部门制订方案，由专家进行科学论证并报谷书记。谷文昌大喜过望，立即组织人员现场察看，敲定之后上报省、地水电局审批，经批准后马上组织施工。

4月上旬，旱情还在继续发展。已经6个月时间只下5次毛毛雨，降水不到50毫米。谷文昌强调各级领导要到抗旱斗争第一线去，到最艰苦的地方去。抗旱找水挖井挑水的规模声势，都大大超过 1958 年、1959 年冬春水利高潮。在很短时间内，全县共清挖泉塘 2031 个，沙塘 376 个，打井 44 个，堵溪 219 处，使插秧面积由原来的 5050 亩增至 10800 亩；同时依靠"铁肩膀"挑水、"铁手臂"盘水，使 3 万亩大豆、花生、甘蔗全部种植。可以说，东山人民在谷文昌领导下抗旱寻找和挖掘地下水，取得阶段性胜利。

谷文昌还果断请来省地质局勘察队工程师、技术员组成 60 多人的勘探队伍，在沿海沙滩钻探找水源。很快，省地质队专业人员为东山县委提供了东山沙滩地下水的宝贵材料：在东山岛东北和西南两面 6.25 平方公里沙滩范围，初步计算地下净水蓄水量达到 5100 万立方米，等于全县现有各种水利设施总量 2 倍以上！在找到的诸多采水点中，最令人兴奋的是由省水文地质队刘队长带领下的队伍，探明并证实在东山岛东部海滨湖尾村一带，沙滩地下水源最为丰富，这为湖尾地下水开发工程建设提供了科学依据。

消息是这样的振奋人心。县委领导班子和水利部门立即制定规划；立即报省、地水电厅局审批，得到认可和支持后，立即组织施工，开挖取水。

4 月上旬末，省委书记叶飞、地委书记马兴元等一行来东山视察旱情，谷文昌领着两位书记来到湖尾地下水筹建工地，向他们汇报东山人民抗旱建设湖尾地下水工程的情况。看到全省旱情最严重的东山岛，居然能筹建地下水工程，叶飞非常高兴，不住地夸奖，当即批拨 20 万元支持湖尾地下水工程建设。叶飞和马兴元在东山视察抗旱工作，连住 3 天，其中参观两天半。在离开东山之时，叶飞兴致未减，告诉谷文昌："我对东山几年来的工作，特别是改造自然、几个工程建设表示满意。希望你们继续把自然环境改造得更好，早日实现渔业生产机械化，在几年内做出更大成绩。"

4 月下旬，谷文昌亲自组织湖尾地下水工程领导班子，并于 28 日开始动工兴建开采湖尾地下水工程。为早日取得地下水，谷文昌又指示县直机关除留少数人值班外，倾巢投入湖尾地下水工程建设。机关干部参加在地下水工程劳动的人数达 817 人，占干部总数的 89.6%。

5 月初，全县旱情更为严重，人畜用水十分困难。面对干枯的农作物和满脸忧愁的农民，谷文昌在抗旱保苗现场会上对各级干部发出号令："战天斗地，一担水必抢，一分地必争，一株苗必保，坚持抗旱到底。"

谷文昌找来几个有经验的老农，商量抗旱保地瓜苗的方法，可是他们也束手无策，原因是淡水太少了。谷文昌说他家乡河南林县山区也缺水，也种地瓜。他们培育地瓜苗用的是平整出一块草席一样的平地，然后再播下地瓜秧子，再浇水育苗，用水很省。只是南方和北方不一样，或者可以试试看？老农们听谷文昌这一说，眼睛一亮，觉得也可以试试看嘛。就这样，岱南村整出了像苗圃一样的平地，种上了地瓜秧子，尽管用水不多，但还是在苗壮成长。这种方法马上在岱南村乃至全县推广。

5 月到了，旱情已经发展到最严重阶段。谷文昌根据剩余水源的实际，发表《发扬抗旱伟大胜利 确保秋季生产大丰收》文章，提出"前面抗，重点保（主要保地瓜苗)""能保一亩保一亩，能保一分保一分，能保一株保一株"口号。根据当前抗旱形势提出"三保"（保苗、保种、保收）问题。

久旱不雨也给农村各项工作带来很大艰巨性与复杂性，迷信谣言也开始露头：说是梧龙村有个临产孕妇在晒台上晾衣服，突然肚子痛，来不及回房间就在阳台上生下孩子，没想到这件极平常的事，就有人说女人属阴，阳台属阳，这样阴阳相克，要大旱三年。白埕村更是有谣言说，1953 年东山保卫战时，在海边打死 7 个国民党兵，现在他们的阴魂在海边游荡，说死得不甘愿，因此造成天旱。想不到有人居然信了，竟然有 700 多人去海边拜死鬼，希望死鬼原谅东山人民。不管谣言如何离谱，谷文昌和其他县委领导们在灾情最严重的时刻，仍然保持着清醒的头脑和乐观主义精神，全神贯注地领导全县人民抗旱治水。

5 月 9 日，大旱已接近 7 个月了，旱情还在继续发展。谷文昌认为这是最关键时刻，由此召开工作组暨机关干部会。会上，谷文昌作了《正确认识形势，进一步树立长期抗旱观念，坚持抗旱斗争的最后胜利》的报告。谷文昌在报告中充满鼓励："从去年 10 月 15 日下雨至今已有 204 天的时间。在这时间，春收大小麦能收 140 多万斤，春种作物播种面积达 4 万多亩，就是个大胜利，是个史无前例的胜利……今年我们东山在省、地委的领导和关心下，在省、专有关部门的支持下，我们的抗旱取得很大成绩，取得了抗旱四个回合的胜利。第一是抗旱保春收减少了大小麦损失；第二是抗旱抢种大豆、花生，保苗种，使春收面积超计划；第三是挖水插秧，虽然现在还一半没插上，但这是个伟大的胜利……第四是抗旱保苗，保种保丰收下一步仍然要继续挖水抗旱，保种改种，这算是第五回合了；下去还可能有第六回合……"

6 月 4 日，谷文昌主持召开县委领导班子会议，对当前旱情和今后工作做出重要部署。会后县委下发《关于继续坚持抗旱斗争准备秋季生产的意见》（以下简称《意见》），指出：至今已有 230 多天没下过一场透雨，降雨量仅 67.6 毫米，这是一场持续时间最长、范围最广、旱情最严重的大旱。由于久旱不雨，使春夏作物严重减产，预计总产 371.27 万斤，比去年同期减产 76.7%。据全县 567 个生产队统计，夏季有收但少分的有 449 个生产队，占 79.2%；无收无分的占 94 个生产队，占 16.6%。对今后的工作，《意见》指出：我们必须充分发动群众，以"一季顶两季"的干劲，把旱季的损失夺回。因此决定把种不下的作物面积和已种而旱死失败的面积共 63100 亩，全部改种秋季地瓜。

终于，6 月 12 日，骤然雷声隆隆突降大雨。全县人民怀着激动的心情，冲向雨幕、张开嘴、伸开双臂迎接这久违的甘露。这场大雨和几日后的另一场大雨，使东山的旱情基本解除。

8 个月的抗旱斗争，使东山出现了大量抗旱新设施，初步解决了 10 万人民的生产和生活用水；8 个月的抗旱斗争，给东山人民上了一堂认识、顺应、利用和改造自然的大课；8 个月的抗旱斗争，使东山人民更加坚信，顽强毅力是战胜任何艰难险阻的必要条件之一。

6 月 21—26 日，谷文昌主持召开全县三级会议。谷文昌提到了抗旱成绩：冬天挑水抢种，抗旱抢插抢播。抗旱最紧张的有三个高潮，即冬种、春播和保苗。虽然收成比原计划减产 1200 万—1300 万斤，但这已经是最大的胜利。谷文昌无限感慨地告诫与会者："这些粮食来之不易，真是'一滴汗，一粒粮'。"抗旱斗争不但改造了自然，也改造了人对自然的认识。抗旱中进行的史无前例的水利建设，这些水利工程将在今后抗旱中发挥巨大作用。

在抗旱期间，《人民日报》《福建日报》《漳州报》等报刊上共发表了 311 篇有关东山抗旱的报道。在抗灾胜利 45 年后的 2008 年 8 月 16 日，《人民日报》发表长篇通讯《精神永恒　丰碑长存——永远活在人民心中的县委书记——谷文昌》，作者张全景（中共中央组织部原部长）在文中评价说："1963 年大旱，连续 241 天没有下雨，谷文昌和县委副书记陈维仪等同志到群众中总结抗旱经验。'地面无水向地下进军！'打大井、深井，池中套井……建永久性抗旱工程 285 处，省政府调来抽水机支援，这一年仍然取得较好收成。"

36. 韦悫发言惊四座　石碑怎胜众口碑

1963 年 3 月底，南门海堤南段工程接近完工，谷文昌又在为修建南门海堤北段工程而操心：因为北段多是水下操作，而且必须砌成 0.375 坡度（即每升高 1 米，坡度 0.375 米）的堤墙，施工难度大；所需要的 32 万元资金，尚无着落，虽说有修建八尺门海堤节省下来的 27 万元，但能否转到南门海堤这边，是另外一回事；即便 27 万元全额都到了，也还缺 5 万元哪！为此，谷文昌又是寝食难安。

4 月上旬末，福建省委书记叶飞带着省市一大帮人，为抗旱大事从福建北部沿海南下来到东山。如何招待叶书记这样的高官和他所带领的这样庞大的队伍？负责接待的人犯难，报告到谷书记这边。谷文昌下令：到山后大队买一种名叫"鸡爪山"的地瓜。报告人纳闷："要请省委书记和一大帮官员吃番薯？"谷文昌笑而不答，转身让通信员何坤禄受命前往。

这天中午，领导们在听谷文昌汇报结束时，食堂飘来阵阵地瓜香味。祖籍福建南安、对地瓜味觉特别敏感的叶飞深深地吸了口气，开起玩笑："谁家蒸番薯，好香啊！"身旁的谷文昌接过话茬："是食堂在蒸番薯，请叶书记尝尝东山海边番薯的味道。""请我吃番薯？你怎么知道我爱吃番薯？我老家到处是番薯啊！老谷啊，请我吃番薯，你就是我的知己咯！我们都是劳动人民的儿子，都是革命战士，吃番薯，心里踏实！"

中午吃饭时，食堂真的端来了极为香甜可口的地瓜，叶飞吃着金灿灿、散发着诱人香味的番薯，大为赞赏，连夸海岛的地瓜就是好吃。饭后，谷文昌带着领导们来到南门海堤。谷文昌向叶飞汇报了修建海堤的情况，讲到南段已经接近修好，北段因为缺少资金，所以尚未动工时，叶飞眉头皱了起来。谷文昌赶紧把北段设计图拿给叶书记看，并说北段的修建，需要资金32万元的数额。叶飞皱眉不语。谷文昌又请示叶书记："我们能否把修建八尺门结余的27万元，拿来做修建北段的资金？"叶飞听了，眉头顿时舒展开来，笑着点头，还说不足部分省里再补贴3万元。

谷文昌双手紧紧握着叶飞书记的手，久久不放。

南门海堤北段立即施工！

也是这年6月下旬的一天，吃午饭时候，谷文昌大女儿谷哲慧告诉父母她找男朋友了。男朋友是北方人，叫秦麦生，26岁，哈尔滨军事工程学院优秀生，毕业后留校任助教。谷文昌非常高兴，说女儿嫁了大知识分子。同月底，谷哲慧操办婚事。史英萍托人买了两床当时凭票供应的绸缎被面。谷文昌知道了，问："这得用多少布票？"女儿说是商店经理特殊处理的，没收布票。谷文昌脸色马上不好看了，告诉她们：县委书记的女儿结婚，也不可以搞特殊化。随之谷文昌让她们补交了布票。7月1日，谷哲慧和秦麦生完婚。婚后谷哲慧夫妻俩成了牛郎织女：妻子在福建东山，丈夫在东北哈尔滨，一年难得相见一次。后来谷哲慧怀孕生子，全靠自己和妈妈史英萍的帮助。

到了初冬，再传喜讯：全县所有的生产队粮食全部增产，在早季受旱基本绝收的情况下出现21个大队、199个生产队全年粮食总产量超过上一年，其中白埕等 6 个大队秋季粮食总产超过全年。全县秋季粮食总产 2810 万斤，比上年同期增长 40.3%，群众称之为："灾年生产，丰年收成。"丰收的喜讯让谷文昌万分高兴。这时龙溪地委要求谷文昌撰写《用革命精神改造自然建设海岛》文章，介绍东山近 5 年来的工作。11 月 5 日撰文告成。文章开头，谷文昌说："在短短的五年中，在这个十万人的岛上，还发生了更大更多的变化。按照群众的说法就是：'孤岛变半岛，沧海变盐田，秃山变树海，沙荒变林带，穷岛变富岛，铜山变金山（东山古名铜山）'。"他在文中作最后总结时说："这几年我们在生产建设和改造自然中，体会比较深刻的是：（领导干部）必须要有远大理想，同时又要脚踏实地地去干；对经过实践考验的事情，就要说干就干，认真贯彻，坚持到底……充分发挥群众的智慧和力量，就能够无往而不胜，就能够干出翻天覆地的事业来。"

11 月 17 日到 12 月 3 日，全国人大四次会议在北京举行。会上，教育部副部长、曾任孙中山秘书的韦悫，作为全国人大代表，向毛泽东同志等党和国家领导人作《福建省东山县——改造自然的一个范例》的大会发言。韦悫全面介绍了东山县委书记谷文昌，带领全县人民植树造林改造自然的先进事迹，并高度肯定这是中国人民在中国共产党领导下改造自然的一个范例。他的发言刊登在 12 月 4 日《人民日报》第 1 版。

韦悫还提到，东山县从解放后就开始植树造林，但是真正有组织、有计划、大规模、科学地种树，是在 1958 年 3 月，东山县委把征服风沙列入重要工作日程，成立了县沙荒造林指挥部和绿化指挥部，经常组织干部深入沙荒地区调查，县委书记谷文昌跑遍全县荒山和荒沙滩，和群众商量研究，不断总结群众和风沙斗争的经验，并派干部往外地参观取经。领导带头亲自试验，失败了总结经验再干，再失败了再总结经验再干，依靠群众，发动群众，在全县开展了沙荒造林运动。

可以说，韦悫的发言，是客观公正的，令人高兴的。而这年的年底，还有一件令人高兴的事，就是南门海堤建成。

1963 年 12 月，南门海堤主体工程完工，指挥部领导们畅谈谷书记在其中所起的关键作用时，有不少人建议立碑彰显他修堤之功。但有人担心：谷书记肯定不喜欢这么做，还是问问他本人为好。谷文昌获知此事，脸色一沉立马严责："告诉你们，南门海堤要不是省委、省政府拨款支持，要不是东山人民的无私奉献，建得起来吗？应该歌颂的是党和东山人民！""领导干部必须清醒，任何时候都不能宣传个人！怎么立碑都不如群众的口碑！"事后，为了留一张南门海堤照片作为汇报资料，指挥部先请照相师翁经武先生前来拍照，但是因为他的相机没有旋转功能，无法照下这么长的画面，又请画家谢学文先生以画代照，完成 5 米 ×0.5 米的《造福东山　陵岛新堤》国画作为资料。

谁也没有想到，南门海这个昔日辛酸恐怖之地，如今成了全国各地游客极为欣赏的旅游胜地。这里长堤锁海，海面波澜不惊，海鸥高翔；海堤之内民居鳞次栉比、商业繁盛；海堤之上万众聚集、欢声笑语不绝于耳——长堤上的每一块块石，都是谷文昌带领东山人民修建南门海堤的活见证。

12月下旬，县委召开面上农村社会主义教育"站队"预备会。谷文昌在会上带头做"常委县委几年来的思想作风、工作作风存在问题检查"。他带头首先对自己的个人问题做检查，想不到他把县委和人委出现的问题往自己身上揽："经济上铺张浪费，请客送礼，去年（1962 年）一年里县委和人委就花了 1000 多元。"在谷文昌看来，县委和人委一年请客送礼 1000 多元，就是铺张浪费；而他是县委书记，负有领导责任，得检查。

年底是总结成绩查找不足，以利来年取得更大成绩的时候。谷文昌撰文《用革命精神改造自然建设海岛》，文中总结从 1958 年到 1963 年底，经过 5 年多的努力，植树造林取得丰硕成果。在东山岛上的荒沙地上，种上了大批木麻黄；在秃山上种上了大批松树、相思树、桉树，总计造林 73039 万亩，2700 多万株树，营造护田林带 223 条，总长 184 公里，平均每个劳力种了 1000 多株。这些树如果排成 10 行来构成林带的话，可以绕全岛 9 周。东山历史上出现了林区、出现了林带，改变了风沙蔽天、童山濯濯的荒凉景象。东南沿海 40 多里长的沙滩，布满了纵横交错的林带，挡住了风沙，保护了农田，扩大了耕地。

过去被称为"小蒙古"的陈城等公社，现在受林带保护，已把 4500 亩沙滩改成良田，使近 2 万亩田地从一熟改成两熟……造林之后，柴草大大增加，全县一年光从木麻黄树修枝、扫叶，即达 1500 多万斤，目前已有三分之二大队柴草自给或半自给，有的队过去全靠外地买柴草，现在可以出售大量柴草。许多干部群众说："人栽了树，树保了地，地有了粮，粮养了人。""林带是粮带，是银带，是生命带。"

这时的全县造林情况是：县境内所有秃头山均披上新装。全县森林覆盖率达 36%，绿化面积达 96%。从海岛最北端的城关，到最南端的澳角，都是密密麻麻防风林；田野间到处是纵横交错的林网。在绿色长城之内，美国湿地松、日本银桦、法国梧桐苗壮成长；在洋树林旁，是各种果树；再往里，便是村庄、菜地、稻田，后来又增芦笋园。

当年谷文昌所描绘之"树林里面找村庄"，成为现实。据有关部门观测：在东山岛上林带背风树高 5—10 米的地方，风力已减弱 48.4%—68.9%，蒸发量减少 10.4%—26.6%；在树高 15—20 米的地方，风力减弱17.2%—43.2%，蒸发量减少 8.5%。由于绿化工作成绩名闻八闽，福建日报记者慕名前来采访谷文昌。谷文昌说："植树造林好比打一场人民战争，光靠指挥员，不能打胜仗。你们要宣传，就多宣传第一线造林大军的事迹。像蔡海福就是其中一位代表。"记者根据谷文昌推荐采访蔡海福。不久《福建日报》在头版头条显要位置刊登了他的事迹，还配发了他戴笠荷锄在林地的照片。从此蔡海福名扬全省。而后谷文昌又举荐他为华东区造林模范。

1963 年，东山经受了这么大的旱灾，收成如何？这是人们普遍关注的。据东山县统计局的相关资料显示：当年工农业总产值 2356.15 万元，比上年 2246.26 万元增加 4.89%。其中工业总产值在动员大量工人下乡的情况下，也达到 1132.98 万元，比上年 1103.00 万元增加 2.72%；农业总产值（农、林、牧、渔业全部产品的总量）1223.17 万元，比上年 1143.26 万元增加 6.99%；盐业 201.95 万元，比上年 124.67 万元增加 61.99%；渔业

537.71 万元,比上年 446.47 万元增加 20.44%。唯一不好的是农业产值只有 303.19 万元,是上年 373.84 万元的 81.10%;粮食总产 343175 担,是上年 375115 担的 91.49%。但应该说,这是战胜百年不遇奇旱的成果,正如谷文昌说的:"这已经是最大的胜利。"

评价一个领导者成功与否,既要看他在顺境中的政绩,也要看他在逆境(天灾人祸)中如何把损失降至最低。

37. 报告掌声如暴雨　九年方上大平台

1964 年 2 月 29 日—3 月 6 日,福建省委、省人委召开 1963 年度农业生产先进单位和先进生产者代表大会。谷文昌作为先进工作者代表赴会。29 日和 31 日上午,省委叶飞、范式人、许亚等领导亲临会场,听取 21 位代表的典型发言。叶飞感到很奇怪:为什么没有东山的典型材料?

3 月 1 日下午,各地代表在驻地讨论。这时大会秘书长萧文玉赶到东山代表驻地,请谷文昌和东山县委报道组组长黄鸿度,马上和他一起去见叶飞等省委领导。在西湖宾馆,许亚要黄鸿度将东山的典型材料念给大家听。黄鸿度念完,叶飞再次点名要谷文昌介绍东山植树造林的典型经验,以推动沿海的绿化。第二天,谷文昌在会上作了题为《用革命精神改造自然建设海岛》的典型报告,全场掌声雷动经久不息。第三天《福建日报》头版对谷文昌典型报告作了报道。第四天《福建日报》头版头条位置发表了题为《社员大兴革命化,生产浪潮高又高》的文章,其中以"学东山要学东山革命精神"做了小标题,文章中说:"东山县以气吞山河之势坚持征服风沙、改造自然的英雄业绩,极大地鼓舞了与会代表的心。他们说,东山人民坚持斗争,不怕失败的革命精神,是我们学习的榜样;东山造林治水、改造自然的胜利,是我们努力的方向。"

3 月 6 日,在代表大会闭幕会上,叶飞号召:"希望我省沿海地区有更多的东山县。"于是"学习谷文昌革命精神"的号召响彻八闽大地。东山人民面对风沙肆虐的恶劣环境,勇敢面对连"神仙都难治"的风沙,常年不懈植树造林，直至改变生态环境，使东山这个曾经的飞沙走石之地，成为生态优美的幸福之乡。这种改天换地的革命精神，集中地体现在领头人县委书记谷文昌身上。

在省委书记叶飞的号召下，一时全省尤其是沿海各市县，开展轰轰烈烈学习东山植树造林的运动；弘扬以谷文昌为首的东山县委领导班子无畏艰难险阻，十多年如一日坚持植树造林的顽强精神，成为风尚。闽侯、长乐、平潭、福清、连江等沿海县纷纷组团到东山参观取经。凡是到东山的人，无不称奇，无不受到欢欣鼓舞。

这个月初，鉴于谷文昌在东山植树造林等方面的显著成绩，从中显现的品德与能力，福建省委书记叶飞提议："谷文昌是个好典型，谷文昌要提拔使用，当林业厅副厅长完全可以，主要抓沿海造林治沙工作。"过后，省委组织部经过考察，正式向省委提出："建议谷文昌调任省林业厅副厅长，免去东山县委书记职务。"

好事连连，又有一个好消息传来。3月，湖尾地下水工程全部竣工。工程共完成土石方 23.88 万立方米，投入劳力 16.1 万工日，投入资金 199 万元，其中国家拨款资助 54 万元，地方自筹 45 万元，贷款 100 万元。整个工程铺设口径 45—60 厘米的滤水管 2500 米。设计口径 1 米的观察井 23 个，在聚水滤水管的末端建 1 个口径 10 米、深 6 米的大蓄水池，建 2 座抽水机站、5 座垫桥。工程日集水 8000—10000 立方米，年集水 250 万立方米左右，可灌溉农田 4500 亩，覆盖樟塘、康美 2 个公社 8 个大队。湖尾地下水工程成功后，其经验在东山全县推开。随之湖塘、白埕、后姚、梧龙、探石等村，先后埋设地下水涵道 13 条，总长达 13917 米，改善灌溉面积 10150 亩。

有人觉得，所有这些好事，都是谷书记为东山人民造福产生的，要是在谷书记调离东山前夕，把他的女儿谷哲慧转为正式干部，随父亲调往省城工作，那就十全十美了。当有关部门把这事向谷书记提出来时，被谷文昌挡住了。他说："组织上调的是我，不是我女儿，还是让她留在东山。"就这样，谷哲慧在临时工岗位一干就是 5 年，直到 1967 年，她通过自己的努力参加招工考试被录取，才成为漳州百货公司（国有单位）职工；1979 年被招收为漳州市糖业烟酒公司职工（退休后定居漳州芗城区）。

在谷文昌即将离开东山到省林业厅赴任时，原县直机关的工作人员依依不舍，决定创作一首诗歌表达送别之情。在机关食堂举行的小型欢送会上，现场朗诵送别诗《谷书记，您没有离开东山》。诗文节选如下：

> 谷书记，您就要离开东山 / 告别立志奉献毕生精力的海岛 / 像展翅的雄鹰翱翔于新的征程 / 在这惜别的时候 / 东山人民对您的良好祝愿和无限依恋一起涌上心头 / 东山人民怎能忘却您在海岛的日日夜夜、朝朝暮暮 / 怎能不追忆起您为民造福的 14 个春夏秋冬 / 怎能不记起您用心血和汗水在沙滩上覆盖了造福万代的绿荫……/ 您创造的博大物质财富和精神财富 / 将永远成为东山人民的瑰宝 / 谷书记，您没有离开东山！

当同事在朗诵这首诗的时候，开始有几个人在啜泣，而后变成一批人在哭泣，随着哭泣者的人数的增加，变成一场发自肺腑依依惜别的哭声。谷文昌也跟着人们不舍地哭了起来。是啊，这些年，他与战友们同甘共苦、艰苦奋斗所建立的感情，实在太深太深了。谷文昌和群众的哭声，交汇成一首最动情的革命情谊之歌。

3 月 22 日，《解放日报》第 5 版刊登《漳州报》记者陈文和撰写的 4000 多字的报告文学《绿染银滩》，文中讲述了东山岛沙荒变林海的故事：为了制服风沙灾害，摆脱穷困，东山县干部和百姓同风沙进行数回合战斗的盛况。

文章指出，如今东山的风沙线上已开始新的春天了。天从来没有过这样的晴朗，海从来没有过这样的蓝。风季照样来到这里，但是大风的翅膀一到这里便被木麻黄的巨掌折断了。危害百年的凶恶的"沙虎"终于被治住了。绿色的家族正在以更高的速度繁衍着；木麻黄树一天天长高，林带一天天伸长、扩大，在林带间隙流淌着清亮的渠水，培育着块块翡翠般的庄稼。

同月，东山县建筑公司杨勇书记得知谷书记就要调离东山了，送来一副墨鱼骨雕（也叫海螵蛸雕），长 60 厘米，宽 30 厘米，是用墨鱼骨头雕成的开屏孔雀和盛开的牡丹，象征吉祥如意，幸福美满。杨勇说，我们建筑工人听到书记您要调走了，就以此表达对您的祝福。经过一番思考，谷文昌笑了，说："好，我收下！因为其中材料是东山特产，我爱东山，爱东山人民，所以我要永远把它保留在家中！"

4 月 1 日，省委组织部正式下发由周恩来总理签发的谷文昌任职通知书给省林业厅党组，任命谷文昌为福建省林业厅副厅长。

谷文昌即将离开东山。从 1950 年 5 月 12 日到东山担任城关区工委书记，到 1955 年 2 月担任东山县委书记，到 1964 年 4 月谷文昌调离东山，共在东山工作了 14 年多，其中担任县委书记 9 年多。其间东山的发展尽管经历曲折也遭受过挫折，但是在谷文昌的带领下，全县人民进行社会主义建设取得了重大成就。

谷文昌临离开东山时，打电话给通信员朱财茂，让他到办公室来。朱财茂放下电话，三步并作两步地赶往谷政委的办公处。一开门，发现谷政委正在看办公桌上摆着的古青铜器物。谷政委见朱财茂好奇的眼睛盯着它，便坦诚地介绍：这古董是城关公社在关帝庙旁一个叫菜园仔底的地方清井时发现的，他们送到县里来，请示怎么处理。谷文昌说："我得先找县文物部门鉴定一下它的价值。可是一位干部却建议让这古物放在我办公室。你说一个领导干部，一见是好东西，就拿来自己受用欣赏，这怎么行！再美再好的东西，只要不是自己的，就一定不能要，就是放在办公室也不行。"后经文物部门鉴定，它是明代青铜三脚蟾蜍，被收藏到县博物馆。

然后他们谈工作，谈生活，谈孝敬父母。谷文昌说："过几天我就要离任到省里报到了。以后你一定要听党的话，跟党走；对人民有利的事要多做；要团结同志，认真工作；要站稳革命立场，明知是错的事一定不能做。总之，就是凡是对党的威信有损害的事，哪怕是再小的事也不要做；只要是对老百姓有利的事，哪怕是排除万难也要做到。这也是我对你的临别赠言。"说完，谷文昌让朱财茂招呼几个身边工作的老同志，到人民会堂前同他合影留念。

谷文昌就要前往福州报到。临走，约县委朱炳岩秘书给他提提意见，特别是有没有欠公家的东西，千万别落下，好让他走得清白。朱炳岩搜肠刮肚想起一件事：就是那次请客多花了20多块钱。谷文昌一听愣了：自己一向反对铺张浪费，怎么会有这样的事？可还是拿钱要还朱炳岩。老朱不肯收钱，说他只是随便提提而已，那钱已从食堂伙食结余中报销了。谷文昌听了批评朱炳岩："这样处理不对，桥归桥，路归路。"然后硬是把钱放到他手里，并叮嘱他招待客人的钱，不能从食堂结余中报销。末了，谷书记还感谢朱炳岩的批评："这样他就可以轻松地到福州了。"

两个月后，朱炳岩收到谷文昌来信。信中说："我想起来了，这事是两年前驻岛部队副政委调离东山前来征求县委意见，我想部队对东山支持大，中午就请了他。按规定谁请客谁出钱。是我请的客，当然由我出钱。"

谷文昌离开东山前，找县工交部副部长林加，商量如何托运被子和旧衣服打包的事。林加给他出主意：杂物好办，拿几个麻袋来装；至于衣服，可请木工厂找一些下脚料做两只木箱。木箱做好后。谷文昌要林加算好材料钱和工钱，要不箱子他不能要。林加知道老上级的脾气，就按照当时的价格，一只木箱材料钱6元，工钱2元，共8元，两只收16元。林加说："谷书记对于公家的东西，他很警惕，就是很小的东西都不会去碰。"

谷文昌要前往福州时，东山县委派中灶事务长陈荣赐和助理秘书郑炳基陪同前往。要上车的时候，人们发现，谷文昌带去的是两只旧箱子，两只新做的杂木箱子，还有一个不久前建筑公司杨勇书记送的墨鱼骨雕。这就是当了14年地方官的谷文昌的随身物品。看到谷书记就带这些东西上车，人们无不唏嘘。许多干部群众知道谷书记就要离开东山了，前来送行。送行的人有西埔的，有城关的，有梧龙、顶西、山后的……大家都依依不舍。

4月底，即谷文昌调往福州以后，县委原副书记陈维仪接任谷文昌，成为东山县委书记。在新的县委书记陈维仪的领导下，东山人民没有因此而放慢绿化的脚步。东山县委庄严豪迈地宣告：东山县委必将沿着老书记所指引的道路，带领东山人民继续前进。

有一件值得一提的事，是1991年2月，也就是谷文昌逝世10周年之际，漳州市委宣传部副部长吴玉辉，前往漳州市南昌路芗江新村南1栋302室，即谷文昌夫人史英萍的住处，向她采访有关谷文昌的事迹。史老热情地接待了造访者并且告诉他：最近她在整理老谷的遗物时，发现他当时在东山写的一本日记。史老让吴玉辉翻开看，发现其间有谷文昌"不带私心搞革命，一心一意为人民"的手迹！遗憾的是这幅著名的手迹，没有写明具体时间。

"不带私心搞革命，一心一意为人民"，是谷文昌对自己一生殚精竭虑、备尝辛苦为人民的写照，也是他人生的奋斗目标。吴玉辉赶紧打电话让闽南日报记者前来拍摄，撰写相关文章。2月9日，通讯《绿色丰碑》发表在《闽南日报》上。

不带私心搞革命
一心一意为人民

四、在福州

（1964.4—1969.12）

踌躇满志履新职　闽海荒山换绿装

1964 年 4 月上旬末，谷文昌前往福建省林业厅报到，开始了新岗位的工作。谷文昌离开了东山，但是他在东山的造林治水业绩还在影响着全省乃至全国。5 月，国家地矿部召开的全国沿海省份地下水开发利用现场会在东山举行。与会者听取主人现场介绍找水经验和当地湖尾地下水工程的建设经验。中国人民解放军总参谋长罗瑞卿专程前来，并赶赴实地查看。罗瑞卿认为，东山的经验对我国西北地区的国防建设很有借鉴意义。

谷文昌上任之后，根据叶飞的建议，全省更多的沿海县纷纷与谷副厅长联系，组团到东山学习考察植树造林经验，实地参观获得切身感受之后，很快在全省沿海掀起种植木麻黄的高潮。谷文昌多次受到省领导甚至中央领导的赞扬。

正在这时，谷文昌收到尚在东山即将参加高考的儿子谷豫闽的消息：他的左脚突然患上骨膜炎无法行走。为了赶上高考，谷文昌让他赶紧到县医院做手术。尽管如此，高考时间到了而谷豫闽的骨膜炎还未痊愈。听到这个不幸消息，全家人尤其是史英萍非常焦急：两年前谷哲慧高考落榜，而今充满希望的儿子却因为患病，可能与高考失之交臂！在这种情况下，东山一中校长、德高望重的非党派人士方耀铿（后为东山县人大常委会副主任），鼓励谷豫闽勇敢接受命运的挑战，参加高考。6月15—17日（当年高考时间），谷豫闽毅然参加高考。

也是在这个月，史英萍和她母亲以及4个子女，从东山到省林业厅安家。他们从东山带走的东西少之又少，因此放在货车上靠前角落显得空荡荡的，两缸咸菜与家具杂物放在一起，是那么显眼。

而早已进入角色的"谷副厅长"则开始他的老"套路"：忙不迭地调查全省造林情况。8月初，他到平潭岛了解植树情况。在平潭岛，展现在他眼前的是昔日的东山：举目望去飞沙走石，荒滩连着秃头山蜿蜒不断，有俚语为证："平潭岛，很烦恼，光长石头不长草，狂风天天吹，沙尘满地跑。"全县共有190935亩风沙地，124个地处沙荒地带的自然村常年受灾，39个村子被迫迁走；风口地带积沙如山，阻塞全县道路交通。

在对平潭岛的植树有基本了解后，谷文昌要县委书记白怀成陪他一起到风口地带看看。他们来到平潭岛东北突出部的流水公社北面的风口地带。但见这里流沙遍地山路难行，刚种下不久的木麻黄才1尺多高，在烈日下显得孤独弱小萎靡不振，白书记对此很不好意思，可是谷文昌见了高兴，他知道弱小是暂时的，等木麻黄长大了，自然环境必然改变。几年后这里的木麻黄高大挺拔、遮天蔽日，笔直的公路将"藏"在木麻黄林中，景色壮美。

8月中旬，谷家传来喜讯：谷豫闽被福州大学化工系无机物工学专业录取！当接到录取通知书时，全家人都为谷家出了第一个大学生而高兴，谷文昌勉励儿子："你就要到学校食宿了，父母不在身边，今后一切靠自己，好好做人，好好读书，将来学有所成，为国家做贡献，争取早日入党！"谷豫闽点头铭记。

一家人正在为谷豫闽考上大学而高兴，东山县委新书记陈维仪来电。陈书记说，原先他们把山林管理权下放到生产队，以为可以调动社员管理山林的积极性，但是在实践中发现这一做法弊大于利：原因是不少生产队由于林业管理经验不足，忙于农业生产，疏于林业管理；大部分生产队长因为人情关系当老好人，对破坏山林者不敢管更不敢罚，导致少量树林被人偷砍。陈书记还说："山林由生产队管理的做法，是谷书记您制定的，如果改了，怎么向您交代？我知道您向来认为权力下放，能更好地调动社员的劳动积极性，想不到这种管理体制，到林业管理上就不行了。"

谷文昌听了陈书记的电话也甚感奇怪，但是他还是爽快地回话："实事求是，哪种管理体制对保护树林有效，就采用哪种。这样吧，我建议把下放给各生产队的山林重新收归大队所有，交由林业专业队管理。"

这个时候，报刊还在大力宣传东山造林的事迹。9 月 23 日，《把荒漠的海岛变成海上绿洲——记东山人民改造自然斗争的伟大胜利》的长篇通讯，在《福建日报》头版头条刊登，文章赞扬东山人民在党的领导下，在驻岛人民解放军和兄弟地区的支援下，艰苦奋斗、奋发图强，取得了制服风沙、改造自然的辉煌胜利。这篇长篇通讯，讲的是东山人民群众制服风沙、改造自然的诸多生动事例，而植树造林带头人谷文昌却鲜有出现。

9 月 25 日，《敢教日月换新天——福建省东山县人民艰苦奋斗改造自然》的专版，刊载于《解放日报》（国庆专页）。专题介绍东山人民在县委书记谷文昌领导下，改造自然植树造林的丰功伟绩，介绍昔日生态环境恶劣的东山岛，如今在党的领导下，经过植树造林而发生的巨变。专版中有记者吉景峰的《英雄造林锁"沙虎"》长篇通讯，其中写的是汽车越过八尺门，进入"海滨公园"林荫道：沿海纵横交错的基干林带如绿色长城，田野、山脚下一片片郁郁葱葱的树林，绿得格外醒目……《解放日报》这个专版还刊出 3 帧黑白照片，其一是"白埕村外的护田林"，从这帧黑白照片可见：1964 年的东山岛白埕村外，护田林排列整齐、苗壮成长且已郁郁苍苍，三四人高；其二是东山县造林带头人、陈城公社湖塘大队老贫农蔡海福；其三是东山县樟塘公社南埔大队林业专业队队长吴银香。

从这个专版的图文中，可见当年东山岛党政军民在谷文昌书记带领下植树造林的卓著成果。

9月，史英萍任福建省林业设计院办公室主任。正在这个时候，谷家出了一件不幸的事。10月，史英萍的母亲在福州逝世，女儿悲伤不已。谷文昌极尽人婿之责，为老人办理一切丧事。老丈母娘自1956年到谷家8年来，尽力尽责帮助谷文昌一家带好儿女，煮饭洗衣，日夜操劳，可谓劳苦功高。作为女婿，谷文昌在妻舅生病至逝世之后，为妻舅家庭的照顾，也尽了一切责任，堪称楷模。

谷家来到省城，生活环境也变了，可是家中放着的两罐咸菜没变。大家对一个担任副厅长的人，家中竟然放着这种农民家中才有的坛坛罐罐，感到奇怪。有大胆的同事问起这事，谷文昌解释说，这是自制的咸菜，大家开他的玩笑，他却笑道：“自己做的，吃惯了，不吃不行。”

有一天，东山林业局某干部来访，见他家家具简陋，建议由他回去做一只木制小饭桌来，谷文昌拒绝了。为此，妻子史英萍提议给寒碜的家添点家具，想不到这回丈夫竟然同意了，还自荐说他要亲自去挑选。可是他买回来的却是竹椅、藤椅，没有一件木头家具。妻子对丈夫为啥不买结实又耐用的木头家具感到奇怪。谷文昌解释说：“林业厅副厅长的家一下子添了那么多木头家具，外人会被误导。”他进一步解释：“如果我买木头家具造成误导，大家都用公家的木材做家具，后果就很严重，可我总不能写张条子，声明这些家具是自个儿买的吧？”

在福州城里，高楼林立，马路宽阔，反而让谷文昌怀念自己破旧的老家。一有闲暇总会想起老母，尤其是老母亲已经77虚岁高龄了啊！要是有一天母亲也像丈母娘……谷文昌不敢往下想。终于，他请假回一趟北方的老家，赶往河南林县石板岩乡郭家庄南湾自然村。山，依旧是昔日的山；水，依旧是昔日的水；房屋，依旧是昔日的房屋，可是母亲却更老了，头发全白了，脸上的皱纹更多也更深了。50虚岁的谷文昌再次为老人家温洗脚水、洗脚、捶背。之后还买了祭品前往父亲坟茔处，洒泪祭扫了苦命的先父。

1965年2月5日，福建省委以东山人民把荒凉的海疆绿化成美丽的海岛为典型，发出在全省开展造林的电报指示。谷文昌在做好全省，尤其是沿海面上植树造林工作后，主动提出"打一场难度最大的海岛植树造林硬仗"。为此，谷文昌选定了平潭岛。他准备再到平潭做先期调查。林业厅准备给他配备一位处长和一个技术员同行。可是谷文昌只和技术员前行。因为他只要一位懂业务的技术员即可。考虑到当时平潭隶属闽侯地区，谷文昌要求地区派一位熟悉平潭情况的基层干部随同前往。于是地区林业局派出技术员翁宜彬他们一起渡海到平潭。

谷文昌这次到平潭不找县委领导，自己和翁宜彬等3人直接跑到县东北角的风口地带君山查看。此山是平潭岛最高的山，海拔434.6米，峰峦起伏童山濯濯。当地群众从未见过省里的厅长工作这么深入，尤其见他人相当黑，两手粗糙，额上皱纹起伏，很像当地渔人，又见他肩上挂着个帆布挎包，很有一种亲近感。谷文昌向当地人了解当地气候和植树造林的情况，群众向他倾诉实情：风沙太大，尽管多年来种了许多树，可是活下来的极少。谷文昌偶然发现君山脚下有一丛丛美丽的水仙花，感到奇怪——水仙花的产地在闽南漳州，又是北方人极为欣赏的一种花，生活在他家中的侄女，小名就叫水仙！水仙为何生长在这海岛的荒山野岭？经了解才知道：清初有一艘外轮经过附近海域遭遇台风，船上一大批水仙球漂到这里，没想到这些"异乡来客"，竟把他乡当故乡，活了下来且茁壮成长。

谷文昌发现这个奇迹非常兴奋，认为连水仙花这么娇贵的植物在这里都能成长，如果在这里种上木麻黄、相思树这么"命贱"的树种，肯定就能成活。谷文昌又发现这里的土壤、气候和东山十分相似；之前种树成活率很低，很可能与所选树种和种树方法不行有关系。于是他决定就住在乡下，让翁宜彬等人联系平潭县委、县政府和公社领导，要求他们第二天组织一批群众或种树能手，带上木麻黄和相思树，一起到此参观。平潭县委获知省里来的林业厅领导谷文昌一行已经在此摆开战场，非常兴奋主动配合。终于，平潭县参照东山做法，在全县大面积栽种木麻黄、相思树和黑松。几年后，这个被秃头山和荒滩覆盖的荒凉海岛，都披上了绿装。

不想这时谷文昌老家传来噩耗：1965年2月17日，即农历正月十六，谷文昌母亲桑氏不幸去世，享年78岁，与父亲合葬于一处。一心扑在工作上的谷文昌，因为实在太忙，没有前往奔丧，只把深切的悲伤留在心中。

母亲逝世不久，谷文昌不忘合葬后的父母坟茔状况，找到工作较松的时机请假回乡。他先到山西长治黄碾村会见兄长谷程顺及侄子谷永良，向他们对母亲3年尽心伺候表达感谢。然后赶往南湾村，带上祭品前往父母坟茔处，虔诚地祭扫了仙逝的父母。

1965年的福建省，是各项事业蒸蒸日上的年头，林业厅的领导们同样在只争朝夕研究探讨全省的林业发展途径，尤其是如何树立典型带动全省的林业生产。7月上旬，省林业厅组织召开了有各专区、县林业局（科）长参加的林业工作会议，会议先组织与会人员到长乐、南安、安溪、南靖、漳浦、云霄、东山等地参观，然后在漳州总结1964年的工作经验，部署今后工作任务。这是在省委发出"山区学尤溪，沿海学东山，公社学太平（诏安）"的号召后，全省造林、育苗工作取得的重大成果，涌现出一批先进单位。

经过大半年的努力，平潭县的植树造林也实现了大发展。11月，省林业厅在平潭县召开了现场会，向与会领导展示全省在沿海地区山地用黑松造林的做法，沿海6个专区（市）18个县林业局（科）和重点社队负责人，共104人参加会议。谷文昌出席并主持会议，向与会者介绍了平潭县黑松造林绿化岛屿荒山的新创举。会议提出：在沿海地区的山地种黑松，是加速绿化沿海港湾岛屿的好办法；黑松是优良树种，应予以大力推广。

至此，福建沿海的绿化根据山地和荒沙滩的不同，采用不同的树种和办法，山地主要推广黑松造林，荒沙滩主要推广种植木麻黄。两树并举，消灭沿海荒山、荒沙滩。

转眼到了1966年2月，谷豫闽在福州大学刚上大二第一学期，由于表现好，被学校党组织吸收为中共预备党员。谷文昌得知此消息，比儿子考上大学更高兴，也更激动。父与子这两位"同志"谈了一宿贴心话：父亲希望儿子克服急躁肤浅的毛病，认真学习毛主席著作，理解毛泽东思想，做个名副其实的共产党员，完了还送他一套《毛泽东选集》；儿子表示要遵从父亲"同志"的教诲，好好读毛主席的著作，改造世界观，增长知识，努力使自己变得处事稳重，分析问题深刻。当年，谷豫闽在福州大学被评为全省学习毛主席著作积极分子，出席全省学习毛主席著作积极分子大会。

不久，"文化大革命"开始了。在这场运动中，谷文昌从未放弃原则。东山县干部群众惦记着谷文昌，想方设法、以把谷文昌带回东山的名义，让谷文昌在岛上度过了一段略微平静的日子。

五、在宁化

（1969.12—1972.2）

1. 红旗大队献佳策　科学种田谷满仓

1969 年 10 月 25 日，福建省革委会下发《关于安排省直机关下放干部的通知》，要求省直机关部分干部下放农村，谷文昌名列其中。12 月，谷文昌夫妇和小女儿谷哲英 3 人，将与一批省直机关干部下放三明地区的宁化县山区。这时有消息传来，在干部下放 3 年内一切待遇如旧；3 年后停发工资，取消干部待遇，当人民公社社员。

听到这样的消息，史英萍一时难以接受，觉得自己对党的事业忠心耿耿，早年参加革命，后一路南下，20 多年来历尽千辛万苦，现在还要去当农民，因此不免有些想不通，尤其是自己的丈夫以前都是动员别人下乡当农民，现在却轮到自己要下乡，心里别扭。然而谷文昌却不这样看，他告诉妻子："当农民又怎么样？俺当年入党时不就是农民吗？俺们当初南下，也不是为了当官的呀。"

史英萍意识到老谷现在正处于逆境中，做妻子的应该给予更多的安慰和鼓励，而不是埋怨。想到这里，史英萍改用轻松的口吻，表示赞同丈夫的看法说："当年你在太行山，俺在王屋山，虽然在不同的地方，却在干共同的革命事业；再是一同过黄河、长江，翻山越岭南下，什么苦没吃过？"谷文昌感激妻子如此深明大义，理解丈夫，很感慨地说："俺们的身份虽然变了，但是信仰没变，俺们仍是共产党员！"

1969 年 12 月，谷文昌带着一家人来到闽西北的宁化县。

这宁化县是著名的革命老区，中央苏区的重要组成部分，也是中央主力红军长征的出发地之一，包括毛泽东、朱德、张闻天、陈毅、叶剑英等都到过的地方。毛泽东曾经 3 次率领红军入宁化，其中于 1929 年底挺进宁化开辟革命根据地，战斗胜利后写下著名的诗词《如梦令·元旦》，其中"宁化、清流、归化，路隘林深苔滑"的著名词句，就体现了作者对这一带地理特点的深刻印象。当年这个县先后有 13700 多人参加红军，约占当时红军总兵力的十分之一，有 6600 人参加长征，只有 58 人到达陕北，在册的红军烈士就多达 3305 人（其中禾口地区 630 人）。所以这里被称为"红军的故乡"，谷文昌夫妇俩站在这块红色的土地上，怀着崇敬的心情，向着这里的青山绿水深深地鞠躬致敬。

谷文昌夫妇俩来到禾口公社红旗大队（今石壁镇红旗村）落户当社员。大队领导见来的是省城大干部，就把他们安排在一栋二层的木头房子里。这样的居住条件虽然很不错，可是让他们感到不习惯的是，房子后边有一个很大很脏的厕所，整天臭烘烘的；更有不少游荡的猪，在这里拉撒；还常有耕牛在这里吃草拉粪撒尿；白天黑夜还有整群的苍蝇蚊子跟在人的头上狂舞。谷文昌夫妇就在这里安家落户，从此不把自己当国家干部，不再是林业厅副厅长和林业厅设计院办公室主任。他们将以一个普通农民的身份和社员一样，面朝黄土背朝天，日出而作，日落而息。

刚到红旗大队，谷文昌夫妇很快发现这里虽然是秋收刚过，却有不少人在怨叹粮食不够吃。令夫妇俩感到奇怪的是，每天大清早，男人们就偷偷溜到外大队，以帮人家修房打工为名，其实是为了混口饭吃；女人们则背上砍柴刀扛上锄头，上山刨冬笋或山芋；孩子们则是另一种样子：面黄肌瘦还拖着两条清鼻涕，身穿破旧的衣服，脚上趿拉着露出脚指头的破布鞋，带着乞求的眼光望着生人。这一切让夫妇俩心里隐隐作痛。原来这红旗大队 700 多人口，耕种着 500 多亩田地，其中 400 多亩是山垄冷水田。因为田薄地贫，严重缺肥导致产量低下，亩产不过两三百斤。社员生活清苦，工分值一天三毛钱。

谷文昌顾不上身体劳累，找到大队党支部书记王定权，说希望王书记陪自己一起"玩山"。王定权以为省城来的大干部想看看山区的青山绿水，就爽快地答应了。这样，谷文昌挽起裤管，开始对红旗大队做田野调查。

这王定权是个大老粗，基本是文盲，却是个尊重人才的人。一连几天，谷文昌和王书记"玩"遍全大队的山水田园，找出红旗大队水稻产量低的主要原因：一是田水串灌，不但浪费水还导致肥力流失，而且容易引发病害传播；二是种植的水稻是高秆而且疏植，容易倒伏影响产量；三是这里的土地全是红壤土，不但肥力不高，还因为长期施化肥，导致土壤因为酸化而板结。王定权听着谷文昌的分析，邀请他："以后大队有开支委会，你来参加！"谷文昌答应了。

在红旗大队一段时间后，谷文昌通过和社员聊天，发现红旗大队一个更大的问题，就是人的问题。他发现社员"出工一窝蜂，干活磨洋工"的问题严重：好多人一点也不避省里来的大干部，一到地里，把锄头往地里一掘，让锄头柄翘起来，然后手握锄头柄末端，把下巴顶上，再就天南地北地聊天；或者掏出烟袋，悠闲地卷喇叭烟，然后眯着眼优哉游哉地抽；更有甚者，曾有几个年轻人凑在一块儿大展抽烟的本事。一个说他能把吐出来的烟，吹出一个"0"；另一个说这小样东西他也会；又一个说，你们要是能吹成两个"0"，他就能吹出一个"1"，然后让这个"1"像箭一样穿过两个"0"。年轻人果真都吹成功了，获得围观的社员的一片喝彩，只是手中的活却都忘记了。谷文昌知道其中的主要原因，就是口粮少和工分值低，可是这个问题又不是一下子就能解决的。他因此深感忧虑。

在支委会上，谷文昌一点也不回避问题。说他认为咱红旗大队亟待解决的是群众温饱问题。红旗大队群众缺衣穿，是因为社员兜里没钱扯布；粮食不够吃是因为口粮少。口粮少是因为粮食产量低，这个原因是土壤肥力有问题。土壤肥力问题又出在哪里？问题出在常年都是施无机肥，像肥田粉（硫酸铵）啊，尿素啊，过磷酸钙啊，年年都是这样施，时间一久原本的红土壤就已经属于酸性了，现在无机肥料被庄稼吸收了，那些酸就留在田里，这样土地就更酸了，非板结不可！谷文昌总结说，这样的地产量当然就很低。谷文昌又说，再一个问题是水稻品种问题，红旗大队种植的都是高秆水稻。这样的品种容易倒伏，一倒伏稻谷就烂在田里，当然会减产。一语惊四座。支委们惊奇地看着谷文昌：他哪里是林业厅长，他是水稻专家嘛！让党员们更惊奇的是谷文昌对症开出的药方。

谷文昌说，要使粮食增产就得改良土地，一要增加土地肥力。大家都懂得庄稼一枝花，全靠肥当家。这肥是什么肥？就是有机肥，像猪粪牛粪，甚至把杂草拿来沤一段时间，待发酵后就是很好的有机肥料。把这些肥料施到田里，土壤肥力自然提高。所以要发动全体社员多积肥。按积肥多少给工分。二是将全大队的串灌改为轮灌。目的有二：头一条是别让田里的肥力流掉；另一条是防止水稻传染病随水流动传播。这工作是费力了些，但是可以用多给工分的办法，提高巡水员的积极性。还有，要将过去的高秆稻改为低秆的"珍珠矮"。最后是合理密植，红旗大队现在插秧，据了解是 8×9，这太疏了，建议改成 6×6，或者 6×7，用这种方法增加植株。"药方"开完，支委们欢呼："感谢上级把水稻专家谷厅长派到咱红旗大队！"

与此同时，谷文昌的小女儿谷哲英到禾口二中读初一。12月，谷文昌参加红旗大队支委会的第二天晚上，史英萍告诉丈夫：今天大队决定让她当副保管员。原因是大队干部说她是下放干部，没有沾亲带故，又是党员，仓库钥匙交给她，他们放心。谷文昌听了笑得很开心：叮嘱她当保管员可得负起责任，保管好集体的粮食和财产，别让集体的东西受损失。谷文昌说他还得给"史副保管员"加个职务，就是他们得一起当积肥员！史英萍听了诧异，她还没听说过有"积肥员"这个职务呢！谷文昌解释：咱红旗大队田地很贫瘠，积肥是他在大队支委会上提出来的，今后咱就得当表率。史英萍见丈夫如此认真执着，连连赞扬丈夫的率先垂范，并表示明早开始就参加积肥。

在以后的日子里，谷文昌围着围脖，穿着棉衣，一手拎畚箕，一手持粪铲，拾起粪来。更多时候是和史英萍在他们家屋后，把一堆堆猪粪牛粪捡进粪筐，然后再在红旗大队的村头巷尾拾粪积肥。一段时间后，他们积的肥竟多达 1000 多斤！可是谷文昌觉得零零星星捡拾的猪牛粪不够用，就利用到宁化城关开会之机，联系了县直机关一些单位和宁化县畜牧场作为红旗大队积肥点。

过后，谷文昌还向红旗大队党支部建议：社员劳动积极性不高是暂时的，等到将来水稻产量高了，庄稼收成好了，大家生产积极性自然会提高。但是解决目前这种消极怠工的应急办法，却是包工制。谷文昌说，这种办法他过去在东山好多公社尝试过，很有效果。

谷文昌向大队王书记挑明：当然包工制只是在客观上给社员形成完成任务的压力，并不能真正从社员的内心激发他们劳动的积极性。这一说支委们来了兴趣，于是谷文昌把在东山造林绿化中实行的"包干管理，超额奖励"的经验介绍给大队干部，并与群众商量实行包工分制，把效率、质量、报酬统一起来。新办法实行后，社员劳动比过去有干劲，劳动效率、劳动质量也有所提高。谷文昌见状，略微高兴，他对王定权说："等到年底，庄稼收成好了，口粮多了，工分值提高了，社员的干劲就会更高了。"王定权点头称是。

很快到了 1970 年 1 月，正值农历腊月。谷文昌发现村子里有位名叫全姑姊的烈属，儿子当红军牺牲了，靠着队里照顾口粮和政府救济金生活，日子过得很紧巴。谷文昌把照顾全姑姊当作自己的分内事，不时上门嘘寒问暖，送钱和食品。碰到生产队杀猪分肉，他就掏钱代为支付。还有一位名叫塘妹的红军遗孀也是家境贫寒，谷文昌每个月都购买生活必需品上门看望。和史英萍一块儿工作的小伙子保管员吴仕元，红军伯父长征时牺牲了。小伙子平时寡言但喜欢看书。谷文昌夫妇对这小伙子的勤奋好学很有好感，看到他家离工作地点好远，就经常留他到自己家中吃饭，鼓励他珍惜时间自学。后来这个小伙子考上了大学。小伙子到大学读书时，谷文昌夫妇每学期都给他寄去学费和生活费。吴仕元大学毕业分配到上海虹桥机场工作。吴仕元每每回忆起这些往事总是无限感慨地说："没有老谷他们俩，就没有他的今天。他只有加倍努力，用勤奋工作来报答二老的关爱！"

2月，即农历正月上旬，二女儿谷哲芬也从光泽县迁来红旗大队当农民。这样谷文昌一家就是4口人了，当然也是其乐融融。

4月，正是插秧季节，谷文昌参加挑秧、插秧、拔秧；之后还与社员一起参加田间管理，如踏草、管水，经常是一脸汗水一身泥巴。一个社员说："听说老谷是北方人，在东山当县委书记，到福州当林业厅厅长，现在看他这样子，我感觉真不像大干部。"另一个社员问他："那像什么？"这位社员说，"在我看来，倒像咱闽西北地道的农民！"谷文昌听到这样的评价，爽朗地笑了。

还是4月，种地的问题解决了，尤其是包工制度执行下来，工效提高了。可是新的问题也来了：劳动功效提高，出现大量剩余劳动力。怎么很好地利用这些剩余劳动力？还有一个亟待解决的问题：红旗大队有不少社员是从外地移民过来的，其中不乏能工巧匠，到这里当农民后，早前的工匠技巧派不上用场，因此如何将这些社员派上用场，也是一个需要做好的事情。

谷文昌为此建议大队党支部：把这些力量调动起来搞副业，增加社员收入。这个问题拿到支委会上讨论，大家又是瞪大眼睛：我们怎么都没有注意到这个问题呢？然后是赞叹："老谷太厉害了！"这样，在谷文昌的倡导下，红旗大队成立了建筑队、砖瓦厂、陶瓷厂、面条加工小组、缝纫小组、食用菌场，副业的发展使红旗大队收入大为增加，年终算盘一打，工分值每十个工分提高到一元多，人均年收入由原来的几十元增加到700多元。

7月，谷文昌大儿子谷豫闽迟了1年8个月的毕业分配工作即将开始。按要求知识分子要到工厂、农村接受锻炼，因此他想到父母身边去上山下乡，一来可接受锻炼，二来可以照顾父母。谷豫闽写信把这事告诉父母。

谷文昌回信说："我这里交通方便，宁化有很多山区，你还是到更艰苦的地方去锻炼吧。"这样，谷豫闽和他大学的同班同学、未婚妻杨宝玲，听从父亲的指导，从福州大学来到宁化县向县"四个面向"（"四个面向"，即中央要求知识青年面向边疆、面向工矿、面向农村、面向基层的机构的简称）领导报到，并向领导要求到这个县最艰苦的地方锻炼。

"四个面向"的领导听了非常高兴，决定让他们到这个县的安远公社报到。安远，顾名思义，应当"安"于"远"，即安心在偏远的地方。但怎么"安"，才能无畏"远"？这里地处宁化县北部，崇山峻岭，距县城近70里，且交通不便。谷豫闽想起父亲的话"你还是到更艰苦的地方去锻炼吧"，心里随之"安"了起来。

谷豫闽和杨宝玲到了安远公社，领导又把他们分配到岩前大队，谷豫闽在离大队7里、海拔600多米的安家寨片区，未婚妻则在岩前生产队。说起安家寨，有的人可能望文生义，以为就是适合安家的寨子，可是实际情况不是这样：这个寨子只有80多户人家，山高水冷云雾缭绕，很是艰苦。谷豫闽早有思想准备，他快乐地扛上锄头和社员一起劳动。

于是两个年轻人意气风发，觉得按父亲的愿望来到这里，是一个锻炼自己的好机会，因此他们心里感激着父亲。

深秋，红旗大队收割前大片金灿灿的水稻，稻穗压弯了腰，在秋风中摇动，仿佛在和谷文昌鞠躬致敬，这使他心情非常畅快。他知道，今年的红旗大队肯定是一个丰收年。于是在心里叨咕着："这红色土地上的人民，本该有丰收的喜悦，本该有幸福的生活！"

2. 隆陂水库显身手　冯妇再当总指挥

1970年8月，宁化县委为了从根本上改变禾口公社缺粮状况，下决心在这个公社的隆陂村修建一座水库，已完成前期工作，即开挖进库公路、施工道路、大坝清基、搭建工棚和移民拆迁。水库大坝主体工程施工即将开始。

隆陂水库即将开工，叫什么人来当工地总指挥呢？宁化县委第一时间考虑到谷文昌。他们知道谷文昌下放到红旗大队后，为改变大队的面貌做出了突出贡献，在干部群众中口碑好、威望高；尤其是了解到当年他在担任东山县委书记的时候，东山就是全省乃至全国修水库的先进典型，在水利建设方面经验非常丰富，到隆陂水库当总指挥再合适不过了。宁化县委于是派组织部部长刘高隆赶到红旗大队找谷文昌，说明来意并征求他的意见。谷文昌不假思索爽快地答应下来。县委组织部刘部长感激地握着他的手，深表感谢。

来客走后，谷文昌把这事告诉妻子。妻子惊异地问丈夫："你答应下来了？"谷文昌笑着点头。妻子急了，心疼地嫌丈夫："这事你怎不先和俺商量商量再做决定呢？隆陂水库离红旗大队有十几里路，老谷你有胃病和肺病，左脚还有经常发生痉挛的毛病。一到水库工地吃住必然在那里，这叫俺怎么放心得下？俺知道你这人就是闲不住，你都56岁（虚岁）了，还跟着民工一起干重活，我实在担心你的身体扛不住啊！"谷文昌耐心听着，脸上的笑意一点没减少，还戏谑道："组织上征求俺的意见，俺能说：'且慢！等俺和老婆商量商量再答复你。'这像话吗？"被谷文昌这一说，妻子忍不住笑了。

谷文昌戏谑道："情况其实没有那么严重。俺这人啊，像三国时候蜀国的马超，没仗打的话身上的肉都会绽开。请老婆大人放心，俺这人越忙越精神。说不定到了工地，身板还更硬朗了呢！倒是你刚才的话提醒，俺今年都56岁了，不趁现在多做点事，以后就没机会做了！"感激之余，谷文昌告诉妻子："咱要经常问自己：入党为什么？任上干什么？身后留什么？不能到老了空留遗憾啊！"

史英萍被丈夫如此执着的信念深深折服，又心疼丈夫："俺只希望你在隆陂水库那边，要自己照顾好自己，家里这边尽管放心。乡亲们对俺很好，不时会送菜来。"谷文昌听了又交代："尽量不要接受老乡送来的东西，实在推不掉，记得过后买点用得着的东西，回赠给他们，这样俺心里才踏实。"末了，谷文昌又特别交代："红旗大队有19户烈属，两户'五保户'，逢年过节或是有啥特殊情况，你都得去看望他们。"谷文昌最后交代家事："豫闽他们现在还在安家寨，那地方山高水冷生活艰苦。他们如果回来，得给他们做点好吃的。豫闽从小喜欢吃你做的手擀面，记得给他做碗这样的汤面，还有问问他女朋友喜欢吃什么，也做给她吃。"谷文昌说着，眼角闪着泪花。

10月初，谷文昌被任命为隆陂水库总指挥，在水库工程指挥部副指挥黄新桃等人陪同下，徒步走了16里来到隆陂水库指挥部。年龄不饶人，此时的谷文昌虽然满面笑容，但显得相当苍老，身穿打着补丁的中山装，头发已有点花白，黝黑消瘦的脸颊，布满深深的皱纹，一双青筋暴突的大手掌，更像是年长劳动者。

谷文昌上任了。

他的头一件大事就是到民工棚。他需要了解民工的生活和工作，了解他们的思想、需求和欲望。谷文昌认为只有把民工的吃住问题解决好了，他们才能搞好工作。陪同的领导告诉他：民工们居住分散，恐怕无法做好这项工作。谷文昌皱眉说，民工居住这么分散，他们的生活和工作肯定就不方便，可苦了他们了！再说，他们出工收工来回很浪费时间，于民工于水库建设都不好。

领导们点头称是。于是谷文昌马上召集大家开会，把尽快采取措施改变民工分散居住的状况，以及搭建工棚的建议提出来让大家讨论。建议获得通过，于是马上修建工棚。不久民工们全部住进新居。

谷文昌的第二件大事，是和民工们住在一起。他觉得民工都集中在一起了，领导也应该和民工在一起。谷文昌说："与民工同志们同吃同住，民工才会和我们亲近，才会跟我们讲真话。干群关系和睦了，人心就齐了，人心齐泰山移！"为了做表率，谷文昌让指挥部也从张氏祠堂搬到工棚。谷文昌想的是和民工在一起，80个人同住一个工棚，竹片当床板，稻草当褥子，打通铺。谷文昌还和民工吃一样的饭菜。管后勤的人却想：为了工作方便，总指挥最好住单间，这样要商量事情也方便。再说老谷年纪大了，身体也不太好，吃好一点也是应该的。可是谷文昌拒绝了，说："民工住什么，我就住什么；民工吃什么，我也吃什么，不搞特殊。"

此后，他不顾病痛，拄着木棍，与领导们一起住进简陋、阴暗的工棚。两张五尺凳一块旧门板，就是老谷的卧床。后来随着大坝的增高，指挥部要搬到坝头大工棚，谷文昌又与60多个民工住在一起。冬天寒风刺骨，夏日闷热难当。谷文昌每天跟民工们一起吃钵子饭，吃一样的菜，喝一样的汤。有时食堂的同志体贴他身体不好，特意给他多加一点菜，他坚决不要。居住在红旗大队的妻子史英萍为了给他补身子，偶尔托人送一两次猪肉或鸡蛋到工地给他吃，他总是拿出来与大伙一起共享。

为了改善民工的生活，他要求各民工所在的村子，每月为民工杀一头猪，改善民工生活，如果做不到，他就亲自去所在的村子督办；他看到有的食堂用溪水煮饭，甚至有民工喝生水，就派专人到山上水源之头取水；他发现民工拉撒不方便，就抓紧修建了25座厕所……

同时，谷文昌把眼光投向指挥部，要求指挥部人员：一定要以民工为本搞好服务，为方便民工生活，在工地上办起了医疗室、小百货店、缝纫店、义务理发店等。谷文昌的言行，让指挥部的领导，也让民工们非常振奋："新来的领导是关心我们民工的好领导！"

谷文昌的第三件大事，是制定水库的有关规章制度。他根据过去在东山搞水利建设的做法，制定水库工程的相应措施，同时关心技术干部，使其发挥更大作用。这些相应措施主要有：（1）采纳地质专家建议停止开挖断层，采用钢筋混凝土造基；（2）制定考核办法，重点考核各工段完成任务的数量和质量。由于措施到位，民工积极性调动了起来，工程进度大大加快。

技术员王瑞枝是从县水利局下放到水库，从挣工资到挣工分的人，有些思想情绪。于是谷文昌找王瑞枝谈心，自我介绍自己也是经过沟沟坎坎的人，但他不管遇到任何不幸，都始终相信共产党。还语重心长地告诉王瑞枝："你还年轻，要努力工作，主动向党组织靠拢，争取进步。任何时候都要相信共产党！"经谷文昌这一点拨，王瑞枝心中受到震动。谷文昌又对王瑞枝推心置腹说："要说委屈，小王你受的委屈有我多吗……应当在遭受委屈时不负气，更实干，才是一个干部最可贵的精神……"说到激动处，谷文昌现身说法："我一个河南人都来这里和大家一起同吃、同住、同劳动，小王你是当地人，建设水库是造福百姓的大好事，有机会为人民服务，你应该高兴。你要努力工作争取进步。"

王瑞枝凝视着眼前这位省里来的大领导，一个56岁的老革命，对他如此地推心置腹，心里的委屈没有了。他激动得握着谷文昌的手说："我很愿意接受老谷您的人生指导，我一定好好工作，争取入党！"从此，王瑞枝工作努力并向组织递交入党申请书。他于1973年光荣入党，后因工作出色，被评为省劳动模范，最后在宁化县政协主席的岗位上退休。

这年12月秋收结束，红旗大队书记王定权给谷文昌打来电话，传来丰收的喜讯：亩产稻谷超千斤，成为全县第一个亩产超千斤大队。红旗大队留足了口粮，还卖给国家8万斤征购粮。谷文昌由此被群众称颂为"谷满仓"。更可喜的是丰收后的红旗大队，社员劳动干劲从此调动了起来，过去在田间抽烟拉呱，闲聊撒尿的现象少见了。谷文昌依依不舍地放下电话，笑得合不拢嘴。

3. 儿子新婚延喜庆　大坝合龙不顾家

12月底，谷豫闽和杨宝玲商定在元月1日结婚。为了给父母一个惊喜，他们决定先不告诉双亲。未婚夫妇满怀着对未来的美好憧憬，返回禾口公社父母所在的家。可是令他们失望的是，父亲差不多每天都在隆陂水库奔忙，根本就没回家。直到31日，他们才把准备结婚的喜事禀报母亲。母亲当然非常高兴。可是当谷豫闽跑到大队部打电话到隆陂水库指挥部，接电话的人道歉说老谷不在指挥部。这样谷豫闽打了几次电话，接电话的人才喊："老谷，电话。"谷豫闽把办喜事的事情告诉父亲，父亲说在元月1日结婚的想法非常好，"可是爸这里太忙了，明天刚好有一批新民工上场，需要我给民工上一课。时间都定下来了，没法改。"谷豫闽深知父亲的性格，叫他让别人代劳，是不可能的，于是说："爸，要不我们把婚礼改为元月2号。"父亲非常赞同，一边赞扬儿子成熟，一边说1月1日开完会，他一定早点回家！

1971年1月2日是农历腊月初六，禾口公社红旗大队，谷文昌夫妇陪着儿子谷豫闽夫妇，还有两个女儿，其乐融融。晚上，新月弯弯，寒星烁烁，一家人围坐在一起，热气腾腾。这是谷豫闽与杨宝玲举行婚礼。所谓婚礼，无非就是做了一些简单的饭菜，请了几个大队的干部及下放干部。大伙说了些祝福的话，然后吃饭就算完婚了。父母对他们的要求是：相亲相爱，听党的话，永远跟党走！谷豫闽夫妇的婚礼，至今已过了50周年，别的他们忘记了，可是父母的谆谆教诲，他们永远也不会忘记！

1月下旬是农历年关时，宁化县委慰问隆陂水库民工，送来3头大肥猪。分发猪肉的时候，副指挥多留了十几斤肉给指挥部食堂。谷文昌发现了这事坚决制止，他认为指挥部工作人员应该和民工一视同仁，别看多分了十几斤肉，它关系到办事是不是公平的问题。如果多留肉，民工会认为指挥部多吃多占搞特殊，那今后就影响工作了。

寒冬腊月雪花飘飘。史英萍思念着隆陂水库的丈夫，担心他这么大的年纪又瘦弱多病，受不了这么寒冷的天气，心想给他弄点吃的，可是即便弄好了，叫谁送到工地呢？那可是要走十六里崎岖山路的呀！因此她无奈地走向窗户，望着漫天飘飘的雪花发愁。小女儿谷哲英看妈妈愁眉苦脸，问清了缘由自告奋勇：让她为父亲送吃的。妈妈又感动又担心，怕小女儿在这大雪天行走不安全。可是谷哲英挺了挺胸："我都17岁了，能行！"

一会儿，谷哲英接了妈妈盛着饺子的饭钵，用旧衣服包裹着抱在怀里走出家门，行进在前往隆陂水库的山道上。一路风雪交加，小哲英费尽辛苦来到隆陂水库工地，问了父亲所在的工棚，可是父亲不在。问了旁人，说是老谷这个时候不会在工棚，得到工地上找。谷哲英到工地找到了父亲，见了大雪天中消瘦的父亲，心疼得直掉眼泪，赶忙把饭钵送到父亲手中。这边谷哲英还没走远，那边饥肠辘辘的谷文昌打开饭钵，招呼民工们一块前来共享家里送来的美食。

1月下旬，为了抢在春汛之前合龙大坝，指挥部提出口号："坚守水库过春节，汛期抢过408（指408米高程），安全度过拦洪关！"这月26日是大年三十，史英萍又通过红旗大队队部的电话，打到隆陂水库工地指挥部，终于等到丈夫来接电话了。

史英萍兴奋地交代丈夫："快点回来，饭都做好了，俺和儿子媳妇，哲芬、哲英就等你回来'围炉'，吃除夕饭了！"可是谷文昌在电话里说："对不起，你们吃吧。为大坝合龙，这里的3000名民工，也都没有回家过大年。原因是水库工程必须抓紧，大坝主体要是无法达到408米高程，雨汛一到就麻烦了！"史英萍一听愣了，顿时热泪盈眶，哽咽着告诉丈夫："天寒地冻，一定保重身体！我们都想你！"就这样，谷文昌和3000名民工，大年三十坚持在水库工地。

大年初一是新春的喜庆日子，每逢佳节倍思亲，晚上尤甚。是晚，谷文昌在工棚里，斜靠在床上想着家人。他想念大女儿谷哲慧："丈夫不在身边，自己单身一人在东山，这除夕怎么过啊？他想到小儿子谷豫东：这孩子今年已14岁了，这几年北方的生活过得习惯吗？他想到二女儿谷哲芬和小女儿谷哲英：她们跟着老爸老妈下乡来红旗大队，现在睡了没有？他想到大儿子谷豫闽，还有他新婚妻子小杨：他们该在家中和他妈聊天吧？他妈有没有做好吃的家乡菜给孩子们吃？对了，他们有没有在想我呢？"

夜深了，宁化气温骤降到-8℃，还下起了大雪。很快，隆陂水库坝上竟积了几寸厚的雪。雪停后，工程技术人员向谷总指挥建议：大坝积雪必须马上清除，否则积雪融化后雪水渗入土里，必将严重影响工程质量。谷文昌首肯并披上大衣、戴上棉纱手套，拿起铁锹要带民工铲雪。民工都说天这么冷，老谷您年纪大，不要去了，我们年轻人干就行了。谷文昌说："任务艰巨的时候，领导在不在现场，效果不一样。发号召容易，真正干成一件事却不那么容易。事业要成功，领导是关键，指挥不在第一线，等于空头指挥。"由于及时清除积雪，道路、坝面和土料被太阳一晒又干了，保证了填土的含水量不超标，确保了工程质量。

大年初四，谷文昌和隆陂水库的3000名民工，似乎忘记了还在春节期间，又投入紧张的水库大坝填土劳动中。谷文昌知道因为除夕和春节期间，民工们没有回家过节，因此想家，想和家人团聚，这是人之常情。谷文昌担心工程质量可能因此受影响。他教育民工"百年大计，质量第一"，越是到工程的最后关头，越是要注意工程质量。

为了确保工程质量，谷文昌对坝上的土质砌石问题把关十分严格。张家地连的一位民工，从2公里外的料场运来一车土正想倒在坝上，被技术员发现拦住，说这土是腐殖土，质量不行；拉土的民工激动起来说：都跑了这么远的路，一车土六七百斤，掺杂了一点腐殖土有什么要紧？双方争执不休。这一幕正好被谷文昌碰上。两人都找老谷评理。谷文昌随手抓了一把车上的腐殖土，先是紧紧捏住，再是松开，腐殖土马上散开。谷文昌严肃地对这位民工说：要是你填自家的堤坝，你用这土吗？民工说不出话。谷文昌继续说："技术员是对的，一车土是小事，而水库是百年千年大计，要是这腐殖土里长出白蚂蚁什么的，那就可能出现溃堤的危险，所以来不得半点马虎。"发生这件事后，谷文昌召开各连队负责人和施工人员会议，进行工程质量教育，要求各连长亲自把关，同时要求施工人员对土料的质量要从料场抓起，从而保证坝上用土的质量。

之后又发生一件事，就是石头料场所提供的石料，跟不上大坝进展需要。谷文昌就和技术员商量用大爆破的方法解决，就是在料场挖一个20多米的炮洞，装上1吨的炸药，然后引爆。这一炮炸石3800多立方米，包括松动的有1万多立方米，有效地解决了石料进度慢的问题，从而保证了工程的进度。

石料问题解决了，可是新的问题又来了。这就是石头多了，可是砌石技术工不够。假如石头体靠迎水面部分砌石跟不上，还是会影响土体整体进度。谷文昌就组织一些民间土师傅言传身教，甚至亲自上场手把手地示范给民工看，实地培训砌石技术工，终于解决了技术力量不够的难题。

4. 安全应景孰轻重　未雨绸缪敢作为

随着工程施工的顺利进展，宁化县革委会受到鼓舞，要求隆陂水库赶在10月1日国庆节前上坝填土。但此时大坝涵管清基工作尚未完成，如果为赶速度强行上坝填土，将造成极大安全隐患，弄不好将变成大坝底下的一颗定时炸弹。

是维护大坝安全按进度填土，还是应景按县革委会的赶进度要求上坝填土？在大是大非面前，谷文昌在再三征求技术人员意见后，以指挥部的集体意见向县和公社领导反复解释说明：工程质量远比完成时间重要，虽然在国庆节完成上坝填土，很有政治意义，但大坝安全无法保证，因此水库不能提前完成！最后领导终于同意指挥部的意见。

还是在 2 月，谷豫闽夫妻俩在岩前大队务农一年半之后，终于分配工作了。由于宁化县师资力量严重缺乏，谷豫闽被分配在安远公社东升小学任教；杨宝玲则被分配到这个公社的里坑小学任教。别看他们是同一个公社，可是两所学校相距却有十几里，离父母下放的禾口公社更有六七十里，而父亲所在的隆陂水库离禾口公社又得再加 16 里。直到 1972 年初，谷豫闽夫妇俩才调到宁化县化肥厂，以他们的专长当普通的技术工人。

公历 2 月下旬，即农历二月初，谷文昌和往常一样，与隆陂水库的民工同劳动。这天，他又和民工们像往常一样一起扛石头，弯腰曲背吃力撑杠子，不想这一幕被人拍了下来，成为一幅珍贵的历史照片。许多人看到谷文昌不顾年老体弱，吃力地扛石头的情形，都感动得流泪。

然而鲜有人知道谷文昌当时的身体状况。当时他已年近花甲，长期胃病和肺病使他咳嗽胸闷，吃不下饭，很长时间都处于低烧状态。炊事员想煮一点易消化的面条或者稀饭给他吃，可是他拒绝特殊照顾，坚持要和民工吃一样的饭菜。这样，他经常是饿着肚子跟民工一起扛石头。水库医务室董元芳医生说，他扛石头被人拍照的那天，就是她给老谷打的葡萄糖针。他就是靠那针葡萄糖支撑着在扛石头！那时民工是三班倒，可是他基本上是整三班都在工地上啊！

有人不理解谷文昌为何这么不要命苦干，他还是那句老话："事业要成功，领导是关键，水库到这么关键的时候，指挥不在第一线，等于空头指挥。"民工们非常感慨："人就是铁打的也扛不住啊，更何况老谷是年纪大、体质差又有病的人！"

　　3月初，虽然三分之二的坝段已上升到海拔408米，但是三分之一工程还没有达到预定高程！是否可以降低大坝高程？谷文昌让指挥部成员请来工程技术人员集体讨论。工程技术人员不约而同地说："不可以。"但是就大坝在什么时间节点合龙问题上，却发生了激烈的争论。

　　一种意见认为应该马上合龙。因为从当前天气态势判断，三四月份雨水少，按现在的施工进度可以同时从两头进土，一鼓作气实现合龙，然后增高堤坝实现408米高程，摆脱汛期洪水威胁。

　　另一种意见刚好相反，主张等汛期过后再合龙，这样安全系数更大。持前一种意见者反驳："天有不测风云，谁也不敢肯定汛期过后就一定少雨。再说，坐等汛期过后再合龙，那就得等很长时间。"持后一种意见者说："建坝是千年大计，该等就得等。"

　　这时，没有说话的谷文昌站起来谈了他的看法。他认为如果在合龙之前降雨超过200毫米，就可能造成坝体全面过水，势必造成洪水冲决堤坝，这样就前功尽弃。再者，他同意"天有不测风云"的看法，谷文昌说过去他在东山植树造林时也经常碰到这种情况：气象预报说没雨，到时却大雨倾盆；预报说有雨，它偏偏艳阳高照。就是说现在的气象预报，还没有达到完全准确的水平，尤其是在春季更是如此，把握不准。但这不能怪气象部门，现在的气象科学水平就是这个样子。他已了解气象部门，它们说3月中下旬雨水多，那时合龙危险程度最高，但这也不能说明3月上旬就一定少下雨。谷文昌最后说："应该着眼于合龙时如果下超过200毫米大雨，引起水位猛涨时，该怎么办的问题。然后再考虑选择可能降水最少的时节合龙，这样的危险程度最小。"大家都点头称是，可是有什么办法可以保证一旦水位猛涨时大坝的安全？施工技术人员认为不管什么时候合龙，应该同时抽掉现有坝底的水，这样一旦下200毫米的大雨，到时大坝的压力就必然减少。最后一致决定：在雨量最少的3月上旬，即3月10日合龙；同时为以防万一，合龙前准备8台抽水机，到时同时抽坝底的水。

　　3月10日早晨，指挥部一声令下，导流渠道立即堵水，大坝小断面立即运土填土；8台抽水机同时开动。很快合龙处填土不断升高，从395米高程升到 402.5 米高程！

在这关键时刻，天公又有意前来较劲了：竟然下起滂沱大雨！见下这样大的雨，工程技术人员不禁向老谷投以敬佩的目光。很快，库内蓄水达到 10 万立方米，而土层还得再填 5 米多才能达到 408 米的高度！到了傍晚时分，大坝水位在迅速升高！偏偏在这个时刻，8 台抽水机有 6 台停止运转！谷文昌立即请能人来"号脉"，能人说很可能是抽水机水下进水管被杂物堵塞了！

谷文昌立即下令：马上与县委办联系，请求物资局支援麻袋，农机公司支援抽水机。正在开会的县委书记刘桂江接到电话，斩钉截铁答复："工地需要什么，县里支援什么！"于是他暂停会议，亲自组织劳力调配物资，并和县革委会主任刘大兴、副主任刘建国等率领县直机关干部，携带抽水设备赶赴隆陂水库。

大雨不停。11 日凌晨 1 时，围堰仅差 5 厘米就要过水。围堰安全危在旦夕！这时的谷文昌由于连日劳累，显得疲惫不堪。医务人员看出老谷快支持不住了，要求他躺在医务室休息，谷文昌还是那句老话："现在是关键时刻，领导在不在场不一样！"老谷的身体力行感动着工地上的干部民工，强大的精神力量化成更加奋发的工作行动。

凌晨 2 时，换班时候到了，可是本应下班的民工在老谷的激励下主动要求留下，许多民工望着顽强站在指挥岗位的谷文昌，坚决要和前来接班的民工共同抢险！雨水寒冷刺骨，负责后勤保障人员及时送来了红糖姜汤；医务人员也做好了抢救伤员的准备。这时谷文昌站在大坝上，手拿喇叭筒，声嘶力竭地激励民工："同志们！现在到了最危急的时刻，水库能不能建成，全靠大家今夜的努力了！为了子孙后代，请大家一定要坚持住啊……"副指挥黄新桃见老谷实在太累了，要抢他的话筒接替动员工作，没想到刚一接触谷文昌的手，很快便缩了回来："老谷的手很烫，他正在发着高烧！"可是谷文昌仍拿着喇叭筒在继续鼓动民工。在谷文昌的鼓动下，陈旭盛、李宗斌等 6 位青年冒着严寒奋不顾身地跳进堰内，潜入水底清除水泵上的杂物，使抽水机很快恢复运转。

洪水和人进入僵持状态。

谷文昌在大坝上召集技术人员紧急商量对策。施工技术组组长李清楷建议：在围堰内5米处用箩筐装石头，再填起一道小堤，形成第二道围堰；再在其中填土，使堤坝加宽加厚，挡住洪水渗透。谷文昌立即同意。

正在这时援军到了：县委刘桂江书记领着县委机关100多名干部来援；物资局人员带来麻袋，农机公司支援抽水机也先后运到，隆陂水库工地一片欢腾。

天亮了，经过一天一夜的奋战，大坝终于胜利合龙。谷文昌和指挥部其他领导、工程技术人员、部分民工，都站在大坝上，带着十分的疲惫，怀着无比的豪情，欣赏着这全世界最美的景色：在大山之间，荡漾着一片宽阔的浅黄色水波；水库大坝如一条卧龙拦着湖水，显得那么雄伟巍峨；大坝外围显得那么深远，也使大坝显得高耸峻伟。

谷文昌忽然发现有民工在发抖，他赶紧看看装着红糖姜汤的水桶，可是已经告罄，就自己掏钱让人去买了10斤红糖，亲手端着红糖姜汤给下水的民工们喝。大家正在为大坝合龙而高兴，可是谷文昌和水库技术员们却又严肃起来。因为他们知道，到了下月，很可能是全年降水最多、洪水最大的季节，大坝能否安全度过4月，才算安全度过拦洪关。

到了4月，又是大雨如注，隆陂水库水位再次迅猛上升，可是涨到设定高度，大水便乖乖顺着溢洪道泄下，大坝安然无恙！这时谷文昌和技术员们才开心地笑了。

夏天来了，天气炎热，隆陂水库工地蚊虫也越来越多。谷文昌和民工们一样，裸露在外的皮肤都被叮满了红红的小包包。工棚的油皮毡经不住太阳的炙烤不断融化，滚烫的黑油脂不断往下滴，滴到人的皮肤上就像被火烧了一样，疼得让人受不了。管后勤的同志请求谷文昌另辟住所，可是他拒绝了，他说是来接受改造的，党和人民信任他，让他当总指挥，所以他更不能搞特殊，就让他跟大家一起住就行了。

8月，大坝顺利建成。谷文昌又忙着组织民工进行溢洪道、渠首（取水枢纽或者叫引水枢纽。因其位于引水渠道之首，故称）、电站工地等配套工程建设。在工程主战役结束不久的一天下午，谷文昌来到荷树岭隧洞出洞口，正逢洞内处理塌方，他向民工借过一顶安全帽，弯腰钻进潮湿闷热的洞中，叮嘱民工同志们注意安全。施工人员听到他的声音，才知道老谷来到他们身边，塌方现场十分危险，洞顶石块不时地往下掉，支撑工作面狭小，洞内空气浑浊，地上又是积水，大家担心老谷的安全，坚决不让他涉险。技术员小黄极力劝他出洞，边拖他往外走，边汇报施工情况，到洞口稍作安排后，小黄又进洞进行现场施工。到19时左右，洞内才恢复正常，小黄第二次出洞时，看到老谷仍然蹲在洞口，与几个休班的民工谈话，他的一双解放鞋连同裤脚全是泥浆。

在谷文昌为隆陂水库的建成而高兴的时候，又迎来一桩喜事：8月底，谷文昌二女儿谷哲芬与一位在部队工作的江西籍干部（连长）孙玉贵恋爱，并准备在国庆节结婚。因为女婿在部队走不开，妈妈史英萍陪女儿谷哲芬前往闽南海疆丈夫驻地。临走，谷哲芬非常希望父亲也能陪同前往，就向父亲提出请求。但是父亲因为隆陂水库的扫尾工作尚未完成，所以走不开。谷文昌想了想交代她："目前战备比较紧张，到部队别给领导添麻烦。实在会影响就回来。"

车要开的时候，谷文昌挥手向妻子女儿道别，祝女儿幸福。谷哲芬十分感激地和父亲招手致谢。在妈妈的陪同下，谷哲芬来到丈夫驻地。部队领导热烈欢迎她们的到来。史英萍赶忙问领导：听说目前战备紧张，她们在这边举办婚礼，不知会不会影响部队的工作？部队领导笑着表态：婚照结，真有情况可以和部队一起动才方便！听了这话，母女俩和女婿都感激地笑了。

初秋，随着政治空气的好转，谷文昌调离的事已明确，他找隆陂水库相关人员布置水库建成后的具体工作：一是抓紧修渠道；二是渠道通水后用水分配；三是渠道沿途抽水灌田问题的处理。布置完工作，他们一起来到水库大坝面前。建成后的隆陂水库，成为闽西北地区第一座中型水库，水库坝址以上集雨面积31.3平方公里，水库容量增加至1735万立方米，比原设计几乎增加1倍，实际灌溉面积1.85万亩，发电700千瓦；依托隆陂水库先后建起 3 座小水库，又建起 3 座小水电站，装机容量 1020 千瓦，年发电量 300 万度，基本满足全镇工业和群众生活用电。

之后，宁化县委认真总结谷文昌同志修建隆陂水库的经验，先后又在宁化的泉上、淮土、中沙三个地方，动工建设泉上、桥下和沙坪三座中型水库和寨头里等 8 座小型水库。这些水库与原有水利工程形成水利网。75% 以上用于将农田建成稳产高产旱涝保收田，粮食总产突破 4 亿斤，每年为国家提供 1 亿斤粮食。

此后，不知是谁，把隆陂水库命名为"谷公湖"。不想这时候，有人给谷文昌提了"意见"。11 月 24 日，隆陂水库工程指挥部给谷文昌提了"对老谷同志的意见"，所提"意见"如下（摘要）：

……他从福州来到山区，先在禾口红旗大队，后在我们水库工地。他到哪里心就在哪里，红到哪里，个人利益完全服从革命利益。他经常学习毛主席的教导："我们共产党人好比种子，人民好比土地。我们到了一个地方，就要同那里的人民结合起来，在人民中间生根、开花。"用毛主席的教导勉励自己，教育同志……对工作极端负责任。

他一到工作地点就深入实际，到处跑到处问，渴望把情况掌握清楚，制订改天换地的计划，下决心改变面貌。在红旗大队时，每一块土地他都非常熟悉，每个干部的脾气也非常了解，从来到的第一天起，就每天早晨四点多钟起床捡粪，拾了几千斤的猪粪，带动和鼓舞了全体干群，和全体干群取得了密切的联系，在他的带领和帮助下，这个大队在（19）70 年实现了粮食跨"纲要"，并实现了全县第一个超千斤的大队。贫下中农说："谷文昌给我们带来了'谷满仓'。"

去年九月来到水库以后，创业精神始终如一，住的是大工棚，吃的是大锅菜。他每天起得最早，睡得最迟，每天休息只有五六个小时，为了水库工地废寝忘食，他基本上是带病工作，有时发高烧（体温升高到 38℃—39℃），同样和同志们在工地，他根本不把自己的病放在心上，经常和民工一起参加劳动，真有"小车不倒只管推的精神"，全体干部和民工都深受感动，干劲倍增。我们水库建设进展比较顺利，这和他的领导是分不开的……

他作风好，走群众路线，关心群众生活，有事同群众商量，平易近人，虚心向下级和贫下中农学习，在群众中威信很高。团结工作搞得好，做事雷厉风行，敢于负责，同志们讲："在他的领导下，心情舒畅，收获很大。"

这份"意见"书，是用钢笔写的，挂在隆陂水库工地附近的一座小型纪念馆的版面上。这个版面，是谷文昌在宁化感人事迹集锦。

六、在漳州

（1972.2—1981.1）

1. 新岗重操老事业　荒山不怕不成林

1972 年 2 月 19 日，龙溪专区革委会向福建省革委会打报告，建议现在宁化的谷文昌前来漳州任龙溪地区革委会生产指挥处林业处，担任领导小组组长。

建议很快获得批准。

接到任职通知的谷文昌自然非常高兴，打电话告诉老部下、时任漳州麻纺厂副厂长的林加，告诉他准备回漳州任职，问林加如果厂里有货车运送麻袋到三明，返程时能否让他搭上"顺风车"回漳州？林加为老上级终于"出山"而万分高兴，当即答应了下来，并通知正在三明的货车司机，顺便捎老书记谷文昌一程。

要离开宁化的时候，谷文昌来到公路旁等车。在他身旁，站着百多个人送行。送行者以为会有一部专车来接他，想不到突然开来一辆货车，司机询问路人："哪位是谷书记？""我就是。"谷文昌笑着，上车坐在货车司机身旁，大家都愣了。货车刚开出不久，更离奇的事情发生了：谷文昌担

246

心自己坐在司机身边会影响开车，硬是要司机停车，他要坐到货车车厢里。司机说那里不好坐，但是拗不过他，最后还是让他坐到了车厢里。

就这样一路颠簸坐了八九个小时才到达漳州宾馆，谷文昌艰难地从车厢里爬下来：全身上下都是灰尘，眉毛灰白、双眼发红。尽管是顺风车，谷文昌还是自掏腰包，一下车就追着前来迎接的林加算车钱，并按当时的运费收费标准缴纳车费。林加知道老书记的脾气，不收不行。事后林加感叹："谷书记就是这样的人，一点都不占公家的便宜。"

谷文昌调回龙溪地区工作，史英萍仍在红旗大队，儿子媳妇仍在宁化化工厂；谷哲芬则继续在当地一所小学当代课教师；谷哲英也还在宁化继续读书。

到了3月，谷文昌担任龙溪地区革委会生产指挥处林业处领导小组组长。为了工作方便，公家分配给他一辆崭新的自行车。从此，谷文昌重操旧业，每天骑着自行车上下班；到近处的单位或农村。在这难得的春季，谷文昌大力督促各县开展植树造林工作；也经常带着工作人员，深入各地林场查看造林和护林工作。他多次深入长泰县岩溪公社社办林场调研，在岩溪湖珠村、珪前村、珪后村，和当地农民一起上山种树。谷文昌下乡时总是随身带着一把钢卷尺，他的自行车"后备厢"也总放着一把短柄锄头。钢卷尺可以查看树苗的高度，植穴的距离是否合理；短柄锄头则用于挖穴种树。

到了7月底，妻子与二女、三女一家3人也返回漳州。妻子到地区农业展览馆工作；二女到漳浦县团委工作；三女到漳州一中读高中（毕业后到漳浦大南坂农场上山下乡）。

重上林业岗位的谷文昌再次大显身手。8月，鉴于"文革"期间存在的肆意破坏山林乱象还难以消除，谷文昌布置在全龙溪地区组织清查"文革"开始以来存在的破坏山林问题，并在各地群众中大力宣传保护山林的政策。

这年夏天，谷文昌因公出差到东山。他忘不了造林护林英雄蔡海福，与县领导来到他家。看到蔡海福依然蜗居在狭小老旧的小屋里，很是感慨，建议随同前来的县领导说，蔡海福是东山造林护林模范、老功臣，现在却成了贫困户，大家都对不住他，希望给蔡海福予以照顾！在他的建议下，县民政部门特地安排 200 元，作为蔡维修房子的费用。后来在蔡海福病重期间，谷文昌还安排他到漳州治病。蔡海福出院后，谷文昌热情邀请他"顺便"到南靖伐木场"走走"。谷书记的盛情难却，蔡海福跟着去了。在伐木场，谷文昌指着一棵粗大的杉木告诉他说，你是华东地区造林英雄，我特批一棵杉木，给你做一口大厝（闽南话，棺材），谁都有那一天，到时好用。蔡海福知道谷书记的好意，也知道谷书记自己家都不添木家具，就以他忌讳活人添置"死人物"不吉利为由推辞了。

谷文昌通过对全区林业问题的调查了解，于 9 月在长泰县召开地区林业会议，在会上总结地区林业生产工作情况，针对造林没有严格按照要求，马虎应付的问题，提出"只有高标准高质量造林，才能巩固发展林业生产"的观点。

11 月，龙溪专区恢复设置林业局，谷文昌担任林业局局长。在对全区林业工作做更全面、更深入的了解之后，谷文昌工作重点是使全区林业生产逐渐恢复并有较快发展。他主抓四项工作：恢复各县林业机构，加强党对林业生产的领导；加强林业生产的四大环节，即育苗、培育、整地和造林，恢复因"文革"影响而中断的漳浦、华安、诏安、平和、龙海、东山 6 县的苗圃；加强宣传力度，提高干部群众对林业生产重要性的认识；加强基层建设，建立精干的林业专业队伍，完善日常管理和技术指导。这些工作，虽然是常规性的，可是不以规矩，何成方圆？尤其是在拨乱反正的年代，亟须这种久违的常规！

冬天来了，鉴于"文革"以来全区林地被毁，林木受损，致使这些基本境况成为一笔糊涂账的实际，谷文昌开展对全区山林变更普查，摸清林业的家底。截至 1972 年底，查清全市林地面积 656.25 万亩，立木蓄积量 620.33 万立方米。继而又开展对全区林业资源大统计，获知全区共造林 131 万亩，比 1971 年增长 115%；生产木材约 6 万立方米，比 1971 年增长 10%；定植橡胶 1.3 万亩，比 1971 年增加 160%；生产橡胶干胶片 73.12

吨，比 1971 年增长 43%；紫胶（紫胶虫吸取寄主树树液后分泌出的紫色天然树脂）原胶 40 吨，比 1971 年增长 40%；栲胶（由富含单宁的植物原料经水浸提和浓缩等步骤加工制得的化工产品）203 吨；此外，松香、胶合板、纤维板也分别比 1971 年有大幅度增长。明确了这些家底，谷文昌对全区的林业工作充满信心。

12 月，小儿子谷豫东从河南回到漳州，就读于漳州一中初中一年级。这时谷豫闽来信了，说考虑到父母两人身体都不好，需要子女照顾；而他们的孩子由于先天性心脏病，时常在住院，也想回到条件比较好的漳州。希望父亲同意他们调回，以尽为人子人媳之孝和为人父人母之慈。父亲的回复是：你们在宁化山区那边就好，父母有组织照顾。

这一年，已经 58 岁的谷文昌，历经特殊年代的各种灾难，身体已大不如前，一再生病。随着年纪的增长，他更加思念中原故土河南家乡，思念滚滚东去的黄河，思念太行山高耸的石崖和其间的崖柏，思念故居老旧的房屋和村前的潺潺流水，尤其思念父母的坟茔。于是他请假回故乡河南。

到了老家南湾村，因为长途的颠簸再次击垮了羸弱的谷文昌。他一到家便一病不起，无法出门。这成了他好大的遗憾。弟弟谷文德为他请了医生吃了药。在病情略有好转之时，谷文昌便拄着拐杖上山拜谒父母坟茔。在父母坟茔前，谷文昌再次老泪纵横，禀告父母："孩儿此次前来祭扫，怕是最后一次了，愿父母在九泉之下安息！"

光阴荏苒，转眼又是新年。1973 年 1 月 5—7 日，谷文昌到惠安县参加全省节煤增柴会议。早在 1965 年 8 月 31 日，党中央、国务院就发布了《关于解决农村烧柴问题的指示》，要求各级党政领导重视并抓好这项工作，但是由于时代原因，这项工作得不到贯彻实施。落实解决我国农村烧柴问题，是关系到几亿农民生活的一件大事。谷文昌也曾想在龙溪全区采用过去在东山实行的烧煤办法，来保护森林，但是考虑到龙溪山多，群众尚未有烧煤的意识，因此放弃。要增加燃烧柴，只有在全区各地推广植树造林，才有"增柴"的空间，进而才能保护好山林。

1月9—17日，谷文昌赶赴福州参加全省护林防火会议。会议期间，见到了不少之前同在林业厅工作的老同事，有感于这些年来大家在前进路上的曲折艰辛，大家都觉得必须珍惜当今，好好为党为人民再立新功。

谷文昌继续"下沉"到基层，发现全区林业部门有浪费、搞浮夸和不尊重专业技术人员的诸多问题，于是有针对性地召开全区林业工作会议。3月13日，这个会议再次在长泰县召开，谷文昌在会上作《以总路线精神 多快好省发展林业》的报告，谷文昌针对全地区林业系统存在的问题，提出"节约闹革命""坚持实事求是的作风，反对浮夸，虚报冒领，认真做好各项落实工作""发挥林业专业队伍的作用""抓好三胶（橡胶、紫胶、栲胶）生产"的要求。

一个多月后，谷文昌又发现林业部门的一个新问题。由于"文革"的惯性，一些领导干部对"抓革命"满怀兴趣，对抓生产、抓业务却冷漠放任。4月27日，谷文昌召开龙溪地区林业工作会议，在会上作《鼓足干劲 快上大干 加速我区林业生产建设报告》（以下简称《报告》）。他在《报告》中强调抓生产的重要性，"要一手抓群众运动，一手抓专业管理，群众运动和专业管理相结合"。谷文昌还提出造林"三化"主张，即基地化、林场化、丰产化，强调建立成片用材林地，同时推广长泰县开高标准水平带条壕或挖大穴高质量整地，大苗、壮苗造林，连续抚育3年的成功经验。

这一年，谷哲芬想让父亲批点木材做家具，又遭父亲拒绝说："我管林业，如果我做一张桌子，下面就会做几十张、几百张；我犯小错误，下面就会犯大错误。当领导的要先把自己的手洗净，把自己的腰杆挺直！"谷哲芬把父亲的话铭记在心里。

1974年5月，鉴于龙溪地区林业的发展，需要树立一个"样板林"林场。谷文昌就龙溪地区各林场的情况做比较，认为平和国营天马林场自然条件好，很适合发展样板林，可是这里也有不足，就是人为环境比较差，封山育林搞得比较差，因此出现造林不见林的现象。

谷文昌寻找机会解决这个问题。有一次地区开会，谷文昌找到平和县委书记肖一勇，动员他在平和县搞样板林，首先从抓点开始，在点上出题目，在面上做文章。先推出高标准造林的示范样板，争取几年内全县造林有一个突破。肖书记根据谷文昌的意见，组织万名青年到天马林场东溪工区炼山，按照"全炼山，深翻土，挖大穴，栽大苗"的要求，开发1万亩搞标准样板林，以此带动全县彻底改变老习惯，开创高标准造林新局面。

10天后，炼山接近尾声，谷文昌陪着省林业厅长和平与县委肖书记，来到工地检查指导工作。谷文昌不顾体弱生病，兴致勃勃地翻越了3个山头，边走边检查边指导，从上午一直走到13时，才到工地指挥部用餐。

这次检查指导，领导们形成共识：像这样造林，气魄大，有规模，有质量，有影响。只要坚持下去，不怕荒山不低头，不怕有山不绿化。检查指导中，谷文昌看到广大青年自带工具背包，上山安营扎寨，不怕困难艰苦奋战，十分感动，当场决定拨出10万元支持造林工程，以示鼓励。

几年后，这片旧山绿树郁郁成林，听林场的领导介绍，那一年造的10028亩样板林，其中杉木8213亩、松木1815亩。1994年，这个林子开始采伐，至2002年已采伐34158立方米，产值1707万元；尚未采伐的4403亩，林木蓄积量38038立方米，预计产值1178万元。

2. 清正为人性本洁　里外无私品自高

树林在成长，儿子也在成长。1974年9月，谷豫东上了漳州一中读高一。同学们都是小年轻，对新事物充满好奇，包括抽烟。一次，同学怂恿他："你爸不是地委的官吗？他们有买烟指标，买一包让同学们尝尝鲜，怎样？"谷豫东听了，攥着大家拼凑起来的钱，真的到地委第一招待所小卖部，说他爸谷文昌让他买包烟。

售货员阿姨认识谷文昌，就把烟卖给了他。

谷文昌获知此事大怒，狠狠地训斥了儿子一顿："不要以为一包烟是小事，关键是你打着你爸的名义去买烟，发展下去，你还会打着你爸的名义去干别的坏事！"谷文昌训斥完了，还领着儿子到小卖部向售货员阿姨道歉，然后向售货员检讨自己没有管教好儿子的过失。谷文昌教子的行为，直把售货员阿姨感动得唏嘘不已。此后，谷文昌经常教育子女："爸爸是群众的勤务员，你们是勤务员的儿女，一定要认准自己的位置！"

年底，谷文昌又住院了，消息不胫而走，急坏了不少知情的东山人。过了些日子又有消息说，谷书记病好出院了。大家在高兴之余想去漳州探望。东山县革委会教育组组长许天发是谷书记老部下，他和一个同事约定星期天坐早班车去。可是带什么慰问品好呢？许组长知道谷书记一向不收慰问品。这位同事说，他刚从家里带来几斤搬山网的小巴浪鱼干，挺好吃的，送点自产的小鱼干，该没问题吧？许局长皱眉说："试试看。"

到谷书记的家，谷书记和史大姐都在。谷书记大病初愈，脸色有些苍白，但精神矍铄，见了来客很是高兴，就开始攀谈起来。同事把小鱼干带在谷书记看不到的地方，趁史大姐进里屋烧开水的时候，赶紧走进厨房把鱼干搁在饭桌上，没想到史大姐眼捷，一下抓住同事的手，一手抓起桌上的小包包走出厨房。谷书记见状脸色也变了，批评来者：你这是做什么？许组长马上解释："谷书记您病刚好，一点小巴浪鱼干，自产的……"谷书记没等许组长说完，指着他提高嗓门说："你把我当外人了！"

许组长一听显得很窘，脸都红了，不知说什么好。谷书记又说："你要不把我当外人，就得把鱼干带回去！"窘迫的许组长立马答应。谷书记见许组长难堪，缓了缓口气转话题问他："东山教育组还是你在抓吧？"许组长点了点头。谷书记又问："咱60年代初开始的民主生活会制度，还实行吗？"

没想到这一问，许组长更窘了，嗫嚅着说："'文革'以来，各科局都没开了。"谷书记一听，心情沉重地低下头，自语说："民主生活会是一种好制度啊，定期开个民主生活会，大家相互开展批评和自我批评，对端正各种不正确思想很有好处，尤其对领导干部铺张浪费，多吃多占，贪小便宜，用这种方式来遏制它。警钟长鸣有好处啊！"许组长听了马上表态："请谷书记放心，我回去马上在教育组恢复这个制度，并且在一中、二中和各学区，就是在整个教育系统同时进行。"听到许组长的表态，谷文昌笑了，说："其实教育和植树是一样的，都是东山发展的根本，都是关系到子孙后代，当然培养人时间更长，'十年树木、百年树人'嘛！"谷书记的话，说得许天发和同行的同事不住地点头。回东山的路上，许天发看着这送不出去的巴浪鱼干，说："这包小鱼干是我们抵御请客送礼的活教材啊！"

1975 年 9 月中旬，地处闽南的龙溪地区，依然高温多雨而且潮湿，这种气候条件，必然导致森林病虫害，尤其是松毛虫滋生较为严重。松毛虫是一种极恶的害虫，它食害松类、柏类、杉类等重要树种，因此防治森林病虫害成为谷文昌工作的一个重要内容。林业技术员告诉谷文昌：白僵菌可以侵入多种昆虫、螨类的虫体内，引起昆虫中毒，打乱新陈代谢以致其死亡，是松毛虫的克星。谷文昌也了解到，龙溪地区用白僵菌防治松毛虫、防治林木病虫害的这种方法，早在 1958 年春就开始了，20 世纪 60 年代已较多使用，可是后来这项工作懈怠了。为进一步推广这种方法，谷文昌决定在龙海县林下农场筹建白僵菌生产中间试验工厂，进一步扩大白僵菌生产，加强防治森林病害和虫害。

初秋 10 月，谷文昌发现属下一些县份的林业部门，在工程建设和设备购置方面存在铺张浪费现象，决定予以严格限制。正在这时，南靖县林业局送来《关于南靖车队房屋工程建设的报告》。谷文昌看了，发现该工程虽然必须建设，但是规模过大。因此他对超面积、超预算建设部分，不予支持。不久，又有华安县金山、西陂林场呈送《关于间伐道路设计预算的报告》，他经深入了解，认定这是必须建设的工程，尤其是方便工人生产的工程，应予以支持。他在批复这两个林场的报告中，表示同意西陂林场建设从华湖公路渡口，经场部、六曲到洋坑总长 8 公里的间伐便道；同意金山林场建设从金山径外至龙头工区，总长 6.6 公里的间伐便道，让林区的工人轻松走便道、走平路，又有利于林业生产。

11 月 15 日，鉴于橡胶生产在工业和军事上的重要性，谷文昌给予高度重视和支持。他一接到云霄县林业局《关于使用橡胶结余资金扩大再生产的报告》，即批复同意扩大使用款 5.11 万元，用于改造落后胶园和维修"三保"梯田，建立增粗苗圃和胶园厕所等。

谷文昌尽管离开东山已经 11 年了，但是和东山的乡亲，尤其是和他一起工作过的人，还保持着频繁的往来，大家有什么事，都习惯请谷书记当参谋拿主意。通信员陈耀水就是其中之一。有一次，他老妈跟儿子要求：自己年已七十有几，得为她准备一副"大厝"。老人说，你们夫妻俩跟谷书记关系这么好，找他准成。儿子想了想，找妻子商量。因为夫妇俩都知道谷书记不会为不符合国家政策的行为开通行证，而杉木当时是国家严格控制的物资，尽管谷书记现在是市林业局局长，但肯定不会批。可是婆婆执拗地要求他们找谷书记办这事。陈耀水没办法，只好走一遭讨个答案。答案可想而知。陈耀水早有思想准备，乐呵呵地告诉谷书记："我早知道您会这么说，为了完成老母亲的委托，我才来讨答案的。"

这一年，谷文昌的身体越发消瘦，史英萍为了给丈夫补身体：每天用小石臼把花生舂成粉末状，然后泡水，再用纱布过滤，待第二天早晨熬成花生浆给丈夫吃。小儿子谷豫东见母亲辛苦，自告奋勇把这活揽了下来。这样从是年到翌年，都是谷豫东在为父亲舂花生熬浆。每看到身体消瘦的父亲在喝自己舂成的花生浆，谷豫东心里总有一种成就感，深情地希望父亲多喝点身体就会好。谷文昌夫妇见小儿子这么懂事，都高兴地相视而笑。

1976 年 1 月 8 日，谷文昌兼任龙溪地区革命委员会农林水办公室主任。

6 月底，谷豫东高中毕业了。这时的谷文昌已经年逾花甲、疾病缠身，除了谷豫东，几个孩子都不在身边。按照当时知青政策的"四不动员"，即"独生子女、多子女家庭照顾一人留城，病残者和中国籍的外国子女可以不动员上山下乡"，谷豫东属于多子女家庭的孩子，是可照顾一人留城对象。谷豫东跟父亲提出：他已在河南林县下乡那么多年，接受了贫下中农再教育，吃了那么多苦，现在符合政策，要留城进工厂当工人。谷文昌沉默了很久，最后还是动员谷豫东上山下乡。谷豫东向父亲提出："按规定，身边没有子女的可以照顾一个留城名额，我们符合政策，为什么不留呢？"谷文昌还是那句老话说："我是领导干部，如果自身不带头，接下来的工作要怎么做呢？"机灵的谷豫东改变"策略"，要求到东山县当知青。不料父亲还是坚决反对："你到那里，大家都知道你是谷文昌的儿子，都会想办法照顾你，那你就得不到应有的锻炼。"谷豫东懂得父亲的良苦用心，就由父亲决定自己的去向。过后，谷豫东被安排到南靖县朱坑知青点落户。到过山区的人知道，被称为"坑"的地方，大多是凹凸不平的小地方。朱坑也是，虽说离县城很近，却是个僻静的小山村。临行前几天，谷文昌请来一位朋友拍了一张老夫妻俩和儿子谷豫东的合影。临行前一天，谷文昌帮谷豫东整理行装，边收拾边悄悄擦拭眼泪。

7月16日是谷豫东上"坑"的日子，谷文昌刚好要到南靖县出差，就破例地让谷豫东顺路搭乘他的吉普车。到了南靖县林业局，父亲把儿子的行李卸了下来，拍拍儿子的肩膀告诉他："不要有优越感，路只有自己走，才会越走越宽。"然后他从口袋里掏出前几天拍的那张合照，放到儿子手中。在谷豫东下乡当知青的这段时间，谷文昌经常到南靖出差，却一次也没到知青点看过儿子，因为他不想让人知道谷豫东是领导的孩子。

夏季的一天，从漳浦县返漳州城的谷哲芬，发现城中的女性大多都烫起了头发，甚是精神，也好看。爱美的天性让她也去烫了个头发回家。没想到谷文昌下班回家发现女儿的这个新发型，好奇地瞪了许久，然后狠狠地批评了她一顿，最后总结性地告诉女儿："一个人美不美，关键在人品好不好、学识深不深。"谷哲芬听后，知道自己在价值观上与父亲存在太大的差距，赶紧改留运动头。

都说秋天是旧病复发的节令，这不，到了10月，谷文昌的身体出现了严重问题，总感觉咽喉难受，他在龙溪专区医院做检查，医生发现情况不好，建议他尽快到上海肿瘤医院做进一步的检查。在组织安排下，谷文昌于11月利用到上海出差的机会到上海肿瘤医院做了检查，检查确诊是恶性肿瘤！随行人员把这个不幸消息报告给龙溪地委领导。领导安排谷文昌在上海肿瘤医院做了第一次手术。谷文昌做完手术后不久，一返回漳州便又投入紧张的工作中。

家风教育

3. 为国分忧接重任　一心一意护归侨

1978 年 2 月，龙溪地区行政公署根据国务院和省委的要求，设立侨务办公室。这是个既重要难度又很大的岗位，地委了解到谷文昌在东山工作的时候，就根据中央指示，结合东山实际，对调整与华侨的关系做出很大成绩，得到华侨好评，被称为华侨的保护神。斟酌再三，确定由谷文昌来管。谷文昌欣然受命。

没想到这时他收到小儿子的来信。儿子在信中说因为春寒料峭，在偏远山村的他，看到许多同学的父母不时前来看望自己的儿子，也心生奢念："什么时候你们也能来看望一下我呢？"谷文昌读着儿子的来信，眼泪不知不觉就涌了上来。于是回信告诉儿子："其实我也很想去看看你，可是我去了，人家就知道你是地区副主任的儿子，以后就会给你很多方便。这对你的成长不利……"

随之，一年一度的征兵开始了。谷豫东萌生希望：父亲是龙溪地区领导之一，又是龙溪地区征兵办主任，如果通过父亲的关系应征入伍，肯定没问题。可是想起下乡时父亲的嘱咐："路只有自己走，才会越走越宽。"谷豫东终于忍住了，他决定不告诉父母，走自己的路。

终于，入伍通知书到了他手上。谷豫东激动地赶回家把这喜事告诉父母。谷文昌也激动得眼里满含泪水，连声说："我儿子终于走出了一条自己的路了！"同月，谷豫东参军入伍，后在部队入党。1982 年 1 月复员后分配到龙溪地区建筑勘测设计院工作，后任漳州市园林服务中心主任，居住在芗城区，至 2018 年退休。

1978 年 4 月 16 日，中共龙溪地委向中共福建省委建议：谷文昌同志任龙溪地区行政公署副专员。龙溪地委打算在他担任副专员后，负责地区侨务工作。其实他在省革委会尚未批准之前，已上岗负责全地区的侨务工作了。就是这项工作，为谷文昌提供了一个比东山大 20 多倍的行政平台，从此他可以借助此平台为归侨和侨眷服务了。

谷文昌一上这个岗位，便着手调查了解全区的归侨和侨眷的情况。他获知，在龙溪地区，归侨、侨眷最多的是漳州（芗城）、龙海、诏安，这几个县区，旅外乡亲一般都在 8 万人以上；南靖、漳浦、云霄、东山、华安、平和、长泰等县，旅外乡亲在 1 万—8 万之间。

谷文昌还了解到，由于历次政治运动，不少华侨的房产被以各种名义没收、拆除或占有，严重损害了华侨的利益。单"文革"期间，龙海县石码公社许多已在此定居的归侨、侨眷，被动员上山下乡到山区落户，就有 108 户，房产 1.9 万平方米。原有的侨房，不是分给当地居民，就是由当地政府和国营单位挪用做公房，涉及面广，情况复杂。

为处理历年华侨遗留问题，谷文昌付出了大量心血。他主张，不管有多困难多复杂，就是要执行党的侨务政策。角美镇有一座闽南著名的"天一楼"，原为华侨郭氏家族创办的福建民间邮局"天一信局"办公楼，土改时分给当地村民，已历时 28 年，由于牵涉的住户数量多，住户迁出移入，产生的矛盾很多且复杂，哪一届领导都不敢轻易处理。谷文昌接手华侨工作时，就听到下属在谈论"天一楼"问题，说这是侨务工作的老大难，谁也不敢碰。谷文昌听了，劲头上来了，他决定亲自到现场查看。侨办工作人员不解，谷文昌说："关心爱护华侨是党中央的大政，执行侨务政策不能拖泥带水，侨房一定要归还，同时群众的实际困难也要帮助解决。"为了妥善处理这个困难，谷文昌遍访"天一楼"居民，既宣传党的侨务政策，使党的政策深入人心；又征求群众对安置工作的意见，解决搬迁户的重新安置问题，终于使"天一楼"问题得到了妥善解决。

"天一楼"问题的解决，让分布于东南亚各地的郭氏家族成员无不感激，他们在"天一楼"大门贴出一副对联："喜退侨房振兴中华伟业，欣归故里感谢政府党恩。"事后，海外郭氏家族深感祖国侨务政策，并从中感受到党的温暖，纷纷到家乡投资，总共达到 200 多万美元和 40 万元人民币，更慷慨解囊，兴办多项社会公益事业。

一声春雷响天下，"天一楼"问题被新来的领导解决的事情，很快传到归侨张嘉煌耳朵里。这位老归侨非常高兴，也依样画葫芦上访谷文昌。原来他在东市场有一座房子，因城建需要被拆迁，由于历史原因赔偿工作一拖再拖，无法解决，时间竟达 13 年，现在便来上访。谷文昌热情接待了上访者并听取他的申诉，又审阅了他带来的上访材料，再向侨办老工作人员了解情况。之后，谷文昌看离下班还有一点时间，就说："走，你带我到原址看看。"说完，谷文昌带上侨办工作人员一起到现场查看，认定张嘉煌反映的情况属实，马上拍板：政府应该赔偿。有关部门计算后，就他的 920 平方米被拆住房，决定予以 5 万元赔偿。

解决历年侨务工作难，而解决越南归侨工作更加艰巨。一时间涌入中国境内的华侨增至 20 多万人，根据中共中央和国务院要求，各地政府部门，都要认真做好接待安置越南归侨的任务。同时决定把福建国营华侨农场、工厂收归中央和省侨务部门主管。根据 1978 年福建省革命委员会《批转省国营华侨农场、工厂交接会议纪要的通知》要求，国营华侨农场、工厂的人事整顿、土地财产清理和交接，必须马上展开。谷文昌随之投入这一工作中。

刚到 5 月，越南归国难侨陆续来到龙溪地区。难侨主要接收地为龙海、漳浦和诏安，又是龙溪地区住房特别紧张的县份，这给难侨的安置带来极大困难。刚开始安置的阶段，他们多数被暂时安顿在仓库或会议厅之类的地方，甚至暂时居住民棚，当然也有少数借居民房的，但是平均每人居住面积只有 3 平方米左右。由于居住环境既差也不安全，尤其是盛夏酷暑的六七月即将来临，难侨们的困难可想而知。

事关重大，谷文昌亲自抓归侨住房的基建工作。他到龙海双第农场选点定点，然后指导基建。看到难侨渴求尽快改善住房的目光，谷文昌感到肩上担子的沉重。他采取"一条龙"办法，边选点定点，边设计备料，边组织施工的办法；一有新的住房建成，随即安排难侨入住。他先后指导双第华侨农场分期分批兴建 8 个新居民点，保证基建工作迅速完成；在各新居民点的建设上，做到既方便生产，又方便交通往来，且尽量不占用田园。

　　双第农场的接侨基建工作得到省革委会的肯定，并作为典型经验向全省推广。谷文昌为华侨工作日夜奔忙，万分操劳，有人劝他年纪这么大了，身体也不好，要注意休息。谷文昌说："难侨没安置好，我寝食难安啊！"

　　6月1—9日，谷文昌陪同省侨办领导深入漳浦、南靖、诏安等地调查，再同所在县委有关负责人讨论研究，形成共识后，联合向省革委会提出两个建议：一是将漳浦白竹湖、南靖丰田国营农场划归侨务部门主管，并转为华侨农场。这样可安置15000名越南归侨。二是新建诏安四都华侨农场，即将诏安金星农场在四都、田美两个作业区和四都公社梅州水库周围社办林果场、耕山队和农工宅荒山荒地，全部合并办华侨农场，这样可安置3000名归侨。两项可安排难侨18000人。批复很快来了，省革委会同意省侨务办公室《关于增办四个国营华侨农场的请示报告》。谷文昌对龙溪地区华侨农场的宏观规划意图，都得到省革委会的同意并确认。

　　转眼就是7月，国营（诏安）梅州华侨农场正式成立，并开始全力以赴开展接待安置越南归侨，到1979年12月底，已接待安置越南回国难侨778名。

　　12月28日，谷文昌参加地区接侨委员会在漳州召开的越南归侨安置基建会。地区有关部门负责人和龙海、漳浦、云霄、诏安、南靖、东山6个县的县委副书记、接待委负责人，以及相关委、局、公司负责人和相关华侨农场负责人参加了会议。会议传达了中央、省委有关安置越南归侨的指示，重点研究安置工作中的基建问题，提出年底前完成9万平方米的基建任务，解决好越南归侨的住房问题。

　　会议指出，从5月7日至7月底，龙溪地区先后接待安置了9批旅居越南归国难侨1228户6093人，总的情况是好的。特别是双第、常山、丰田等农场，一面抓好接待安置，一面抓紧接侨基建，较好地完成了上级党委交给的任务。会议还要求，省委下达龙溪地区的9万平方米的基建任务，须在年底前完成，保证在国庆、元旦或春节前，让新归侨先后入住，过好节日。

龙溪地区新建 3 个华侨农场，连同原有的 2 个，共有 5 个，占了福建全省华侨农场的三分之一。

正当谷文昌为华侨的事情忙得不可开交的时候，传来一件不幸的消息。9 月 5 日，谷文昌接到蔡海福独生女儿的电话，说她父亲病逝了。谷文昌一听顿时痛惜感慨，无限追忆这个华东地区造林英雄模范，并指示地方民政部门予以关照，也破例批给 0.35 立方米杉木，为蔡海福做了一副棺木，让他在九泉之下好好安息。

龙溪地区是福建省安置华侨归侨的重点区域，谷文昌自然就成了这个重点区域的重点人物。11 月 17 日，省侨办领导前来漳州，就落实省革委会〔1978〕综 174 号文件做调研。谷文昌陪同领导们深入诏安县四都公社，共同探讨如何贯彻落实省革委会文件要求，决定由新成立的梅州华侨农场负责处理场界、土地、固定资产、作物收成的具体办法。谷文昌和省侨办领导与农场、公社代表共同商定，国营梅州华侨农场总土地面积为 13000 亩，并共同商定明确其四至。梅州华侨农场场界的界定、土地数量的确定，对农场的生存和发展，对于周边公社的关系，都极为重要。从此，农场与相邻单位，没有纠纷，双方睦邻相处，有利于农场生产的发展。

转眼到了年底，谷文昌赴京参加全国侨务会议。返漳后夫妇俩双双生病住院，看护、生活多有不便。在组织的关心下，谷豫闽夫妇才调到龙溪地区农业生产资料公司工作。谷文昌逝世后，谷豫闽调漳州市商检局任科级干部，再后调厦门商检部门工作，任调研员，2004 年退休后定居厦门。

4. 殚精竭虑解侨困　羸病仍怀民众情

谷文昌出院后，又立即投入工作。1979 年 1 月 6 日，龙溪地区召开常委、副专员会议。会议听取谷文昌传达全国侨务会议精神，即传达全国侨务会议选举新一届全国侨联盛况，传达李先念副主席、全国侨联老主席廖承志在全国侨务会议上的讲话精神。会议还研究了龙溪地区贯彻全国侨务会议的措施：（1）贯彻会议精神，明确落实侨务工作及其意义；（2）排除各种困难落实侨务政策；（3）加强党对侨务工作领导；（4）成立侨联机构。

早在"文革"期间，谷文昌等一批老干部，被打上各种莫须有的罪名也没有平反。可以说，这些年来，这些老干部们更是负重前行。直到1979年1月22日，中共东山县委发文《关于谷文昌等同志被诬陷为"走资派""修正主义分子""黑帮"问题的平反决定》（东委〔1979〕9号）（以下简称《平反决定》）。《平反决定》指出："'文化大革命'中……谷文昌……450位同志，被诬陷为'走资派'……根据福建省闽委〔1978〕12号文件指示精神，经研究决定……造成的冤案、假案、错案以及强加在他们身上的一切污蔑不实之词，应给予一律推倒，彻底平反，恢复名誉。"可以说，这是迟到的正义。

2月1—2日，谷文昌参加常委、副专员会议。这是党的十一届三中全会胜利召开后的一次重要会议。地委组织传达省委工作会议精神，部署解决工作重点转向的问题。会议重申："实践是检验真理的唯一标准。"这个全新的提法，让谷文昌感觉到国家正在开始的改革开放的重大决策，"实践是检验真理的唯一标准"就是这种决策的理论武器。

3月，谷文昌发现部分农场对难侨住房基建工作松垮，资金管理不到位，钢材、水泥和木材使用混乱，导致工程进度缓慢，质差且价高，影响了归侨安置进度。谷文昌由此强调：安置归侨是严肃的政治任务，务必查找不足，按时、按质、按量完成基建任务并部署对全区安置难侨的基建工作的全面检查和整改。按党的十一届三中全会精神，实事求是地安置归侨，是历史赋予我们的政治使命。必须根据时代的新要求，做好全区安置难侨的工作。

因此，必须适时召开龙溪地区第二次归国华侨代表大会。8月，谷文昌向上级建议召开这样的会议。建议很快获得地委批准，并指定由谷文昌负责具体的筹备工作。9月2—6日，龙溪地区第二次归国华侨代表大会在漳州召开。谷文昌出席开幕式并致开幕词。会议第二天，谷文昌作为大会主席团执行主席作工作报告。他指出本届侨联的主要工作：组织华侨支援家乡建设；各级侨联配合有关部门，大力贯彻落实保护侨汇政策，鼓励海外侨胞汇款回家乡。

由于政策落实侨汇逐年增加，仅翌年漳州市（芗城区）回笼的侨汇票证就达到 1016075 份。保护归侨、侨眷合法权益。积极协助各县政府落实政策，向"文革"中被戴上各种"帽子"列为"阶级敌人"的全市 1554 个侨户，发出重申改变其地主或富农成分通知。

大会结束不久，谷文昌于 10 月 15 日到广州参加中国出口商品交易会。由于疾病困扰和过于劳累，参会期间谷文昌出现吞咽困难，甚至连面条也难以下咽。回漳州后他发现病情不但没有缓解，甚至更为严重，不得已他将此情况向地委书记刘秉仁汇报。刘书记指示立即到漳州医院先做检查。可是这时谷文昌却觉得病情好像有所缓解，又继续工作。到 24 日，谷文昌不顾病体衰弱，仍坚持参加常委、副专员会议，听取省里物价、工资会议精神传达。

10 月底，谷文昌一再出现吞咽困难，四肢无力。史英萍怀疑是旧病复发，劝说丈夫到龙溪地区医院做检查。谷文昌接受妻子的劝说到市医院做上消化道造影检查，遗憾的是医生会诊后说没有发现问题。这样，谷文昌坚持继续工作，到漳浦白竹湖农场归侨安置点时，出现剧烈咳嗽还伴有高烧。在农场打了退烧药后又继续工作。这时的谷文昌由于食道肿大吞咽困难，一天只吃一餐线面。史英萍发现实在不对劲，便把丈夫的上消化道造影的 X 光片托人带到上海肿瘤医院。上海医生迅速寄回诊断：病人得的是晚期贲门癌！史英萍看了诊断书，只觉得天旋地转，但又不敢把这不幸的消息告诉丈夫；而谷文昌却若无其事，继续工作。

到 11 月初，龙溪地区侨务部门出色地完成省政府下达的归侨安置任务：全区共建成安置房 185 座 11 万平方米，安置归侨 13 批 8770 多人。时任联合国难民署驻华代表马歇先生来龙溪地区实地查看，并兴奋地说："我看到难侨在中国有劳动能力的人都有工作，孩子都能上学，医疗也有保障，走遍全世界，中国安置难侨工作堪称典范！"

可是谷文昌对马歇先生的高度肯定，也只是勉强淡淡一笑而已，地区领导看出不对劲，强令谷文昌马上到上级医院检查和住院治疗。为此，谷文昌在妻子史英萍陪同下，到上海肿瘤医院做手术，可惜效果不佳。回漳州后食量继续减少，身体继续消瘦。11月底，谷文昌不顾自己非常羸弱的身体，像健康人一样继续投入工作。他的食量更加减少，身体更加消瘦，但仍顽强地支撑着，与同事谈工作依然和蔼可亲。

转眼就是1980年6月底，师范学校的毕业分配时间到了。谷豫东的未婚妻杨小云也是毕业生。这杨小云的外公，当年曾是八尺门海堤建设的总工程师，与谷文昌关系没说的。谷豫东的"灵性"来了：让父亲为未来的媳妇帮助安排在政府某个好部门。谷豫东本以为父亲会为儿媳通融一下。没想到父亲初心不改，党性依旧，认为国家培养她这么多年，现在教师队伍正缺人，理当去教书。杨小云后来被分配到一所很不起眼的小学，全校教师也就11人，显得冷冷清清。这个曾经的学生会副主席，怀着最后的希望，想通过公公把她调整到大学校。这样能给她创造一个施展才干的平台。可是公公依旧言简意赅："只要努力工作，在哪里都能干出好成绩。"谷豫东终于明白：像父亲这样的人，即使到生命的终点，也是信念坚定毫不动摇。就这样，杨小云在那个小小的学校里一干就是13年。

有人偷偷为谷家统计子女亲属当官的事，他们惊讶地发现，在谷文昌10个子女及亲属中，从政治面貌看，都是党员；从文化程度看，不是大学毕业，就是中等学校毕业；从能力上看，都有各种专长；尤其有得天独厚的"官场资源"，令人奇怪的是他们几乎没有一个沾到父亲的光，都与普通老百姓一样，凭本事兢兢业业搞好自己的本职工作。

8月，谷文昌的病情继续恶化，吞咽更加困难，身体在加速消瘦。龙溪地委作出决定，谷文昌马上前往上海肿瘤医院再次接受治疗，同时组成陪护小组，成员史英萍、谷豫闽和干部林昌时随行。到了上海肿瘤医院，术前检查结果出来后，医生告诉史英萍：病人已不适合做肿瘤切除手术。谷文昌也知道自己时日无多了，便告诉妻子："咱回家吧。"妻子含泪点头。谷文昌望着妻子灰白的头发，深感这一辈子对她的亏欠太多了，得想办法给她做一点补偿。

第二天，谷文昌陪史英萍来到南京路，为她买了一件新衣服。这让史英萍回忆起当年她扯了几尺花布，想为自己做件新衣服，不想被丈夫阻止的过去："现在大家都困难，你要是穿着比别人漂亮的衣服，人家会怎么说你这县委书记的爱人？算了，不做新衣服了。等将来大家日子都好过了，我一定给你买一件新衣服。"谷文昌仿佛知道史英萍的心思，说他想让这件衣服作为妻子的永久纪念，并再次向史英萍道歉："俺这辈子亏欠你太多了！"

史英萍手接丈夫的这份厚爱，禁不住泪水往下淌。然后，谷文昌与妻子、儿子和随行照顾的干部林昌时，一起照相留念。照片中，谷文昌显得严肃和凝重，而史英萍和谷豫闽则尽量装着若无其事。之后，谷文昌与妻子、儿子以及陪护干部林昌时乘火车南下漳州。谁也不曾想到，谷文昌一回到漳州，又即刻投入工作中！10月4日，龙溪地区第二届侨联委员（扩大）会议召开，谷文昌带病坚持出席会议。这是他人生中最后一次参加会议。

11月，谷文昌又因病情恶化，再次住进了地区医院。此时他身上的癌细胞已在全身扩散，四肢无力，甚至连举手都困难。医生决定打人免疫球蛋白针剂以增强体力。可是谷文昌拒绝了，因为他之前听人说过这种针剂很贵，一支需要200多元，就说："不必了，像我这样的病，好不了了，不要给国家造成浪费。"医生只好尊重他的意见。这以后，谷文昌每天总是咬着牙关忍受癌症带来的痛苦，实在忍不住了才让医生打一支杜冷丁镇痛。

好多谷文昌的旧属朋友，知道谷文昌的病情都来探望。

当年的通信员朱财茂前来探望。见谷政委瘦骨嶙峋，双眼紧闭，奄奄一息，忍不住哭出声来。谷文昌听见哭声，张开眼睛见是朱财茂，迟缓地点头向他打招呼，然后安慰他："别难过，我情况还好。"说着示意史英萍给他后背垫上枕头，好让身子抬高点，然后吃力地交代朱财茂："这次到上海，听人说木麻黄寿命只有七八十年：你回东山后，一定转告林业部门，要赶紧想办法，抓好木麻黄的更新换代，不然，将来东山百姓又要受风灾之苦了。"

林业科副科长吴志成也前来探望。这时谷文昌精神还好，就问他："咱们搞起第一代防护林，第二代该怎么办？木麻黄寿命只有七八十年，你回东山后一定要和林业部门的同志们多想办法，抓好木麻黄的更新换代，别让东山百姓再受风沙之苦了。"吴志成热泪直往下淌，握着谷文昌的手，不住地点头。

县委报道组组长黄鸿度也来到谷文昌的病榻前。谷文昌见到这个老部下老秀才，不说自己的病，却问他组织问题解决了没有。原来这个 1949 年的龙溪师范毕业生，1950 年 5 月就参加工作的老知识分子，虽然多次写过入党申请，可是没有得到批准。谷文昌知道黄鸿度是一个对党忠心耿耿又有工作能力的好同志，可是因为当时的客观环境没被批准，实在不应该。黄鸿度见谷文昌发问，赶忙汇报：他的入党问题在党的十一届三中全会后解决了，柯锦章和黄振桂是他的入党介绍人。黄鸿度还坦诚地跟谷政委说："尽管当年没有解决我的入党问题，但我还是铭记谷政委您的恩情。"黄鸿度接着如数家珍："办《东山报》，是您让我这个非党员担任总编辑；县委开会，甚至开县常委会，还是您让我这个非党员担任记录，这就是对我的最大信任！就这几件事，我一辈子都感激您！"谷文昌听黄鸿度这么说，再次望着他，宽慰地笑了。

其间，"兵灾家属"、东山保卫战一等功臣刘杏的儿子王耀钦也来到谷文昌病榻前。本想向谷书记说几句话，可是想不出该用什么样的话来表达，倒是谷文昌先开了口："你妈妈好吗？""好，好！"王耀钦强忍着泪水说，"我妈妈让我向您问好！"

谷文昌病中仍心系人民的事业

......

5. 死而后已终生业　书记深情改报题

1981 年 1 月中旬，谷文昌病情在加速恶化，不时出现昏迷。史英萍知道丈夫已时日无多，问他还有什么交代。谷文昌喘着气缓慢地告诉她："使用公家的东西，在他走后都要全数还给国家。"史英萍点头，然后转头对谷豫闽、谷豫东说："咱们的老家在河南，给你们取名豫闽、豫东，就是要你们时刻记住，不要忘记河南和福建东山的父老乡亲，不要忘记共产党的养育之恩。"

又过了一阵，谷文昌忽然说他好想文德弟弟。于是史英萍赶紧给老家的弟弟谷文德发电报。谷文德风尘仆仆赶来漳州，见昔日精神矍铄的哥哥，已变成皮包骨头、满头银发的病人，禁不住放声大哭。昏迷中的谷文昌听见弟弟的哭声，睁开眼，脸上漾起一阵难得的微笑："文德你来了？莫哭莫哭，人都有这一天的。二哥我什么也没留给你，床头这架收音机，还有你看得上的衣服，就带回去做个纪念吧。"弟弟哭得更加伤心，说他什么都不需要，他只要二哥好好地再回一趟老家，乡亲们都等着二哥你回去呢！这时谷文昌伸出干瘪的手，谷文德赶忙也把手伸出去，兄弟俩的双手紧紧地握在一起。

弥留之际，东山县委领导前来探望老书记。双方握手之时，谷文昌深情表白："我喜欢东山这片土地，喜欢东山的人民。我在东山干了14年，有些事还没有干好。我死后，请把我的骨灰撒在东山，我要和东山的人民，东山的木麻黄永远在一起！"东山领导们满含热泪频频点头。

所有在场的人都哭了。

1月下旬，谷文昌临终。病榻上的他提出希望：要见林周发和宋秋涓一面。林、周是谷文昌在东山工作时的县委办正副主任，得力助手。这时他们都在华安工作，在得知消息后两人匆匆赶到地区医院，谷文昌睁大眼睛望着这两位老同事，顿时热泪流下脸颊，浸湿枕头。两位老同事知道：这是谷书记事业未竟就要离去，心里难受啊！

1月28日，新任福建省委书记项南带着一行人到东山县调研，见海岛到处绿树成荫，一片繁荣景象，很是赞赏。东山县干部群众讲起海岛的变化，异口同声赞扬谷文昌。项南耳闻目睹深受感动，提出要见见谷文昌。县委领导告诉他：谷书记已身患癌症，正在漳州医院住院。

项南决定回漳州见谷文昌。1月29日下午,项南一行匆忙起程,赶到漳州城已是初夜,连夜要去看望谷文昌。病榻上的谷文昌听到消息,灰暗的双眼放出光彩。妻子喜出望外转告项书记:"老谷的病情见好,您就明天再来吧!"于是项南和龙溪地委书记刘秉仁约定,明天一早就去。初夜原本繁星闪烁的天空,突然雷电交加,大雨淋漓。闪电光照进病榻,谷文昌脸色极度苍白。

史英萍和家中亲人都非常紧张。生离死别,心情极为沉重。30日凌晨3时41分,谷文昌的心跳渐渐微弱。弥留之际,家人围着他难抑热泪,问他还有什么交代。谷文昌喘息着噙着泪水断断续续说:"我想……回东山去……"说完,谷文昌那颗忧国忧民的心脏停止了跳动,享年66岁。

史英萍一下子扑倒在丈夫身上恸哭:"老谷,你怎么这就走了呢?你还没和项书记说上一句话呢……"谷家子女们围着站在病榻前啜泣……

30日天一亮,项南一行来到医院,遗憾于谷文昌的逝世。他沉痛地向谷文昌遗体告别,并亲切慰问谷文昌的家属。项南之行原本吩咐不作报道,而此时却突然开了口子,说他得知谷文昌同志为东山人民造福的事迹,深表敬佩,这事要报道。接着记者撰文并介绍项书记向遗体告别的事情。项南对史英萍说:"这次我们到东山调研,看到了谷文昌在东山留下的功绩,我们都很感动。谷文昌同志南下福建,把自己的精力全部献给东山人民和福建人民,人民会永远怀念他的。搞'四化建设'需要这样有事业心的好干部。"这则报道,使谷文昌的名字在沉寂了十几年后,被更多的人重新认识。

离开医院,项南特意交代福建日报记者徐明新:"谷文昌同志逝世要发消息,要写他带领人民改变东山恶劣自然环境的功绩,稿件要放在第一版。"项南并亲自为《福建日报》拟发消息稿改定标题:原标题是"龙溪地区副专员谷文昌同志去世",项南改为"为东山人民造福的谷文昌同志去世"。这个重要讣告,让谷文昌的名字更加光彩夺目。

同日,在谷文昌去世后,按闽南习俗得给逝者换上新衣服,好让其风风光光见祖宗。时值严冬就得穿冬衣,可是谷文昌没有新衣服。他平时穿的，冬天就两套：一套是灰色卡其布面料中山装，从新穿到旧，也不知穿了多少年；再一套是他要到林业厅时定做的中山装。夏天是两件白衬衫轮流替换，可是现在是冬天不适宜穿。史英萍记起他最喜欢穿南下时的军装，就把他珍藏多年的那套军装让他穿上。

同时，史英萍清点丈夫遗物，发现他一生的积蓄——抽屉里有 700 元，还有钢笔、笔记本之类。依照谷文昌生前的遗嘱，史英萍在忙完丧事后，即把家中的电话、自行车连同手枪一并上交党组织。

谷文昌逝世的消息，惊动了东山的干部群众，他们用各种方法，搭车来到医院，来向谷政委的遗体告别。大家围着他的遗体，行注目礼，泪如雨下。在东山，八尺门海堤、南门海堤、后澳避风港和红旗水库的水，发出"喃喃"的声音，仿佛在伤心地叹息；漫山遍野的木麻黄迎着海风，发出"呼呼"的响声，也仿佛在悲伤地呜咽；兵灾家属，山口、白埕村人，以及成千上万的东山人民，也都在为谷文昌的逝世而流泪。

谷文昌逝世后的纪念

传承谷文昌精神

哲人其萎，名标青史！

参考资料

一、福建省档案馆全宗 113、135、147、167 等，尤其是全宗 135 目录 1 案卷 167，林县第十区谷文昌亲自撰写的《自传》，成文时间为 1947 年 12 月 22 日。谷文昌自己填写的各种干部履历表:《干部简历表》，成文时间为 1951 年 2 月 12 日;《党员干部简历表》，成文时间为 1952 年 6 月 7 日。福建省委（64）组干一通第 87 号文件，谷文昌任林业厅副厅长文件，发文时间为 1964 年 4 月 1 日;福建省林业厅党组《关于增加谷文昌同志为党组成员的报告》，成文时间为 1964 年 6 月 5 日;由福建省委呈送中央组织部、统战部并华东局组织部文件《关于提名东山县委书记谷文昌为第三届全国人大代表》，成文时间为 1963 年 8 月 17 日;中共中央组织部制的谷文昌《干部履历表》，成文时间为 1964 年 7 月 10 日;等等。

二、东山县档案局有关谷文昌约 1500 卷相关档案。

三、其他资料:

1.谷文昌长女谷哲慧、长子谷豫闽、二女谷哲芬、三女谷哲英、二子谷豫东，以及侄女史水仙等提供的相关资料;

2.原漳州市人大常委会主任吴玉辉、离休干部沈玉生，谷文昌生前旧部属许庆忠、朱财茂、何坤禄、潘进福，东山县林业局原技术员林嫩惠等，谷文昌南下干部战友王永邦之子王广福等提供的相关资料；

3.谷文昌弟弟谷文德生前提供的资料；谷文昌堂侄谷维山、谷文昌侄子谷才富等提供的相关资料。